大学立德树人以文化人探究录

A Review of the Core Mission of Chinese Universities – Practices of Morality and Literature Education

屈哨兵 著

SSAP
社会科学文献出版社
SOCIAL SCIENCES ACADEMIC PRESS (CHINA)

本项目研究得到2017年度国家语委重大项目“中华优秀传统文化的教材建设与传承实践验证研究”（项目编号：ZDA135-5）及2018～2019年度广州市宣传思想文化工作重点委托课题“广州培养担当民族复兴大任的时代新人研究”的资助。

目　录

下编　大学里的以文化人

附录　学年礼的实施与评价

广州大学赋[*]

（代序）

悠悠岭南，苍苍云山，千年羊城，珠水漫漫。比其城也，斯有其校；傍其水也，斯得其园。既其广矣，循地相宜，风貌原有所本；复其大哉，因时而至，故事自需来还。或可一赋，铺排所以，或可一歌，且咏且叹。

峨峨学校，莘莘学俦①；追根溯源，实有所由。斯校之初出也，由专修而至私立，创业唯艰，求秉烛以补坠日，自出机杼。既重序庠，何分贵庶。守明德至善之义，功追先人；立博学笃行之训，效启往后。二三子筚路蓝缕，仓皇命同国运；一干人薪火相传，辗转峰回水流。斯人已往，夫复可忆？斯事已逝，夫复可求？

幸风云流转，教育不废，把穗育人，必有所兴。自一九五三至二零零零，教院开，师院立，广大复办，华建西成。市巷之

---

* 本篇原载于《光明日报》2010 年 09 月 30 日 10 版。

① “峨峨学校，莘莘学俦”两句出自私立广州大学校歌。

中，有箪食瓢饮之乐；翠岗以下，陶立师成范之身。一湖水碧，照诸生摩卷振衣；满山草青，引学子坐言起行。我非名校，岂敢误人子弟；我有良师，未尝冷落门庭。然国家发展，辟雍更筑层楼；山水妖娆，泮宫当纳南风。昨日花黄，旧可旧矣，明日花红，新当何新？

廿一新纪，新纪新宇。诸校合并，广大归一。神仰云山之高，高我其形；气接珠水之济，济我来归。学城崔嵬，广大欣然跃进；学府堂皇，俊彦翩然星驰。教学立校，名师屡至；科研兴校，院士新集。得有广厦，清新俊逸；得有好风，南北东西。发力一跳，坦然博硕并蓄；趁势克难，倏而本科优继。人曰：噫？广大小子，何能出乎其类也哉？答曰：无他。我有广州，援我巨力；我有花城，注我精气。蕙兰我植，香覆千畦；桃李我种，果成四季。德业并举，立志报国正在；专通相融，服务社会逢时。任重道远，我辈当仁不让；作育英才，斯人乐此不疲。

噫嘻！往则往矣，往不可追；来即来矣，来有所思。凭水十年，岂止杨柳千尺；托怀万里，但放胸襟无际。天下颜色，不妨悉收眼底；四方成就，往来指划可企。我思广大，大有其所；广大我思，思有其期。

歌曰：珠水漫漫兮，广大初生；博学笃行兮，与时俱进；云山苍苍兮，广大已成；生生日新兮，崇实崇真；华其灼灼兮，广大其原；克难求进兮，广大精神。

上编

大学里的立德树人

开创学生工作新局面*

刚才，张强同志作了一个很好的讲话，学生处、研究生处、招生就业工作处、团委等四个学生工作管理部门的负责同志也分别总结了过去一年的工作，布置了新学期的重点任务，讲得很好，我都同意。接下来，我作个发言，主题是瞄准目标，凝心聚力，真抓实干，围绕高水平大学建设，开创学生工作新局面。

首先讲形势，就是今天召开学生工作会议的背景。当前，我们面临最大的形势和最重要的背景是广州大学要全面推进高水平大学建设。前不久，广州市常委会审议通过《广州市委广州市政府建设高水平大学实施意见》，计划近日发布。《意见》的出台，作为时任的教育局局长，我参与了文件的起草和制定工作。《意见》对广州大学、广州医科大学下一步的发展，目标之高、要求之明确，前所未有，需要我们努力奋斗加以实现。《意见》的核心内容和目标是整体建设，整体进入，全面上水平！今天的学生

* 本篇是在 2016~2017 学年第一学期学生工作会议（2016 年 9 月 28 日）上的讲话，根据录音整理。

工作会议是在《意见》出台前，在学校按照《意见》部署全面推进高水平大学建设各项举措之前召开的，具有十分重要的现实意义。学生工作是学校工作的重要组成部分，按照市委、市政府对广州大学高水平大学建设的目标来要求，我们的学生工作就是要“全面上水平”，要走在前列。市委主要领导在市委全会，以及两次参加市教育局领导班子民主生活会上，对广州市的教育提出一个要求，就是要“全国有影响”，合起来就是“全国有影响，全面上水平”。这就是我们工作的方向、目标和共识，当然也是这次会议召开的背景，是我们学生工作的出发点。

一　明确目标、瞄准目标，增强做好新形势下学生工作的使命感和责任感

前不久听取学生工作汇报时，我提了两句话作为学校学生工作的要求和目标，一个是“低要求”，另一个是“高目标”。“低要求”就是指底线，这个底线是要确保校园的安全和稳定。“高目标”就是学生工作要走前列、上水平、有影响。广州大学是广州市唯一的市属综合性大学，是以广州这座城市命名的大学，理所当然在这方面起到表率作用，不能出半点差池。一是要守牢“底线”，切实维护校园安全和稳定。刚才，在座有的同志谈到现在校园里有乱摆卖，学生很晚还“压马路”的现象。在市里，这是城市管理的内容，市里要求很严格，各区的区委书记是立下责任状的。在学校，我们也要对这种情况加以重视，把它管理好，要从市里对城市管理的高要求的角度读懂构建平安校园的重要性。维护校园安全稳定和平安校园建设是底线。底线不可破，这

是十分重要的原则性问题。有句俗话叫“一俊遮百丑”，但在越过底线的问题上往往是“一丑掩百俊”。二是要确立“高目标”，推动学生工作走前列、上水平、有影响。做好学生的教育、管理和服务工作，推动学生工作上水平、走前列、有影响，既是我们的职责所在，也是使命所系。学生工作具有基础性、系统性特征，包括学生思想政治教育、日常管理、困难生资助、就业创业等诸多方面，如果这些具体工作没有做好，甚至出了问题，整个广州大学的工作就会坍塌。学校工作好不好，学生工作是基础。谈到系统性问题，我想明年的招生工作一定要从系统性上布局，从生源抓起，创新机制体制，加大宣传和招生力度，提高生源质量，用好招生政策，让好的学生进入广州大学，让学生以进入广州大学为荣。现在各高校对优质生源都非常重视，可以说是各出良谋。没有好的学生是没有办法建成好的大学的。纵观各类大学的成长发展，有两个核心要素最显著，第一个是以著名城市命名的大学通常是好大学，像北京大学、武汉大学、上海大学、厦门大学等。广州大学是以广州命名的大学，广州大学要与广州城市发展地位相匹配，那就应该是好大学。第二个是以著名人物命名的大学通常也是好大学，像耶鲁大学、哈佛大学、斯坦福大学、中山大学等。中山大学在我们身边，处在同一个城市，还给我们支援了一个校长。广州大学作为以广州城市命名的大学，绝对不能辜负广州这座伟大的城市。我们要办好广州大学，首先就是要把好学生吸引到广州大学来。下一步，学校党委将利用高水平大学建设契机，计划通过各级媒体，利用各种信息化平台，加大对学校的宣传和推广力度，把学校的办学特色和优势、高水平大学建设的成果向社会推介，提升学校的社会形象和影响力，以学校实现创新发展、各项工作全面上水平的优秀业绩向社会汇报，让人们更多了解广州大学，学生更愿报考广州大学，形成良性互动。在座各位要肩负起宣传广州大学、讲好广大故事的义务，为提高广州大学的知名度，提高广州大学的生源质量，为广州大学实现可持续发展做贡献。

二　牢固树立品牌意识和成果意识，培育一批具有一定影响力的品牌项目

我们学校的校园学术文化活动很多，每一个都重要，但整体看还是有些不足。关于这方面的工作，我提出一个观点，也是要求，我们的校园文化活动要“系统谋划、重点突出、及时有效、人有我强”。事实上，我们目前开展的很多活动项目其他大学都有，也都在做。从做好工作的角度出发，一定要把这些项目进行强化优化。我相信，只要用心去做，一定能够做得更好。在这里跟大家分享十二个字：“下得去、上得来、想得开、对得准”。首先，要“下得去”，就是一定要深入实际，调查研究，摸清情况，把社团建设学生活动各方面情况都掌握清楚；其次，要“上得来”，就是在摸清情况的前提下，站在立德树人的高度，树立品牌意识，开展的活动项目要有典型性；再次，要“想得开”，就是要与周边的高校、广州地区的高校、省内的高校、国内的高校，甚至是国外的高校进行比较，做横向和纵向对比研究，在比较中找到我们的生长点和制高点；最后，要“对得准”，就是举措能够对准学校的教育教学质量和学生的成长发展，这是所有工作的落脚点。最近，我和明海校长研究分析广州大学的学生有哪

些方面特点时，我提出我们的学生特别充满活力，我们的学生活动特别接地气。我认为，这是我们的优势。我们学生工作有很多品牌，比如“中华经典诵读”“中层干部联系班级和专任教师值班制度”“第二校园访学”“少数民族学生教育管理”“五室一站”“挑战杯”以及各种相关的“书记项目”，等等。这些项目都很好，都做得不错，但也都还要加强。另外，我们还要开发出更多的项目品牌。校党委在这个工作上是有共识的，那就是用在学生活动项目上的钱哪怕花得再多也值得，前提是要做好经费预算。希望通过努力，广州大学的学生工作能够更有亮点，成效更加显著，成为广州地区和广东高校的先进代表。

三　牢牢把握意识形态主导权，切实加强学生思想教育工作和学生党建工作

第一，是要进一步加强和改进学生思想政治教育和管理工作。中央政治局委员、广东省委书记胡春华同志到广东工作后，对高等教育提出一系列新部署新要求，其中两方面工作要特别重视，一个是“加强高校意识形态工作”；另一个是“建设高水平大学”。高水平大学建设的工作我们正举全校之力全面推进，这个大家都很熟悉，我重点谈谈意识形态工作。意识形态工作是党的一项极端重要的工作，高校意识形态工作是党的意识形态工作的重要组成部分，是重中之重的工作，不能出半点问题。党建和意识形态工作是高校学生工作中最为重要的部分，我们“中国梦”主题教育活动，“两学一做”教育活动一定要围绕这个要求抓紧抓牢，要充分认识加强意识形态工作、维护校园政治安全的重要性，牢牢把握社会主义大学的办学方向，牢牢把握

意识形态工作主导权。要落实政治责任，全力维护学校政治安全，切实加强校园意识形态阵地管理。这里强调两点：一是研究生的思想政治教育工作，研究生在意识形态和思想动态方面的教育、引导和管理非常重要，一定要进一步加强和改进；二是学生社团和各类学生的管理工作，尤其涉及校际、校外联系的活动，学生在网络空间的各种言论要特别注意，加强监管。新形势下，我们面临的意识形态特别复杂，各种思想多元，如果稍不留神，我们的工作就会受到影响。因此，辅导员和学生管理干部对学生工作的敏锐性、判断力以及工作的跟进性都要及时到位。“以生为本”是我们的特色和优势，我们的工作要始终坚持以学生需求为导向，以育人成才为目标，不断创新工作的方法手段，提高思想政治工作的成效。

第二，是要切实加强学生党建工作。在中央全面从严治党的新形势下，发展学生党员的程序更加严格，要求和标准更高，现在入党的学生都是非常优秀的学生，这是“新常态”。学校各级党组织必须严格按照党员培养的标准和方式，进一步加强发展党员的工作，确保党员质量。2016 年 5 月，中共中央政治局常委、中央书记处书记刘云山同志在广东调研期间，专门到中山大学和华南师范大学，就加强和改进高校思想政治工作和党的建设工作进行调研，对从严从实推进党的基层组织建设，扎实做好当代大学生的思想政治工作提出要求。他希望每个大学生都要成为中国梦、梦之队的优秀一员。中央对高校大学生思想政治工作的重视，为我们进一步做好工作指明了方向，注入了强大动力，我们要把工作做得更好。学生工作是一个筑梦的工作，我们自己得先要有梦想，然后再把梦想变成现实。做好党建工作，同样也需要我们有理想和目标，树立做好学生工作的远大理想，并通过努力，实现目标。

四　加强辅导员队伍建设，提升专业化水平

过去一年，我们学生工作队伍、辅导员队伍建设取得明显成效，物理与电子工程学院符庭老师被评为“2015年广东高校辅导员年度人物”与“最具奉献精神辅导员”；人文学院辅导员吕延明老师和土木工程学院辅导员刘军老师分别获得入围奖。他们都是学生工作队伍、辅导员队伍中的典型，要大力宣传，营造创先争优的良好氛围。近年来，学校在强化辅导员队伍建设，推动辅导员队伍职业化、专业化发展方面做了很多工作，搭建了很多平台，也打造出我们的品牌。学生工作全面上水平，不仅要求辅导员的工作上水平，学院副书记的工作更要上水平。学院副书记是一支重要的学生工作队伍力量，也要打造自己的品牌。习近平总书记对广大教师提出“有理想信念、有道德情操、有扎实学识、有仁爱之心”的“四有”要求，对我们如何能成为一位好老师提出了明确要求，也是我们努力的方向。辅导员队伍是一支优秀的学生工作队伍，是全体大学生的人生导师，你们出于对工作和学生的热爱，在本职岗位上兢兢业业、勤勤恳恳，做出了业绩，校党委对你们这支队伍是肯定的，也会进一步为你们创造有利条件，帮助大家更好地成长发展，希望你们始终保持工作的热情和积极性，强化价值认同，做出更好成绩。因为只有当我们尊重生命的核心价值，把所从事的学生工作作为我们的事业和使命，并为之努力，才能发掘出自身潜力，全身心投入到工作和生活中，最终获得真正意义上的幸福感。哈佛大学泰勒·本·沙哈尔博士的著作《幸福方法》讲的也是这个道理。幸福感的获得跟职位高

低没有绝对关系，相比于加薪和假期这种可以短暂缓解职业倦怠的举措，提高对自身工作价值的认同更有助于幸福感获得的持续性和长久性。辅导员的工作对大学生成长成才具有十分重要的意义，通过我们的努力，把思想政治工作贯穿到人才培养全过程，帮助学生全面发展、健康成长，把立德树人、培养社会主义建设者和接班人落到实处。我们学校有个很好的传统，就是学生工作队伍都在认认真真做事，都在为我们这个事业努力奋斗。多跟学生谈话交心，帮助学生在求学和成长过程中排忧解难，成为学生最值得信赖和最值得依靠的老师。往往通过这样的过程，我们可以跟学生建立深厚的友谊。就拿我自己来说，我读大学的时候还没有辅导员，但有班主任。这么多年过去了，还一直跟我的班主任有联系，常常见面。真正用心去教育和帮助过学生的老师，学生是始终不会忘记的，这种友谊可以跨越时间和空间距离，经得起岁月的磨砺而历久弥新。在市委、市政府的大力支持下，明年的办学经费将大幅增加，学校也相应会加大对各项工作包括学生工作、校园文化活动等经费的投入。我们一定要加强学生教育管理工作，切实提高工作能力水平，进一步提升学生思想政治教育管理的成效，更好地帮助学生在广州大学的校园里成长成才。我相信，在座各位辅导员老师一定能够把这个工作做得更好。

五　以加强学风建设为核心，扎实开展学生日常教育管理服务工作

希望大家没有忘记，在学校本科教学水平评估时，我们经常提到要以学校的校风学风为依托，每天都有新风景，崇德崇真生

生日新，每天都有新追求，每天都有新任务。这就是我们的学风，代表学生的精神面貌。这些都要在学生那里得到最直接、最持久、最完美的体现。我们的资助育人工作、心理辅导工作、学生创业工作都与学风有关系。广州大学的学生都要有自己学风建设的自信和追求，当然很多工作需要我们不断培植。我有个梦想，希望广州大学的学生在离开学校后，能够在很多地方生存，就是希望他们在学校通过学科交叉，通过各种讲座，通过平时学术交流，通过各种校园生活能够增长见识体认社会。在离开学校以后，所学的知识大概能够支撑他未来最多十年。第二个十年大概是人脉关系，当工作遇到困难时，有广大的校友，特别是出色的校友可以互相帮助。第三个十年，大家慢慢走得远了，但广州大学的学风仍然支持大家继续走下去。第一个十年是知识层面，第二个十年和第三个十年，靠的是学风。我们要把这个事情做好，要以学风建设为核心。

六　要注重校园文化建设，涵养学校文化自信

学校是一个国家大学生素质教育基地，记得建立这个基地时，广州大学还获得国家教学成果二等奖。2017 年我们要启动校园维修改造项目，希望项目中有一些校园文化建设可以实施。学校很多地方都可以设计，可以建设，应该把我们做的事情变成故事，把故事变成传说，把传说变成神话。今天做的事情，看似普通的事，其实并不普通，我们就是要把做的事情变成教育故事，最终有的说不定就变成教育神话。这些谁是缔造者，谁是建设者？就是我们在座的诸位！当我们的大学生离开学校后，如果有

那么一样东西能存在于他们的大学故事里，再不断积淀，久而久之，有的就可能成为传说和神话了。我们要尊重每一个学生，尊重每一位老师，珍惜我们每一次建设校园文化的机会。我们今天或者还要建立一个小目标，要求微信公众号在全省进前三名。还有易班，这是个很好的项目，易班做起来要不一般啊！假如有口号，我们可以喊，易班不一般。

七　要高度重视安全稳定工作，确保平安、和谐的良好校园氛围

很多时候，关于校园安全的现场处理，在座诸位才是专家。因为你们熟悉学校每个地方，知道第一时间该干什么。如果发生突发事件，马上能收集各种信息，清楚发生事件的时间、地点、现场联系人的手机号码等，要培养应急处理的意识和能力。这一点我对辅导员队伍有信心。目前学校在学风上存在一些问题，如学生晚上“压马路”问题，网络上的问题，上课迟到抬头率不高的问题，等等，如何处理得更好是值得大家认真思考的。这些事情我就不多讲了，拜托大家做好。

大学人才培养目标和人才培养规格的映照与衔接*

我今天发言的题目叫作《大学人才培养目标和人才培养规格的映照与衔接》。《广州大学关于加强本科教学、全面提高人才培养质量的若干意见》在前期讨论过程中，大家提出了很多建设性意见，在最新的文件版本中，这些意见大部分都被吸纳进来了。从今天上午讨论的情况来看，可以说文件已经比较成熟，中大、华师的专家也给予了充分肯定，但具体的一些修改，特别是文字上的修改还是需要再花些功夫。

目前，关于广州大学的人才培养目标和人才培养规格，表述逐渐形成为“德才兼备，家国情怀，视野开阔，爱体育、懂艺术，能力发展性强”。在不同的场合我们对这些表述常常有不同的解读。比如说，“三观”解读。怎么说呢？德才兼备，主要是价值观上的表现；家国情怀，主要是人生观上的表现；视野开

---

* 本篇是在学校人才培养工作制度建设论证会（2017 年 1 月 14 日）上的发言，根据录音整理。

阔，主要是世界观上的表现。为什么这么讲？德才兼备，谈的是人何以为人，是在价值上的取向；家国情怀，谈的是一个人在自己的国家、自己的家园如何成长，如何生存，如何发展和守护的问题；视野开阔，谈的是对世界知识谱系的了解；爱体育、懂艺术，能力发展性强，体现的则是对广大底色的一种表述。这是一种解读。

另一种解读，我们可以把它放在三个空间当中。德才兼备是基于心理空间的一种观察；家国情怀是基于社会空间的一种观察；视野开阔是基于物理空间的一种观察；爱体育、懂艺术，能力发展性强是从“第三只眼”来看我们广大的学生有什么样的特质。这是我们在此前讨论过程中所形成的共识。

今天，我想换个角度对广州大学提出的人才培养目标和人才培养规格再进行一些阐述和思考，和大家做点交流。谈三点：第一点，是在理念层面，要做到“三个符合”；第二点，在校本层面，要做到“三个照应”；第三点，在行动层面，要做到“五个有机衔接”。

一　在理念层面，我们的人才培养目标和人才培养规格要做到“三个符合”

第一个符合，是我们的人才培养目标和人才培养规格要符合党和国家的教育方针。这是国家意志和党的方针在人才培养目标中的体现，最重要的就是德才兼备。我们知道，在《教育法》中有关表述是非常清楚的，“两个必须”和“一个培养”。这“两个必须”就涉及德才兼备的相关表述，涉及立德树人。《教育法》第五、六条，谈的是人才培养规格的一些基本导向。我们的人才培养，必须为社会主义现代化建设服务，为人民服务；必须与生产劳动相结合，培养德智体美全面发展的社会主义事业建设者和接班人。在2016年新实施的《教育法》中增加了新的表述，就是要坚持社会主义核心价值观。这是人才培养中"德才兼备"所要考虑的问题。习近平总书记在2016年12月8日全国高校思想政治工作会议上非常清楚地阐述了高等教育人才培养的特定目标和使命。习近平总书记是这样说的："高等教育是一种社会存在，我国高等教育发展方向要同我国发展的现实目标和未来方向紧密结合在一起，为人民服务，为中国共产党治国理政服务，为巩固和发展中国特色社会主义制度服务，为改革开放和社会主义现代化建设服务。脱离这个最大实际，高等教育就失去了办学的根本和存在的意义。"我希望大家一定要把它想清楚，为什么要提德才兼备和家国情怀。

第二个符合，是我们的人才培养目标和人才培养规格要符合特定学段的教育使命。我们现在谈的是广州大学的人才培养目标，在谈到人才培养目标时，包括谈到办学理念时，通常我们有一个说法，叫做"专通相融"。《中国高等教育法》对人才培养提出的要求是：培养具有社会责任感和批判精神与实践能力的高级专门人才，发展科学技术文化，促进社会主义现代化建设。这就要求我们的人才培养方案中"专通相融"的"专"要得到充分体现，我们的专业设置、课程设计要与高等教育的要求和任务同向而行。"专通相融"之"通"则要注意体现大学前的教育和大学后的教育之间如何衔接的关系。在1941年，著名教育家梅贻琦先生《大学一解》中曾说：通识为本，专识为目。在谈到大学教育时，梅贻琦先生是将通识教育上升到比专识教育更高的一个层次来认识的。所以，在《广州大学关于加强本科教学、全面提高人才培养质量的若干意见》中，我们对通识教育的设计是下了很大功夫的，包括如何体现爱体育、懂艺术，都是我们在通识教育的理念指导下着力突出的。如果说我们的人才培养方案有什么特点的话，那就是要把爱体育、懂艺术的通识要求凸显出来，并且坚持下去。

我较长时间从事教育管理工作，当过教育局局长。我认为教育可以分为两大段，这两大段的交叉点就在大学。第一段是国民教育，它从学前教育到义务教育到高中教育再到高等教育，属于连续性的教育。第二段则是终身教育，严格意义上是从大学以后才开始的，属于非连续性的教育，活到老学到老。大学处在连接连续性的国民教育和非连续性的终身教育的交叉点。在这个交叉点上，培养什么样的人，应该有什么样的人才规格，我们要做好判断和谋划。

“能力发展性强”这句话比较有张力，是一种留有发展空间的表述，意味着我们的学生离开大学时，拥有一种比较开放的能力架构，它的核心和创新创业能力有关。世界大学的样态，经历了以教学型为主，到以科研型为主，又到教学科研并重服务社会为主，再到第四个阶段以创新创业为主，这第四种可能会主导当下大学的发展。从这个趋势上讲，“能力发展性强”的表述是符合大学发展之一般规律的，也是我们为什么这样提的原因。中世纪及以前的大学以教学为主，中世纪往后的德国时期的大学以科研为主，美国时代开启的大学以服务社会为主，现在世界上的先进发达国家的很多大学则开始以创新创业教育作为大学教育的重要内容。从这个意义上说，如何与世界教育潮流规律相呼应，我们要有所思考，有所应对。

第三个符合，是我们的人才培养目标和人才培养规格要符合人的教育最本质的规律。世界教育史进入近现代以来，有两个很重要的教育思想：一个是科学教育思想，另一个是人本教育思想。科学教育思想的最大特征是各种课程设计；人本教育思想的最大特征是以人为本。在科学教育思想的背景之下，19 世纪英国教育学家斯宾塞在《教育论》中提出人为什么要受教育的观点，我认为直到现在都不过时。斯宾塞认为，人的一辈子与五样东西息息相关，所接受的教育也分五类：第一类是与自我生存直接相关的教育；第二类是与自我生存间接相关的教育；第三类是与自我所从事的职业相关的教育；第四类是如何为人父母的教育，是作为一个社会公民应受到的教育；第五类是闲暇娱乐，提高自身品位的教育。他的论述从生存需要、间接需要到娱乐品位需要都有非常清晰的内在逻辑关系，这些关系斯宾塞都说清楚了。最近，我还给大家推荐了一个斯宾塞的观点，叫“教育预备说”。结合自己一段时间来从事教育管理的实践和思考，我认为通识教育价值之所在，就是要对学生进行全人教育，让我们的学生离开学校进入社会后，能够成为一个和谐的人。在这一点上，我们的课程设置、专业设置、通识教育的模块设置能否科学合理就非常重要。广州大学做这方面的工作，符合人的教育最本质的规律。

做到这三个符合，我们的人才培养目标和人才培养规格至少在大体格局上就不会出错。

二　在校本层面，我们的人才培养目标和人才培养规格要做到“三个照应”

第一个照应，是照应作为综合型大学的可能优势。我们在人才培养目标中提出“视野开阔”，这是作为综合性大学最有条件做到的一点。因为综合性大学具有学科门类齐全、专业分布较广的优势。我一直都有这样一个愿望，我们广州大学的学生毕业后，在社会上应该有能掌握半小时“话语权”的能力，就是广州大学的学生无论谈到任何话题，都能连续谈上半小时并且吸引住人。为什么？因为他在大学中见惯风云，各种学科都涉及一点，各种学科的前沿都知道一点。我们为什么要推广百部经典阅读？做这个事情的一个目的，就是要开阔学生的视野。学校还要有一个机制，让各学院能互动、互联，资源共享，把综合性大学的优势充分发挥出来。而且，这种优势是可以发挥出来的。我们为什么要提出“爱体育、懂艺术”？因为学校有这方面的资源来做这个事情。在相关文件的表述中，我们还要补充以下两方面内容：一是做到全程全覆盖，二是注意塑造品牌。我们在体育和艺术方面的努力能否影响广州大学的学生，进而影响广州大学城的学生，甚至还能影响到广州市的教育？比如，我们是否可以搞交响乐团音乐节，搞大学“足球联赛”等，当然，有些目前实施起来有难度，但我们不妨首先把学生和学校的资源调动起来、组织起来。学生全程全覆盖的具体指标还可以提得更加具体一点，比如艺术爱好的门类、体育爱好的相关指标等。这是我们广州大学作为综合性大学的优势，要把它发挥好。

第二个照应，是照应作为国家重要中心城市命名大学的在地优势。作为以广州城市命名的学校，我们要思考在学科建设与专业设置方面能为广州市做些什么？最近，我要求相关部处要认真学习研究广州市委十届九次、十次和十一次全会的主题报告。这些报告对城市发展中面临的一些主要任务梳理得非常清楚。如果我们的学科建设、人才培养规格和这个脱节，那就可能发生问题，就不能很好地为广州服务，学生也就不能很好地融入广州的发展、服务广州的发展。两者如何衔接？要注意处理好专业与职业的关系问题。专业设置永远没有职业变化快。因此，我们要做基于学科宽口径的专业设置，这也是眼界开阔、视野开阔的必备要素选择。在人才培养工作中，缩减专业、停止部分专业招生等是可行的，也是必须的，专业设置的价值取向应是基础厚实、口径宽广。专业学习分得越窄，学生进入社会被淘汰的速度就会越快。如果我们在专业设置、设计上做得更好一些，在社会普适性上做得更广一些，那么学生的发展就会更加游刃有余。因此，在处理和区域发展与社会需求的对应问题上，我们一定要保持清醒头脑，要做有学理支撑的对应。

第三个照应，是照应作为高水平大学建设的后发优势。2017年，学校高水平大学专项经费是11个亿，抗震中心大楼建设3个亿，校园维修又是1个多亿，加上整体预算有20多个亿，关键是怎样把这些经费用好。我赞成本科教学中的一些专项经费要应保尽保，在实事求是的前提下要充足供应。我们专项经费下来得相对晚一些，但市里支持力度很大，这是我们的一个优势。因此，我们一定要把做好学生本身的能力发展和能力培养作为高水平大学建设的重要任务。我们讨论提到广州大学的学生在离开学校后应具备什么特点，“社会中坚”和“行业精英”的表述是否还有考虑不到位、不周全的地方？可能要进一步斟酌和提炼，争取最后给出更恰当的表述。但无论如何，围绕人才培养规格中“能力发展性强”这一理念，加强对学生好奇心的养护、想象力的培养、批判性精神的激发等，一定要在课程设计中有所考虑。虽然广州大学的学生不是最高分段的学生，但实际上整体分段也是十分靠前的。最高分段的学生应试能力可能比较强，但接近最高分段的学生潜力还有可能未被充分挖掘出来，广州大学应该在这个方面给学生提供更大的平台，让他们充分释放自由的心灵。学生处、团委、创新创业学院可以搞一些基于学生想象力、好奇心的活动或展示，让学生千奇百怪的创造力、想象力得以充分体现。高水平大学建设一定要把学生的这个潜力挖掘出来，使其成为学校的特色。习近平总书记在全国高校思想政治工作会议上提出，“扎根中国，融通中外，立足时代，面向未来，坚定不移走自己的路，办好中国的世界一流大学必须有中国特色，没有特色，跟在他人后面，亦步亦趋，依样画葫芦是不可能办成功的”。广州大学在办学过程中的特色是什么，我们不能亦步亦趋地学，还是要有自己的思考和努力。基于我们的实践，追求能力发展性强这个目标，我们是可以做到的。人有的时候就是要先做梦、再做事。做梦就是想象力，没有想象力就没有创新力。

三　在行动方面，我们的人才培养目标和人才培养规格要做到五个“有机衔接”

第一个衔接，是学校与社会的有机衔接。关在学校里培养的学生是不可能眼界开阔的，也不可能发展性强，更不可能有真正的家国情怀，只有与社会结合，才能让学生意识到人生路还很长，肩负的使命还很多。学校要干的事情也很多，社会实践、交换生学习、第二友团访学、实习实训基地等都是实现与社会衔接的方式。学校在培养学生的时候，要为他们离开学校后的三十年着想。第一个十年，在大学学习的知识或者可以支撑他应付职业需要。第二个十年，知识淘汰得差不多了，大学中的同窗好友、社团好友，以及在社团活动中锻炼的能力或者可以支撑他，能力就此也可以得到展现，行走社会如鱼得水。第三个十年，大概到45~50岁，他们可能会发生分化，运气好的在职位上得到晋升，事业上取得成功；运气不好的也可能几十年依然原地踏步或者进步不大，游走在底层边沿。往高处走的，高处不胜寒；处在底层的，也要有活下去的理由和品质。在这个时候，靠什么支撑他们呢？靠的就是在大学时积累的素养。阅读、体育、艺术这些就是在大学教育期间所形成的底色，或者可以给他一些支撑。大学教育不仅是为毕业那几年服务的，而是为学生一辈子服务的。蒋南翔同志在清华做校长时曾说“为祖国健康工作50年”，就是基于体育锻炼提出来的，或者可以作为我前面说的这些话的一个明证。除此以外，学生的生活品位，包括艺术方面的素养培养，作为大学，我们都应该为之有一些长远的谋划与储备。

第二个衔接，是学院与学院的有机衔接。学院之间跨学科课程的开设、资源共享等方面，教务处、学生处、团委要想办法，做到学院与学院之间有机衔接，不仅仅是你搞一下、我搞一下，要研究如何打通的问题。

第三个衔接，是第一课堂、第二课堂与校内外的有机衔接。我们在人才培养方案中做了一些这方面的设计，比如第二校园访学、办学国际化资源的利用等，在衔接过程中涉及制度设计，师生教学奖励制度设计等，需要在工作中抓好落实。

第四个衔接，是本科与硕士之间的有机衔接。这次人才培养会议把研究生教育纳进来，包括提出25%的考研率。我们现在强调抓上课迟到、抓课堂“低头率”、抓课堂吃早餐等，要继续抓好。比较而言，抓考研率就是抓住了根本，抓住了最核心的东西。从长远意义上说，我们要让学生明白，这是为他们的未来负责，学的东西越多，拥有的本事越大，对社会的贡献就会越大。我建议有关部处做个调查，看看社会上绝大多数的成功人士，他们最后的学历是什么。没有学历，想为社会多做贡献也没机会。在这一点上，我们要做学生的工作，这样本硕之间的衔接才能做好。

第五个衔接，是当下与未来的有机衔接。对人才培养规格中“视野开阔，爱体育、懂艺术，能力发展性强”，也可以从未来发展这个角度来看。广州有三条城市中轴线，第一条城市中轴线从越秀山开始，经中山纪念堂—人民政府—中山公园—北京路，最后到珠江；第二条城市中轴线从白云山开始，经中信广场—花城广场，最后到海珠；第三条城市中轴线有人说是从帽峰山开始，经白云区—番禺区，最后到南沙海边。这三条城市中轴线中，第一条偏东的地方是中山大学，第二条偏东的地方是石牌校区、五山校区，第三条偏东的地方是大学城。为什么大学都不在城市中轴线上，而是偏东一点呢？因为它要与城市保持一点距离，能够比较冷静地思考为这个城市做点什么？中山大学在第一条中轴线偏东方向出现的时候，至少它为这个城市做了两件很重要的事情，第一件是在文史哲方面对城市的定位很成功，广州要“培育历史文化名城”，据说就是中山大学的同志提出的；第二件是医学，当年城市的卫生健康问题突出，它就搞了医学。石牌校区、五山校区是由于城市在现代化进程中需要大量人才，特别是工程师和教师，这个就由华工、华师来培养，他们为广州城市建设人才的培养做出了突出贡献，当然还有在广东广州华侨众多背景下办得很有特色的暨南大学。关于第三条城市中轴线也可能还没有最后定型，但不影响我们作如是观，作为这条城市中轴线偏东方向出现的大学城，是在什么背景下出现的？是在未来世界来了、虚拟世界来了、信息时代来了的背景下出现的大学城。广州大学是整体迁入大学城的，那我们必须要考虑的就是这个城市未来发展需要什么样的人，而我们是否能够培育这样的人？这是我们在人才培养方案中要考虑的，也是学校的培养重任。我们要认真思考广州大学要为学生在能力发展性强的内涵建设、眼界开阔的内涵布局方面做些什么，这样才能最大限度地把当下与未来衔接起来。这里我要强调一下教师的重要作用，以后我们的教师要基于提高教学与人才培养质量，把专职教师成规模地放到其他大学甚至国外（境外）大学培训，不是一个两个，而是一个班、两个班地搞，这样才能整体提高我们教师的教学水平。教师的教学水平提高了，孩子们未来的发展性才能更强。最近，我们面向全球招聘一些学院的院长，招聘过程中有个很有意思的现象，国内背景的院长应聘谈学科建设的多，国外背景的院长应聘谈人才培养和教学的多，或许在他们的意识中更倾向于大学是为人才培养服务的。虽然两者各有优长，但这种区别很有意思，可以给我们很多启发：我们的大学就是要为学生服务，为学生的未来服务，为未来的学生服务。

学校人才培养：是什么为什么　怎么干*

昨天召开了校党委常委会讨论校领导分工，一般表述是党委书记全面主持校党委工作，校长全面主持学校行政工作。我们分别在表述上各加一句话，党委书记全面主持校党委工作，分管党建工作；校长全面主持学校行政工作，分管本科教学工作。由此可见党建和本科教学工作的重要性。我今天讲话的主题是关于学校人才培养的几点思考。

第一个思考：是什么？

今天讨论的本科“1+13”制度文件和研究生“1+4”制度文件中，关于广州大学人才培养目标是“德才兼备，家国情怀，视野开阔，爱体育、懂艺术，能力发展性强的高素质创新人才”。

---

* 本篇是在高水平大学建设人才培养专题工作会议（2017 年 3 月 11 日）上的讲话，根据录音整理。

我们要思考这样一个问题，学校培养的人是要成为一个和谐的人，从这个角度看，实质上是要解决学生人生观、世界观、价值观的问题。“德才兼备”主要解决的是价值观上的问题，是对人培养价值的一种体现。1917 年，蔡元培先生到北京大学就任校长时，跟学生有三项约定，第一项叫“抱定宗旨”，第二项叫“砥砺德行”，第三项叫“敬爱师友”。“抱定宗旨”是做研究。“砥砺德行”是讲道德，从这个意义上说，“涵养正气”“铁肩道义”的追求应该是人才培养的重要追求，这是价值观的体现。“家国情怀”主要回答人生观的问题。人到世界上来，总要回答生命的意义，就是活着为了什么。从哲学层面有三种解释：第一个是西方宗教认为的，人来到世上是要“赎罪”的，这不是我们追求的；第二个是佛教认为的，这辈子受罪是为有更好的来生，这也不是我们追求的；第三个是我们追求的，是“在现世”。“在现世”人生的意义是什么呢？是为自己还是为他人？这一定是在和自己人生相对的比较中才可以体现出来。最近读到罗伯特·所罗门和凯恩林·希金斯的《大问题》，里面讨论生活的意义，我受到一定启发。生活的意义我看也就是生命的意义。我比较认同的解释是，这种生命的意义要放在一个人与他人相对特定的环境中来获得，特别是只有当一个人真切地体会到自己与家国之间的这种不可割舍的关系，负起我们对家国的责任，才会使我们的生命意义获得价值。我们的学生只有对国家有整体的认同，人生才活得有意义。至于世界观，是第三句话“视野开阔”的所指。“德才兼备”，谈的是人何以为人，是一种价值上的取向；“家国情怀”，指的是一个人在自己的国家、自己的家园如何成长，如何生存和发展的问题；“视野开阔”，讲的是对世界知识谱系的了解。关于“视野开阔”，最初我们曾有过“眼界开阔”“国际视野”类似的提法，但最后确定了“视野开阔”。它包含两方面的内涵，一个是国际视野，另一个是对我国历史文化认同形成的视野，两者都重要。我们为什么提倡读“经典百书”，为什么提倡社会实践和第二课堂，原因多少和这个相关。韩寒导演的《后会无期》中有一句台词非常好，“你连世界都没观过，哪里来世界观？”所以，我认为学生要眼界开阔，除了课堂与经典以外，还要多些社会实践，多到外面的世界去看看。关于“爱体育、懂艺术”，党的第十八届三中全会《关于全面深化改革若干重大问题的决定》中对“深化教育领域综合改革”的内容共有 16 句话 720 个字，第一句话开头强调“坚持立德树人”，第二句话开头是“强化体育课和课外锻炼”，第三句话是“改进美育教学，提高学生审美和人文素养”。如果用关键字提炼，可以这样说，第一句话讲的是“德”，第二句话是“体”，第三句话是“美育”。从这个层面讲，我们人才培养目标的定位完全符合深化教育领域综合改革的精神。

第二个思考：为什么？

关于“为什么”的问题，我想从两个角度来阐释：一是在理念使命层面，二是在校本实际层面。

一是在理念使命层面，人才培养要做到“三个符合”。

第一个符合，是要符合党和国家的教育方针。2016 年新修订实施的《教育法》总则第五条、第六条，有关人才培养的表述非常清楚，即“两个必须”“一个坚持”和“一个培养”。“两个必须”：教育必须为社会主义现代化建设服务、为人民服务，必须与生产劳动相结合；“一个坚持”：教育应该坚持立德树人；“一个培养”：培养德、智、体等方面全面发展的社会主义事业的建设者和接班人。从这个意义上说，我们提出“德才兼备”“爱体育、懂艺术”的人才培养目标是符合党和国家的教育方针的。更进一步，习近平总书记在 2016 年 12 月 8 日全国高校思想政治工作会议上非常清楚地阐述了高等教育人才培养的特定目标问题。总书记说：“高等教育是一种社会存在，我国高等教育发展方向要同我国发展的现实目标和未来方向紧密结合在一起，为人民服务，为中国共产党治国理政服务，为巩固和发展中国特色社会主义制度服务，为改革开放和社会主义现代化建设服务。脱离这个最大实际，高等教育就失去了办学的根本和存在的意义。”谈人才培养目标，从这个意义上看，我们抓学生思想政治建设，抓广大底色，为什么要旗帜鲜明地这样做，原因就在这里。

第二个符合，是要符合我们大学的教育使命。在谈到人才培养目标时，包括谈到理念，我们有个说法叫“专通相融”，这是学校正在追求的一种学风，也是世界上很多大学建设之通例。关于“专通相融”，在《中国高等教育法》中，对人才培养有特别的要求，就是“高等教育的任务是培养具有社会责任感和批判精神与实践能力的高级专门人才，发展科学技术文化，促进社会主义现代化建设”，这就要求我们在人才培养方案中要使“专通相融”的“专”得到更加充分地体现，我们的专业设置、课程设计要为达成高等教育的历史使命服务。同时，这次在《广州大学关于加强本科教学、全面提高人才培养质量的若干意见》中，关于通识教育的设计和实施方面同样也是花了很大功夫的，包括“爱体育、懂艺术”，都是我们在通识教育的理念指导下着力突出的。如果说这次人才培养方案有什么特点的话，就是在“专”和“通”这两个方面我们必须要凸显出来，并把它坚持下去。我有个观点，本科教育阶段专业分得越细，知识面越窄，所培养人才的市场应对能力就越会受到局限。把握好“专”“通”彼此之间的“度”非常重要。

我原来在学校，因为工作需要，去了市教育局，现在又回到学校，有了这种经历，我对教育的全链条有了一点思考。从学前教育到基础教育再到高等教育，成规模集中学习的国民教育阶段到了大学就结束了，从大学再往后就是终身教育，属于非连续的教育。大学培养人要回答一个历史问题，就是我们的学生在离开大学以后，是否做好了进入社会的准备。如果这个问题不思考、不回答，我们肯定不是一个合格的大学管理者和教育工作者。那什么叫做好准备呢？除了刚才讲到的，我认为“能力发展性强”的提出带有广州大学的独创性。上午，明海校长谈到“能力发展性强”具有开放性的特点，不仅指学生具有什么方面的能力，而且指孩子在广州大学几年的学习和锻炼，形成了什么潜力在今后可以发展。“能力发展性强”，到底在大学四年、五年或研究生三年中要预备什么能力？这个问题我一直在思考。《回归大学之道》的作者、原哈佛大学校长德里克·博克也作了这个方面的思考，还有麻省理工大学校长查尔斯·维特斯也有过这方面的论述，国内很多学者和教育家们都在这个方面有过深入的思考和切实的探索。结合他们的思考和我们的教育实践，我认为至少有四种能力是“能力发展性强”的基础。第一种是“专业能力”，这是第一能力，是每个人的看家本领；第二种是“沟通表达能力”，就是说学生要有逻辑、有条理，讲得清、写得明。上午明海校长说我们要开设《高等数学》，还要开展逻辑思维和语言表达训练，这特别重要。第三，我们的同学进入社会后，要做成事，需要团队，需要合作，所以第三种能力是“合作能力”，这是麻省理工大学校长向他们的学生提出的能力要求，这个能力也非常重要，一个人是不能包打天下的。第四种是“创新创业能力”，我们现在提倡“三创”，创新、创造、创业，意义就在这里，在大学里首先要培养的是什么？就是好奇心和想象力，还有批判性思维。如果学生离开大学后，只会读点书，呆若木鸡，肯定是不行的。从这个意义上说，在“能力发展性强”方面，我们要给大学生们提供相关的资源，要在人才培养目标上进行思考并开展相应的实践。

第三个符合，是符合人的教育最本质的规律。在近代世界教育发展过程中有两种很有代表性的教育思潮，一种是人本主义，一种是科学主义。在科学主义下面，从培根的“知识就是力量”到英国的斯宾塞都有很多思考。以斯宾塞为例，他从课程设计的角度，认为一个人要成为和谐与完善的人，度过一个完满的人生，需要接受五类教育：第一类是与自我生存直接相关的教育；第二类是与自我生存间接相关的教育；第三类是与自我从事的职业相关的教育；第四类是如何为人父母的教育；第五类是闲暇娱乐，提高自身品味的教育。仔细想想，我们就会发现，他当年的提法和今天我们对人培养所进行的教育在很多方面是契合的，可谓“英雄所见略同”。但是，在“如何为人父母的教育”这个方面，我们大学没有涉及。在我当教育局局长那几年，最为头痛的就是有的家长出于功利上的考虑，爱子心切，极少数还大费心思弄虚作假，为了报考名校，把自己小孩的简历搞得花里胡哨，里面有的东西还注了水，这就有问题了，在为人父母、做人坦诚、言传身教上打了折扣。问题出在什么地方？我在这里有个建议，围绕这个方面，要通过选修课、社会实践，或者社团活动、第二课堂等形式让我们的学生能够尽早知道为人父母的责任，以及作为一个合格公民的责任，使我们的学生出去后，是一个完善的人、和谐的人。爱因斯坦也是这样说的，他说一个青年离开大学的时候，首先是一个和谐的人。我觉得在这点上符合成才的基本规律。反观一下，我们的人才培养在这方面的追求和思考，我认为还是比较清醒的。除了“专业知识”以外，我们还讲“通识教育”，著名教育家梅贻琦先生在 1941 年的《大学一解》中曾说过一句很精辟的话，“通识为本，专识为目”。这个说法我很认同，尤其是在本科教育阶段。我们学校学风中的“专通相融”也是这个意思。

二是在校本实际层面，人才培养要做到“三个照应”。

第一个照应，是照应我校作为综合性大学的可能优势。综合性大学的特点是学科门类齐全，各种学习资源丰富。基于这种优势，如果在大学期间没有把这种资源提供给学生们，那就是教育者的失职。我们要通过课程设计，通过第一课堂、第二课堂的教学来做好这个工作。我希望我们的学生，在毕业进入社会后，至少在早些几年，当他碰到任何话题的时候，具有能进行半小时谈话“话语权”的能力，因为他在大学期间的见闻足以对这个话题发表看法。例如，外太空天体物理方面的资源，樊军辉教授可以给他们提供；网络空间安全方面的资源，方滨兴院士的团队可以给他们提供；小说《三国演义》方面的解读，纪德君教授可以给他们提供；信息和密码方面的资源，数学学院可以给他们提供。

其他各学院、各学科专业都可以有这样或那样的资源提供给学生。这样，我们的学生就可以做到什么都懂一些。在学生的成长过程中，这些综合性的资源要用好，而且我们是可以用好的。在接下来的人才培养系列文件的完善过程中，尤其要注意强调以下两个方面的内容：一个是全程全覆盖，“四年一贯制”这个概念很重要；另一个是注意塑造品牌。发挥好学校学科门类齐全的优势，构建公共艺术等通识类课程体系，保障每个学生在校期间有机会修读人文艺术类课程，参与这方面的浸润熏陶。在体育和艺术方面要考虑打造能够影响到广州大学学生，要加大实施的力度，把学生和学校的资源更充分地调动起来，更好地发挥其在育人方面的作用。

第二个照应，是照应作为国家中心城市命名大学的在地优势。作为以广州城市命名的学校，它有一个什么特征？就是人学培养的人才要用得上。作为国家中心城市、特大型中心城市、代表国家参与全球竞争的城市，广州对人才的要求，第一是高，第二是全，要达到这个要求就要有人才培养的前瞻性。在学校人才培养方案中，关于专业发展，一方面专业方向要少设一点，另外一方面对新兴学科、交叉学科和应用学科在设置上要有所增加，尤其是理工类方面的增加，背后都有基于在地大学人才培养使命的考虑。对于广州大学，在人才培养目标上，如果我们没有专门的制度设计，使学生可以更全面发展的话，我们的“视野开阔”“能力发展性强”就不能落到实处。专业设置的价值取向应该是基础厚实、口径宽广，按照这个方向设置和养成，我们培养的学生在社会普适性上就会做得更好。在《广州大学关于加强本科教育全面提高人才培养质量的若干意见》第 7 条中有这么一句话值得大家重视，“做大做强优势学科专业，新建一批适应广东广州地区社会经济发展急需和国家战略需要的应用学科、新兴学科和交叉学科专业”，“本科生每年招生规模控制在7000人左右，招生专业总规模控制在80个以内，其中理工类专业不低于50%”。因此，和在地政府以及社会需求的对应问题上，我们一定要保持清醒头脑，要做有学理支撑的对应。

第三个照应，是照应正在走进未来的大学。广州大学要着眼面向未来大学的发展方向进行建设。习近平总书记在这次全国高校思想政治工作会议上明确提出“扎根中国，融通中外，立足时代，面向未来，坚定不移走自己的路”。这方面在人才培养目标和人才培养规格上要体现出来，比如为什么要加强创新创业，为什么要搞通识教育的课程设计，等等。广东省和广州市建大学城，我们的历史使命是什么？我们考虑更多的是面向城市发展的未来，面向进行更多的专业设置和人才培养，这就是我们要做的事业。如果在面向未来的时候没有相应的知识储备和能力储备的话，人才培养就是失败的。这些都和人才培养目标息息相关。为什么我要反复提到这些方面，就是因为我们要照应的一条是，综合性大学、地方性大学和面向未来的大学必须要有这样的人才培养目标。

第三个思考：怎么干？

学校本科“1+13”和研究生“1+4”系列改革措施已经很清楚了，这里要强调的是“五个有机衔接”。这个问题我在前不久的人才培养工作制度建设论证会上讲过一次，这里再做一些补充完善，有的地方前后可能有点重复，请大家谅解。

第一个衔接，是学校与社会的有机衔接。我们的人才培养方案、课程设计、社会实践要围绕这些方面进行。目前学生毕业后踏入社会的衔接是不足的，在这个方面我们做得还不够，接下来要创造更好的机会和条件，使学生的社会化程度能够更快、更高、更扎实，更好地体验社会、体验时代。学校培养学生，到底可以为他以后几十年的人生做些什么呢？我通常讲“三个十年”的观点。第一个十年，大学学习的知识可以支撑他，应付职业需要。但现在知识更新、替换非常快，知识的时效性周期性越来越短，有的知识可能还不一定够支撑十年。第二个十年，知识淘汰得差不多了，但事业还得朝前发展，需要去整合一些资源做更多一些事情，那么在大学中结识的同窗好友，社团活动给他的经验，团队合作给他的帮助，或者可以使他找到合作伙伴，让他在社会上如鱼得水，能力得到展现。第三个十年，大概到 45～50 岁，人生会发生分化，有的人运气好些，在职位上可以得到晋升，事业上取得成功；有的人因为各种机缘不凑巧，依然进步不大甚至原地不动；有的甚至是屡遭挫折。往高处走的，高处不胜寒，屡经考验挫折的也要有活下去的理由和底气，以及活得有质量的要求。在这个时候，靠什么支撑他呢？靠的就是在大学时积累的素养和素质。“爱体育、懂艺术”等在大学教育所具备的基本素养，可以给他一种支撑。所以，学生与社会有机衔接方面的工作一定要考虑好，体育、艺术只是其中的一个重要的支撑。

第二个衔接，是第一课堂、第二课堂的有机衔接。我们在人才培养方案中做了很多这方面的顶层设计，比如在人才培养方案中推进“经典百书阅读计划”，既包括第一课堂，也有第二课堂的大量工作。最近，我到教育部开了个会，这个会有两个主题。第一个是在近期要开全国教育大会。为了这个大会的召开，教育部要先开一些座谈会做准备。第二个是认真学习年初中共中央办公厅、国务院办公厅印发的《关于实施中华优秀传统文化传承发展工程的意见》并加以落实。《意见》附件中有15个工程项目，由教育部牵头的是一个半，其中的半个就是日前教育部陈宝生部长在两会上对媒体记者重点推介的“中华诗词大会”，另外一个就是“中华经典诵写讲工程”，要求学校组织开展经典诵读书写讲解文化实践活动。我们实施校园经典阅读工程，跟《意见》是无缝对接，而且还做在了前面，坚持了多年。想把这件事情做好，第一课堂和第二课堂就要结合起来。学校要切实推进“五个一百”工程，一百本校园经典，每年一百场活动，一百篇必背的经典诗文，一百个针对百部经典的讲座。条件成熟之后，还要考虑进行一百件左右的有关优秀文化成果传承的研究和整理。把这件事情做起来，既是“视野开阔”的要求，也是“家国情怀”的要求，更是“德才兼备”的要求，这个工作做好了，校内校外就很丰满了，学生在这个过程中就能得到提升。

第三个衔接，是本科与硕士、博士之间的有机衔接。我很高兴听到研究生处谈到硕博连读、提高考研生比例的情况。我们现在提出25%的考研率目标，不是25%的学生报考，而是25%的学生考上研究生。从录取分数看，能够进入广州大学的学生大约是文科前5%左右，理工科前10%左右，可以说是整体上非常优秀的学生。我们现在抓考研率，就抓住了根本，抓住了引领学风的一个关键，当然，要达到这个目标估计也不是一件容易的事。对学生来说，学到的东西越多，掌握的本领越多，他对社会的贡献就会越大。只有这样，才能把更多学生送上时代列车的“第一节车厢”。《未来简史》中把人进行了智人和神人的划分，能够进入“第一节列车”就被称为神人。如果没有带领学生奔向“第一节车厢”，我们就没有尽到责任。从这一点说，这是一场硬仗。

第四个衔接，是学院与学院之间的有机衔接。对这个方面我特别重视，现在各学院的资源，对院内开放得比较多，但学院与学院之间的开放还不够。前天，我和张书记开了个学生午餐会，跟部分学生聊天，学生们特别关心的就是其他学院的资源能否向他们开放，比如有的“挑战杯”项目能够带动不同学院学生的科研攻关，更多课程可以面向全校学生开放，等等。在这方面，尤其在“懂艺术”这一块，涉及到的不仅仅是音乐舞蹈学院、新闻与传播学院、建筑与城市规划学院、人文学院，其他学院可能都要涉及。此外，学院与学院之间的有机衔接还涉及学院与学校教学部门之间的衔接。学校资源的有机利用也很重要。目前，我们的教学资源有些被闲置，有些低效使用没有及时淘汰更新。这些问题在午餐会的时候就有同学提出来，比如对于师范生，师范技能训练课室短缺，很多课室有电脑，却都管得很严，对一些没有电脑的、有黑板的课室还可以开放多一些，供他们练习讲课，我觉得同学们有的意见是很有道理的。还有就是电子信息楼，很多电脑是坏的。这些就需要行政部门、教辅部门与学院更多地进行有机衔接，在这个衔接上我们要多下功夫。

第五个衔接，是教师与学生之间的有机衔接。一切教学活动都离不开老师和学生这两个群体间的互动。大学之所以存在，理由就是一个庞大的青年群体和一个庞大的能够制造知识和传授知识的教师群体同时集中在一个地方，缺一不可。如果这两个结合得不紧，或者说剥离开的话，那么大学存在的意义就会很小。从这个方面来说，师生之间有天然的联系。学校建立的一些机制，包括岗位分类设置、绩效工资、工作量的计算等等，都是围绕更好地促进师生互动，共同经营好大学这个目标进行的。刚才大家提到的一些意见，学校会好好整理吸收，在顶层设计上我们要重视教师的智慧，使之得到充分体现。老师和学生之间的有机衔接如何体现得更好，接下来要花更大力气去研究并推动实践。只有这样，学校的人才培养目标才能更完美地达到。我很希望在教学过程中，师生的联系互动能够进一步加强，各学科能够根据自身特点推动这项工作，能够克服老师走教、学生住校的现实情况。比如，“两项制度”的设计很好，但更重要的是要在执行中坚持下来，并且不断完善，实现师生互动，其乐融融。《论语》中记载的孔子跟他的学生聊天，其中有一个观点我很羡慕。孔子的一个学生叫曾点，孔子有一次跟他以及其他几位同学聊天，请各位同学“各言其志”，其中最引起孔子共鸣的是曾点的观点和志趣。曾点说最理想的状态是“暮春者，春服既成，冠者五六人，童子六七人，浴乎沂，风乎舞雩，咏而归”。描述的场景是暮春三月，穿上春天的衣服，大家去河里洗洗澡，在舞雩台上吹吹风，一路唱着歌，一路诵咏回到学校。这种场景非常富有诗情画意。事实上，我们师生关系，如果老师当得好的话，就应该是这种美好状态。

我再引用《论语·子罕》中的一段话来说明一种理想的师生关系，这段话是孔子的得意弟子颜渊也就是颜回说的，原文是，颜渊喟然叹曰：“仰之弥高，钻之弥坚，瞻之在前，忽焉在后。夫子循循然善诱人，博我以文，约我以礼，欲罢不能。”意思是说，先生太厉害了，道德学问我们越仰望越显得高远，越钻研越显得坚固，一会儿看他好像在前面，忽然间又转到后面。先生对学生循循善诱，既教我们学问，也教我们做人的很多礼仪，我想停止不学了也不可能啊。老师能做到这个份上，我想肯定是不错的了。这就是我们做老师最大的幸福和追求！

我们的学生应该具备什么样的底色和品质*

我是学校党委书记屈哨兵，今天来给大家上思想政治理论课。我在广州大学当过副校长，后来因工作需要到市政府工作，当了5年的教育局局长，是专门和孩子们打交道的，主要负责全市的孩子从出生到18岁的教育管理。没想到还有机会再和18岁以后的各位同学以师生关系的身份见面。到昨天为止，我和明海校长来广州大学任职刚好半年。这6个月来，学校领导和老师们一直在思考一个问题是，高水平大学建设过程中，各位能够成长为什么样的人，既符合个人本身的成长规律，也符合这个城市发展对我们的要求，更符合国家、民族和时代对我们的期许？两天前，也在这个地方，学校召开了一次大会，会议名称叫“广州大学高水平大学建设人才培养工作会议”。在这个会上，学校提出这段时间以来大家不断思考、反复讨论形成的学校关于人才培养

* 本篇是2017年3月14日给广州大学500多名学生干部上春季第一堂思想政治理论课的讲课内容，根据录音整理。

目标的一种表述。这个表述是现在投影上的显示，请大家看。“德才兼备，家国情怀，视野开阔，爱体育、懂艺术，能力发展性强”。我们要追求的是现代大学生在广州大学应该具备什么样的底色和品质，我们想解决的就是这个问题。所以，今天讲课的题目是：做一个“德才兼备，家国情怀，视野开阔，爱体育、懂艺术，能力发展性强”的大学生。

大家都知道，大学其实不是现在才有。从西方来说，大学发展到现在已经有将近一千年的历史。如果从我国汉代的太学开始，已有将近两千年的历史。如果从古希腊、古罗马开始，那时主要进行的是成人教育，或者从《论语》开始，到现在都已经超过两千年了。大家通过《论语》知道，孔子当时带着一帮弟子周游列国，很像我们现在的游学。这些学子中年龄最大的四十多岁，最小的十几岁。如果从年龄分层上来说，很像是今天的大学教育了。如果撇开久远的历史不论，大学到底干什么事？我从以下几个方面给大家介绍一下。

大学在功能上有什么样的特点？从历史上看，欧洲、美洲包括现在的中国大陆，大学从前到后大概有四种类型。第一种是教学为主。广州大学在意大利合办的孔子学院叫帕多瓦大学孔子学院，帕多瓦大学是欧洲排名第二古老的大学。帕多瓦往南有个地方叫博洛尼亚，博洛尼亚大学是在欧洲产生的第一所大学，主要以教学为主。当时，那个地方做生意的比较多，大家经常会有一些纠纷。有纠纷怎么解决？这些人自己解决不了，就得找一些比较懂行的人解决，慢慢形成了大学的雏形。那时候的学生很厉害，老师是他们聘请来的，教得不好随时可以解聘。现在的老师不是学生可以解聘的，因为老师是政府聘用的，花的是纳税人的钱，不像当时的师生关系那样直接。所以，那时候的老师会把教好学生作为唯一目的。博洛尼亚大学最好的是法律，研究法律的目的是要解决社会纠纷。从那时候开始，从博洛尼亚大学到帕多瓦大学，再到巴黎大学、剑桥大学和牛津大学，最初基本遵循的就是以教学为主的路径。

一直到中世纪，就学校的主人到底是谁的问题发生过很多争论，到底是国王说了算，还是教皇说了算？前期，以教学为主的大学基本上是教皇说了算。后来，国王认为不对，他要培养一支力量来抗衡。那怎样才能把力量培养起来？就得有科学思想。所以，第二阶段的人开始追求另外一个方向，大学不仅要教学，还要求学生和老师一起做研究，观察客观世界，揭示自然规律。于是，第二种类型的大学出现了。这种类型的大学是以研究为中心的大学，最早出现在德国。那时候，当了 18 个月德国文化部教育司司长的洪堡提出一些重要的教育主张，后来还创办洪堡大学，走的就是研究为主的方向。去年，我到德国访问，专门到洪堡大学看了。德国后来分成东德和西德，洪堡大学也分出一部分叫柏林自由大学，它们都是以做研究为主，以解决各种科学问题为主要任务。

到第三阶段，当时有一批来自美洲的年轻人到德国学习，然后回美国办大学，包括耶鲁大学就是这个时候办起来的。这批从德国学习回来办大学的人，想解决什么问题？美国地大物博，他们要解决的问题可能不只是在实验室里的东西，更想解决广大土地上的问题，用我们现在的话讲就是要把论文写在大地上。当时在美国出现一批赠地大学，他们向政府拿土地办大学是要服务社会的。美国大学专业的开设，社会指向性和服务社会的方向非常明确，那就是社会需要什么就开设什么。我们知道，北大老校长胡适先生是著名的教育家、哲学家，但不为我们广泛所知的是，哲学其实是胡适在业余时间学出来的，胡适最初到美国读的是康奈尔大学，学的是植物学，但学了一段时间学不下去了，因为当时来自中国的他没吃过那么多品种的苹果，分不清苹果的种类，考试成绩不好，最后转学了。我们也知道美国有一所威斯康辛大学，它的校训是：威斯康辛州的边界到哪里，威斯康辛大学的边界就在哪里。这是很明确的为社会服务的方向。在美国，包括现在的 128 号公路、硅谷等，基本上都是按照德国研究型大学的基础上再进一步，注重社会服务，并沿着这个路子走下来的。

现代大学还在发展变化，可以说已经出现了第四种类型，就是以创新创业为特色的大学。创新创业为主的大学，不仅是创造知识，传授知识和技能，还可以引领时代创业。这种类型的大学在欧洲、美洲，包括在亚洲都在逐步出现。在座诸位，在世界大学类型向前发展的潮流中，所处的就是以创新创业为特色的大学时代。身处这个时代，我们离不开前面以学生为本、教学为主的根本，也离不开以科研为基础引领学术，以服务社会为导向履行社会责任，但更重要的是要关注历史的走向与未来，这就是我今天想和同学们讲的内容，我们的大学应该长成什么样，让大家有个基本概念。

刚才，我提到大学的发展类型，是和大学所担负的社会责任、使命担当有关。广州大学也应该有这样的担当，广州大学的学生也应该有这样的担当。对于如何承接这个担当，我对同学们的期望很大。我多次说过，凡是以著名城市命名的大学都应该是好大学。广州大学是以著名城市命名的大学，因此，广州大学就应该成为好大学！中国的北京大学、南京大学、武汉大学，还有没列出的包括上海大学、厦门大学等都是知名大学。国外大学有纽约大学、巴黎大学、伦敦大学、罗马大学等，都是如此，牛津大学、剑桥大学有些例外，是城因大学而著名，当然这背后也有它的原因，这里不多讲了。另外，还有一个规律，以著名人物命名的大学也是好大学。广东最著名的就是中山大学，美国最著名的是哈佛大学、耶鲁大学、斯坦福大学等。

我们提出“德才兼备，家国情怀，视野开阔，爱体育、懂艺术，能力发展性强”的人才培养目标。我想和大家交流这六句话为什么提出来，到底对不对，大家一起分析一下。人才培养目标提出来了，首先要得到大家认可，最终才能得到实现，我们要按照这个逻辑来做。

人才培养目标也有一种说法叫人才培养规格，这六句话大概解决什么问题呢？这里有张图可以把它说清楚。人活在世界上一定要解决“三观”的问题，即人生观、价值观、世界观。“德才兼备”讲的是价值观层面的要求，“家国情怀”讲的是人生观层面的要求，“视野开阔”讲的是世界观层面的要求，“爱体育、懂艺术，能力发展性强”是基于广州大学学生发展实际，最具广大底色的学生成长标记的表述。

1917 年，蔡元培先生到北京大学就任校长时，跟学生有三项约定。第一项叫“抱定宗旨”，第二项叫“砥砺德行”，第三项叫“敬爱师友”。我们知道，北大的前身是京师大学堂，当初社会对北大的评价是“当官做老爷的学校”。古代有翰林院，京师大学堂时期了，没有翰林院了，那京师大学堂就被很多人认为等同于翰林院了，进去混几年，出来就可以做官了，这就是当时北京大学的形象。蔡元培先生到北大以后说不能这样干，既然是读书就要有读书的样子，得有新的价值观。于是，蔡元培先生跟学生提了三项约定。“抱定宗旨”指的是研究学问。蔡元培先生在德国留学4年，回国后觉得要把大学做好，是不能为做官而来的，而是为做学问而来。“砥砺德行”指的是讲道德，要大学生在“德”这个层面解决问题。为了规范教职员工和学生的道德行为，净化社会风气，蔡元培先生在北大专门成立“进德会”。“进德会”的会员分甲、乙两种。甲种会员要求比较低，不吃喝嫖赌就行。因为当时北京大学周边有些乱七八糟的东西，蔡元培先生认为首先得把恶习遏制住，私德不修、公德难为。乙种会员的要求中，则把“不能当官”作为其中一条提出来。蔡元培先生在北大组织了一系列学生社团活动，对道德的要求逐步提升。首先把德行这个基础打好，然后在活动上通过体育、艺术以及宗教作为载体不断丰富，再后来在学术层面成立研究会，最后在政治上把世界先进政治的研究作为目标。第一个中国马克思主义研究小组在北京大学成立，就是在一步步以“德”为基础培育的氛围中出现的。李大钊到北大图书馆当馆长，进一步推动了马克思主义的研究与传播。因此，“德”是现代大学生，尤其应当成为中国大学生的第一诉求。在座的同学们有时间可以看看新修订的《教育法》总则和党的第十八届三中全会《关于全面深化改革若干重大问题的决定》中“深化教育领域综合改革”的内容，第一句谈的都是“德”。中国特色社会主义大学的根本任务是坚持立德树人，培养社会主义的合格建设者和接班人。“德”是放在最前面、最根本的，如果这个方面出了问题，那个人的价值就会大打折扣。

为什么要提“家国情怀”？当然它不是广州大学的首创，很多大学包括中山大学也在提，但我们要把道理讲清楚。人活在世界上，生命的意义需要依附什么存在？这其实是一个很大的哲学问题。关于人何以生来，我认为从哲学层面大概有三种解释：第一种是西方宗教认为的，人来到世上是要“赎罪”的，我们取不得；第二种是佛教认为的，这辈子受罪是为有更好的来生，也不是我们追求的；我们追求的是“在现世”。“在现世”人生的意义是什么呢？是为自己还是为他人？是为个别还是为大家？这一定是在和自己人生相对的比较中才可以体现出来。罗伯特·所罗门和凯恩林·希金斯有本书叫《大问题》，里面讨论生活的意义，读起来我们会受到一些启发。大体看来，生活的意义就是生命的意义，我比较认同的一种解释是这种生命的意义要放在一个人与他人相对特定的环境中来获得，特别是只有当一个人真切体会到自己与家国之间的这种不可割舍的关系，负起对家国的责任，才会使我们的生命意义获得价值。同学们只有对国家有整体的认同，我们的人生才活得有意义。

我的孩子已经研究生毕业，也成家了。当孩子成家的时候，那天早上我送她出门，自己在一旁多少有些伤心。因为此时此刻突然想到一个问题，我觉得自己的生命就是某一时段的意义，通过这么一个“送出去”，责任的意义好像一下就消失了，人生就像失去了某种依托。但过了一会儿，我的情绪又平复了。我想到自己还是教育局长，应该有很多事情要做，还可以关心那些学校的孩子，帮助他们健康快乐成长，于是我又满腔热情地和孩子们打交道去了。这个例子是我从一个父亲的角度看的。大概这也是一种家国情怀吧。《高等教育法》中对大学人才培养规格明确要“培养有社会责任感的大学生”。社会责任感是什么？就是指我们对这个社会要有责任，人没有责任活得就会自私，很多时候自己会觉得没趣。人是需要表扬的，那种最高的表扬就是对你价值的肯定，是对生命意义的肯定。那种来自更深层次的表扬也是对生命意义的肯定，我认为就包括对家国情怀的肯定。

“视野开阔”是指大学生在世界观上应当有个相对完整的世界知识谱系。我们为什么提倡读经典百书？为什么提倡社会实践、第二课堂、第二校园访学？原因多少和这个相关。我看过韩寒导演的《后会无期》，里面有句台词非常好，“你连世界都没观过，哪里来的世界观？”我经常讲，我们的学生要眼界开阔，除了课堂、书本外，一定要多做社会实践，多交朋友，多走出校门、走出国门，多到外面的世界看看。如果只限于读专业领域的一点东西，是不可能有比较完整的世界知识的。广州大学作为一所综合性大学，学科门类比较齐全，可以给同学们提供相对完全的掌握世界知识谱系的机会，学校的责任就是给大家提供更好的平台。我希望我们的同学，在毕业进入社会后，至少在早几年，当碰到任何话题时，具有能进行半小时谈话的“话语权”的能力。因为在大学所受的教育和经历让他知道这个世界是什么样子的，正在发生什么和将要走向何处，在大学期间的见闻足以让他对这个问题发表看法。如果我们的学生能够做到这样，那我认为我们学生的三观应该是比较完备了。

学校人才培养工作会议即将出台的制度文件包括本科教育 30 条和研究生教育 30 条。本科教育 30 条后面有 13 个支撑文件，研究生教育 30 条后面有 4 个支撑文件。这两个 30 条有可能成为广州大学学生人才培养中的黄金 30 条。同学们一定要重视这 30 条，看怎么对号入座。近期，我们做了个统计。学校现在是一本招生，一本招生是什么概念？就是在座同学在整个高考招生平台中，文科基本属于前5%，理工科基本属于前10%。同龄人中，你们是属于前5%、前10%，最高是前1%才能到广州大学学习。从天资资质角度来说，你们已经是一群非常优秀的青年了。作为老师，我们所担心的是学识还不足以支撑你们的发展，我们现在正在为这个事情着急。所以，学校要大量引进人才，给大家提供更加优质的教育。三四年前，有次我去北京出差顺便去石家庄看一位朋友，在火车上碰到一个大学生，读的是北京一所不太有名的大学。聊天中这名大学生告诉我，他学的专业相当于我们说的电子商务，经常在网上给人发货。我问他今天不是周末，怎么出来啦，不用上课吗？他说学校老师教的东西都是纸上谈兵，他线下操作比老师熟练多了。当得知我是从广州来的，还问我白云区是不是有个叫竹料的地方，他准备到那里租仓库卖东西。我想，要是学生都这么厉害，我们相关专业的老师要真没点本事的话，恐怕要丢饭碗的。你们是很优秀的学生，作为老师需要比你们更优秀，才有资格当你们的老师。所以学校召开了人才培养工作会议，明确了人才培养规格、人才培养目标。目的就是让大家更好地成长成才。

刚讲到蔡元培先生和北京大学的三项约定，其中“敬爱师友”这条在大学里也是很重要的。大学之所以成为大学，有两个恒定的群体：一个庞大的追求学问真理的青年群体和一个庞大的制造知识、传授知识的教师群体，两者是要多方位交融和互动的，有时候会在敬爱师友的过程中出现“有心栽花花不发，无心插柳柳成荫”的现象。当我们战战兢兢搞学问的时候还真不容易做出东西来，可一旦在我们心灵自由的情况下，说不定倒可能取得意想不到的成绩。爱因斯坦有句话，大概意思是人的差异其实是在对业余时间的利用，仔细琢磨很有道理。在业余时间，我们有时不是一个人，而是和其他人一起活动。比如聊天，聊天也很有可能产生思想的火花。据说，剑桥大学所在的地方有个咖啡馆，很多著名的思想就在那个咖啡馆里面，在大家聊天中产生的。所以，我觉得敬爱师友，就是师生间要平等交流，这一点很重要。

接下来，我对人才培养目标分别做个解释。

一　做一个德才兼备的人

德才兼备是国家意志和党的方针在人才培养目标中最重要的体现，是人才素质的国家要求。2016 年新修订实施的《教育法》第五条和第六条，谈的就是人才培养规格。第五条提出“教育必须为社会主义现代化建设服务、为人民服务，必须与生产劳动相结合，培养德、智、体等方面全面发展的社会主义事业的建设者和接班人”。第六条提出“教育应该坚持立德树人，对受教育者加强社会主义核心价值观教育，增强受教育者的社会责任感、创新精神和实践能力。国家在受教育者中进行爱国主义、集体主义、社会主义的教育，进行理想、道德、纪律、法制、国防和民族团结的教育”。这两段中，字频最高的就是“德”。德智体是“德”，立德树人是“德”，理想道德也是“德”，潜在提到“德”的包括社会主义核心价值观、爱国主义、社会主义等，都是德的体现。所以，我们讲做一个德才兼备的人，“德”放在最前面。2020 年 12 月 8 日，习近平总书记召开全国高校思想政治工作会议。总书记说，“高校的立身治本是立德树人，坚持不懈培育和弘扬社会主义核心价值观，引导广大师生做社会主义核心价值观的坚定信仰者，积极传播者和模范践行者”。总书记对当代大学生的要求同样把“德”放在最前面。最近，中共中央、国务院印发《关于加强和改进新形势下高校思想政治工作的意见》，强调要强化思想理论教育和价值引领，把理想信念教育放在首位，坚定中国特色社会主义道路自信、理论自信、制度自信、文化自信。这也是作为“德”要坚持的具体内容。

做一个德才兼备的人，对广州大学的学生来说还有一个要求，就是要博学笃行，既要懂得多，还要做得实。广州大学是1927 年由陈炳权先生创办的。陈先生当年从美国念书回来，接受的是大学要服务社会的美式教育理念。当时美国银行业比较发达，他学的是银行专业。回国后，陈先生想开办广州大学，但没有钱怎么办？于是他找人借了 500 块钱，找了两间房，就这样开始办广州大学。抗战时期，陈先生到美国筹款，华侨界很重视，一块钱一块钱地给他捐献。后来他从美国回来，用筹集到的 12 万美元继续办学，我们现在的校训“博学笃行”在那会儿就已经有了。抗战胜利后不几年，当时广州大学已可以在经济学专业招收研究生了，这说明那个时候的广州大学办学已经达到比较高的水平。当然，这是过去的历史了，变化了的是时代，但我们的校训“博学笃行”依然没有变，我们或者可以这样来认为，就是从那个时候开始，对广大的学生来说，博学笃行的校训里蕴含的“德”的追求对我们有着特别的含义。我们有时候会问，广州大学和中山大学到底是什么关系？中山大学的校训是博学、审问、慎思、明辨、笃行。我们在此基础上选取为博学笃行，成为广州大学的校训。从这个方面看，两所学校多多少少有些关系，当时的广东大学变成中山大学的时候，一块没有并进去的资源就成了广州大学。当然，现在这层关系可能更为紧密，我们的魏明海校长是中山大学来的，刚退休的徐俊忠副校长也是中山大学来的。中山大学和广州大学有个共同特征，两所大学都是综合性大学。当然，中山大学已经是一所全国著名的大学，而我们还得继续努力。

最近《中国教育报》刊发我校思政课教师团队的专题报道，自 2009 年学校组织评选“最受学生欢迎教师”和“最受学生欢迎教师团队”以来，思政课教师团队连续 8 年获此殊荣。2020 年再次被评选为全校唯一“最受大学生欢迎教师团队”，在 8 年累计评选出的 80 人次“最受学生欢迎”公共课教师中，80%是思想政治理论课教师，这种现象在广东高校界被誉为“奇葩”。除此以外，还有我们大家熟悉的“五室一站”，这是一个融学生党建、服务、学业辅导、心情驿站、能力培养和自我管理的第二课堂教育重要阵地。“砥砺德行”不仅要求我们在观念上需要成为一个高尚的人、一个纯粹的人，在实际修行过程中，我们更需要这样去践行，这是我们所要追求的。

作为一个人，道德认知能力、道德推理能力以及道德实践能力都很重要。当然，现在国外的一些大学比较重视道德推理的课程。对我们来说，比起道德推理，道德实践更为重要，“砥砺德行”在行动上更需要我们坚守。在座的同学都是广州大学的优秀分子，广州大学整个学生群体的道德水平高不高，和在座诸位能不能率先垂范有最直接的关系。所以，我拜托各位同学，各位优秀的学子，一起进行我们的道德实践，进行我们的道德修行，做高尚的人，做纯粹的人，做有益于国家和社会的人。我们的“易班”平台建设、“重走长征路，践行价值观”“中国梦西部情”等活动，这些都是践行社会主义核心价值观的有益探索。接下来，学校还要启动德育实践学分制的改革。前天（2017 年 3 月 12 日）人才培养工作会议上第一个子文件就是《实施五个工程，打好广大底色——广州大学学生思想政治教育工作实施方案》，这些文件大家要详细了解，积极参与。

二　做一个有家国情怀的人

“家国情怀”讲的是我们对社会的责任感以及对家庭、对国家的贡献。今天特别给大家推荐一下咱们广东人梁启超，以他作为例子对“家国情怀”进行解读。梁启超作为一代名家大师，他和他的家庭对我们这个国家和民族的贡献非常大。他首先尊重孩子自己的志愿，然后引导孩子做正确的事。他要求他的孩子所学的东西是要对国家今后发展有帮助的。梁启超一共有 9 个孩子，“一门三院士，九子皆才俊”。长子梁思成最为我们所熟知，是著名的建筑学家，人民英雄纪念碑、国徽的设计他居功至伟。梁思成到美国学建筑并成为专家，现在看来也是有一种家国之思的。据说，美国在最后决定要对日本实施轰炸前，还要专门问一下梁思成，说要是炸日本，哪些城市可炸，哪些城市不能炸。梁思成告诉他们京都、奈良等几个城市不能炸，因为当地有很多有价值的文物建筑。对北京城的保护，梁思成也是花了很多心血的。一直有人说中国历史上夏商周的历史搞不太清楚，那中国历史到底怎么回事？梁启超的次子梁思永就到美国哈佛大学学考古学和人类学，回国研究中国历史，是现在殷墟甲骨文发掘方面最重要的专家之一。梁启超的三子梁思忠，毕业于美国弗吉尼亚陆军学校和西点军校，回国后担任炮兵校官，淞沪会战时在十九路军打得很出色，赫赫有名，但后来在撤退的路上，喝了沟边的脏水受到感染，英年早逝。梁启超最小的儿子梁思礼，在美国普渡大学获得学士学位，在辛辛那提大学获得硕士和博士学位，是火箭系统控制专家，是我国长征二号、三号火箭控制系统的设计者和总工程师，为祖国从无到有的火箭控制系统事业贡献了自己的才智，成为我国航天事业的开拓者之一。梁启超的二女儿梁思庄，是著名的图书馆学家，先后就读于加拿大名校麦吉尔大学和美国哥伦比亚大学，北京大学早年图书馆的副馆长，为中国古典文献整理奠定了基础，是我国图书馆学领域首屈一指的专家。梁启超的四女儿梁思宁则参加了新四军，她更是一名革命者。在座各位大部分是广东人，我们应该为广东有这样一位有“家国情怀”的同乡感到骄傲。梁启超本身也是以身许国的，他后来肾脏有毛病，中医治不好，西医要做手术，请了一位日本医生，结果医生把左肾右肾搞反了，把好的肾切了，坏的留下来。如果是现在，我们第一反应肯定要追究西医的责任，甚至说日本医生谋害中国人。但梁启超并没有这样做，因为他当时想，咱们国家还比较弱，中医治不了的病还得靠西医，要推广西医，虽然这一刀下错了，但梁启超还是为医院辩解，以他的生命健康换取人们对西医的认识。换句话说，就是用命来换社会共识。如果没有对这个国家进步的深沉大爱和强烈的社会责任感，无论如何是不会这样做的。我只想举这么一个例子来回答，人活在这个世上总得对这个国家、对这个民族、对这个家庭做一些事。

习总书记说“国家好、民族好、大家才会好”“只要我们紧密团结、万众一心，为实现共同梦想而奋斗，实现梦想的力量就无比强大，我们每个人为实现自己梦想的努力就拥有广阔的空间”。个人的梦想和共同梦想之间一定是不可分割、紧密相关的。如果纯粹抛开国家和社会谈个人梦想，那是有问题的。所以，只有当我们把个人梦想融入国家和民族伟大复兴的“中国梦”时，“我们既可以共同享有人生出彩的机会，共同享有梦想成真的机会，也共同享有祖国和时代一起成长和共同进步的机会”。

从“家”“国”这两个字的构成来看，也能明白其中一些奥妙。古语有句话“天下之本在国，国之本在家，家之本在身”，也就是我们平常说的“修身、齐家、治国、平天下”。“家”和“国”在我们的文化符号系统中一看就知道，它是需要养护的，需要经营的。大家看两个字的字形，“家”得有一个房顶，房顶下得养点动物。学中文的同学都知道，这房顶的下面就是一头猪，当然现在住的是人，当初“家”的概念中就有这个意思。那“国”的概念呢？繁体写作“國”，字的外框像是国家的边境。我们得有一个边境，要守护边境，就得拿着武器，古代是拿着长矛在这个地方守卫，方框里面的“或”就是这个意思。要治国，要齐家，就得从自我修身做起。总书记告诫我们“空谈误国、实干兴邦”，号召我们要“撸起袖子加油干”。作为大学生，我们现在不但要撸起袖子加油干，还要埋下身子低头学。

社会主义核心价值观与“家国情怀”有着割舍不断的联系。在国家层面，我们要讲富强、民主、文明、和谐；在社会层面，我们要讲自由、平等、公正、法治；在个人修为层面，我们要讲爱国、敬业、诚信、友善。我想如果对社会主义核心分成三个层面理解，第一和第二层面是家国层面，所谓家庭是社会最小细胞；第三层面是个人德行层面，得首先从爱国、敬业、诚信、友善的层面，一步一步往上走到最后，达到富强、民主、文明、和谐的国家目的。

“家国情怀”要求我们继承优秀传统文化，比如说学校多年来一直推行中华经典诵读，这个事情我们不仅要继续做，还要做得比原来更好。因为国家正在大力推动这个事，而且我们又取得了很好成绩。早在 2011 年 11 月，学校就拿了教育部高校校园文化建设优秀成果特等奖，当年全国 10 所大学获特等奖，9 所是“985”“211”的高校，广州大学是唯一的“双非”，但同样受到嘉许。这说明我们所做的事情是正确的，而且得到了国家的肯定。今年两会，教育部陈宝生部长回答记者提问的第一个问题就是关于中华经典诵读。我觉得这方面的工作我们早些年已经开始做了，接下来要更加出色。做一个家国情怀的人除了要诵读经典，还要过好我们的大学生活。《我们的大学》是每年一本一本编下来的，记录着我们的素质发展，自然也包括道德成长。作为学校，我们很想花更大功夫把你们的大学历程记录下来，从中看到大家成长的足迹。今后不管是人生得意、一帆风顺，还是人生失意、步履艰难，你们都不会忘记在大学这几年，不会忘记曾经留下的道德进取、学业长进的脚步。希望这本书可以在你们人生的任何阶段，当回过头来看的时候，都会找到属于自己的回忆，从而坚守住你们自己。因此，我觉得家国情怀和我们的校园情怀在这里应当是一种统一，而且相信在广州大学是可以完成这种统一的。

三　做一个视野开阔的人

我刚说学校作为综合性大学拥有多种资源，我们不能浪费这种资源。对于世界知识应该怎样划分？那就把它划成不同学科进行描摹研究。美国和欧洲是这样划分的，我国也是这样划分的，但具体表述方式不一样。在我国，把所有的知识学科分成13个门类，即哲学、经济学、法学、教育学、文学、历史学、理学、工学、农学、医学、军事学、管理学、艺术学。艺术学是2011年首次从文学门类中独立出来，成为新的第13个学科门类。广州大学作为综合性大学，除了医学军事学没有涉及，其他11个学科门类都有。拥有这么丰富的学科资源，我们就要通过选修课平台、各类讲座、各种学术交流，把这个平台搭建得更加完整。刚才我说过"半小时话语权"，就是基于我们有相对完整的世界知识谱系提出来的。我们要有这个信心，并且要和同学们一起推动完成这个事情。再来看"第二校园访学"，我统计了一下，现在学校已经组织到40多个大学开展访学了，国内的包括复旦大学、清华大学、东北大学、香港大学、北京大学、武汉大学等。大家到这些知名大学，听听他们的课，和他们的老师学生交朋友，向他们请教，这些是非常有益的人生经历。与国外的大学的交流，我们主要通过交换生项目或者学术交流项目来开展，这些学校如哥伦比亚大学、密歇根大学、西澳大学、加州大学等。我们的同学走出校园、走出国门，到这些国家和大学校园去看看，交流一下学问，同样也是非常好的。接下来，学校会在这些方面做更大努力，帮助同学们更好地开拓视野、拓宽眼界。

关于"视野开阔"，总书记讲的16个字与此也密切相关，今天推荐给大家。总书记说，"扎根中国，融通中外，立足时代，面向未来"。这是在全国高校思想政治工作会议上谈到如何坚持社会主义办学方向的时候提出来的。办好中国特色社会主义大学，不是要闭关自守，而是要融通中外，要睁开眼睛看世界；立足时代，不能故步自封，要想想未来的路该怎么走。整个大学城就是一个面向未来的知识之城，我们需要考虑未来要怎么生活，需要为未来的生活做哪些方面的准备。

四　做一个爱体育、懂艺术的人

这方面对当代大学生特别重要。体育、美术、音乐、艺术，我们从小到大课堂里都接触过不少，为什么到大学还要特别强调？因为我们是把它放在广州大学人才培养目标的层面上来定位的，不是一般的号召，它是广州大学培养出来的学生需要具备的素质。我希望通过大学四年或七年的培养，广州大学的学生在这方面能够和其他大学的学生相比，有更加出彩的表现。要实现这个目标，学校的压力挺大，我们的体育学院、美术与设计学院、音乐与舞蹈学院、城市建筑与规划学院、人文学院、新闻与传播学院，这些学院除了要开好本院学生的专业课程之外，还要担负起全校爱体育、懂艺术的培育职责。这个工作我们正在规划，也需要大家一起努力。最近，美术与设计学院有一位刚从副院长岗位上退下来的教授，在华南理工大学举办了广东省"高雅艺术进校园"系列活动绘画展。我跟他说，希望也能在广州大学办一场。他说不是不想办，是广州大学没有美术馆。他几十年心血绘画的作品没人看管，没有专业的保存条件，所以就到华工去办，"墙里开花墙外香"。作为学校党委书记，我觉得很不好意思。今后广州大学在美术展览这件事情上要做起来。当然，我们大力倡导同学们多去别的大学，去美术馆和音乐厅看展览、听音乐会，艺术素养的提升需要我们逐步养成和长期培育。

蒋南翔先生在清华大学当校长时曾说“要为祖国健康工作 50 年”。现在的学生大学毕业大概 24、25 岁，工作 50 年也就 70 来岁，现在要求 60 岁退休，所以我们至少也要为祖国健康工作 40 年啊。大家看 PPT，爱因斯坦的学术贡献大家可能都有所了解，但不广为人知的是他一辈子非常喜爱运动，经常和居里夫人及孩子们登山，爱因斯坦的小提琴拉得也很不错。还有赵元任，我对他比较熟悉，中国现代语言学之父，同时还是一位音乐家，厦门大学、东北大学等多所大学的校歌都是他创作的，我们比较熟悉的一首歌《叫我如何不想他》也是他谱的曲。他开始到美国不是学语言学的，是学音乐的，后来又学其他东西。回国后先教物理，然后是数学，最后觉得兴趣在语言学，于是就在语言学领域钻研，最后到美国还成了美国的语言学会会长。斯宾塞是英国的教育家，他从课程设计的角度，认为一个人要成为和谐与完善的人，度过一个完满的人生需要接受五类教育：第一类是与自我生存直接相关的教育；第二类是与自我生存间接相关的教育；第三类是与自我所从事的职业相关的教育；第四类是如何为人父母的教育；最后一类是闲暇娱乐，提高自身品位的教育。他有一个理论叫“教育预备说”，认为所有的学习都是为今后完美的人生奠基的。仔细想想就会发现，他当年的提法和今天我们对人才培养所进行的教育，在很多方面是契合的，正所谓“英雄所见略同”。就学校而言，我们能不能够通过美术节、音乐节、雕塑展、诗歌节、社团、体育节、足球联赛等系列活动实现“爱体育、懂艺术”的人才培养目标，就要依靠大家了。今天，学生处、研究生处的很多同志来了，广州大学有这么多场地、这么多空间、这么多时间，我们要多想办法丰富校园文化生活，特别是要把专业课堂之外的校园生活丰富起来。

五　做一个能力发展性强的人

最近，我反复琢磨广州大学的学生毕业到社会，会呈现一种什么样的气质和素质。关于大学培养什么样的人，现在有很多说法，比如高素质、创新型、领袖气质、精英等，这些都对，但对于广州大学的学生来说，我觉得还没完全说到点子上。我希望广州大学作为一个综合性大学，我们培养的学生要具有能力发展性强的底色。这是一个开放的概念，就是学校要提供种种可能，让学生拥有一些潜能，今后能够慢慢释放出来，学校在这个时候就充当一种类似提供药引子的角色。我们培养的学生需要具有多少能力？我认为至少有四种特别重要，专业能力、沟通能力、合作能力和创新能力。

首先是专业能力。这方面大家都很清楚，我们都有自己的专业，如果连所学专业都弄不懂肯定不行。因为专业是基础，这个我们非常强调。其次是沟通能力。沟通能力简单来说就是表达能力，这方面在当今社会非常重要。美国的德里克·博克在哈佛大学担任 20 年的校长，谈到哈佛大学通识教育的基础时，排在第一位的就是沟通能力，我想是有一定道理的。沟通能力的基础是逻辑思维，就是说话要有条理，讲因果，讲顺序，在这个基础上讲表达，讲文从字顺。这些说起来简单，做起来不易，特别是要把我们想表达的意思和观点讲清楚，做到条理清晰、重点突出，很多时候还要说服别人接受自己的观念，是非常不容易的，是需要长期训练的。再次就是合作能力。合作能力是在美国麻省理工学院（MIT）当了十年校长的查尔斯·维特斯提出的，他每年有个年度工作报告，在连续十年的报告中反复提到，MIT 的学生最重要的就是合作能力，因为今后面对世界、面对问题时一个人是不能搞掂所有的，一定需要依靠团队，集中更多人的智慧和力量攻克难题。我想事实上也是如此，学校最近获得的全国大学生创业大赛金奖就是团队合作的结果。前两天，我和同学们开了一个午餐会，大家提到跨学院合作很重要。我之所以把哈佛大学校长和 MIT 大学校长的例子拿出来讲，就是想让大家知道，这是一种普遍意义上的共识。最后一个是创新能力。学习的目的是为了创新，发展的动力也是要依靠创新。创新能力首先表现在三个方面：好奇心、想象力和批判性思维，他们是创新能力的心理基础。在这个基础上进行创造，再进行创业，就是我们常说的“三创”，创新、创造、创业。在好奇心、想象力和批判性思维这三个方面，我最欣赏的是想象力。做人要有一点天马行空、审问多思的能力才行。一个人生命力旺盛的表现是你可以做白日梦，可以先做梦再做事，当然梦要落地。然后是批判性思维，不人云亦云，这个能力也很重要，因为科学家就是如此，在不经意的地方反其道而行之有时就能发现问题。

要做一个能力发展性强的人，我希望同学们在离开学校之后，能够在未来的几十年有自己的良好发展。学校要考虑，包括同学们自己也要考虑一个事，就是在大学所学的东西能够支撑自己离开学校之后的多少年光景？我把它分成三个十年。第一个十年，大学学习的知识或者可以支撑大家应付职业需要，但现在知识更新、替换非常快，知识的时效性、周期性越来越短，有的知识可能还不一定能支撑十年。第二个十年，知识淘汰得差不多了，事业还得朝前发展，需要你去整合一些资源做更多事情，那么在大学中结识的同窗好友，社团活动给你的经验，团队合作给你帮助，或者可以帮你找到合作伙伴，让你在社会上如鱼得水，能力得到展现。第三个十年，大概到45~50岁，人生会发生分化，有的运气好些，在职位上得到晋升，事业上取得成功；有的机缘不凑巧，依然原地不动；有的甚至屡遭挫折。往高处走的，高处不胜寒，屡经考验挫折的也要有活下去的理由和底气，以及活得有质量的支撑。在这个时候，靠什么支撑他呢？靠的就是在大学时积累的素养和素质，爱体育、懂艺术等在大学教育所具备的基本素养，就可以给大家一种支撑。前段时间，我到购书中心买书，碰到一个农民工模样的人，他身穿迷彩服装，头发上全是灰尘，好像刚从工地下来的，手里拎两个桶，一个桶里装着白色油漆，另外一个桶里装着一袋米。我到楼上时，他正在看书。当我从楼上抱着一堆书下来的时候，看见他还在新书推荐架那个地方聚精会神地看书。当时我就想，像他这样可以说是生活在社会底层的人，他的精神世界靠什么来支撑他这么有滋有味、充满乐趣地生活着？从衣着看，他的生活肯定是清苦的、有压力的，但他很镇定，非常投入地在书店看书的情景让我很震撼。我不知道他是否大学生，很有可能不是，不管是不是，我都很欣赏他这种对精神世界的追求，即使在当前物欲横流的社会中，也能保持强烈的求知欲和精神上的追求。这就是刚才我们说的，在毕业后的第三个十年，当没有任何人能够或者极少人能够帮助我们的时候，我们靠什么支撑？那就靠在大学中养成的素养，我们潜在的发展能力。因为这些因素告诉我们，或者支撑我们能够更加充实地活下去。

最后，我想用《广大赋》的一段作为结语，“我有广州，援我巨力；我有花城，注我精气。蕙兰我植，香覆千畦；桃李我种，果成四季。德业并举，立志报国正在；专通相融，服务社会逢时。任重道远，我辈当仁不让；作育英才，斯人乐此不疲”。“我有广州，援我巨力”，广州大学现在进行高水平大学建设，市委、市政府给我们的办学自主权很大，今年的办学经费比去年翻了一番，这在中国高等教育界是不多见的。“我有花城，注我精气”，广州是千年历史文化名城，广州大学作为以广州城市命名的大学，我们的办学水平要与广州这座著名城市相匹配。“蕙兰我植，香覆千畦；桃李我种，果成四季”，学校是育人成才的地方，我们要回归大学本位，栽桃种李，不辜负祖国人民父老乡亲的殷切期望。“德业并举，立志报国正在”，我们得讲德，得要有专业，我们还得讲家国情怀。“专通相融，服务社会逢时”，我们除了学习专业以外，还得进行通识教育，还得眼界开阔。“任重道远，我辈当仁不让”，这是专门要对在座各位说的话。“作育英才，斯人乐此不疲”，这是作为老师给大家的庄严承诺，我们师生之间珠联璧合。当我们把这几个方面都做好，我们就可以很自豪地说：“选择广大的现在，拥有广大的未来。”

立德树人　为人师表　爱岗敬业*

今天，我们欢聚一堂，热烈庆祝第33个教师节，同时隆重表彰一年来为学校建设发展做出突出贡献的先进集体和先进个人。在此，我谨代表学校党委和行政，向兢兢业业奋斗在教学、科研、管理工作第一线的全体教职员工致以节日的问候和良好的祝愿！

记得去年教师节刚过，明海校长和我来到广州大学成为这个大家庭中的一员。一年来，在市委、市政府和上级教育主管部门的正确领导和关心支持下，广大师生员工共同努力、克难求进，紧紧抓住高水平大学建设的历史性机遇，围绕高水平大学建设开展一系列改革，采取一系列有效举措，取得了一系列建设成效，广州大学的教师队伍和干部队伍跃上了一个大的台阶，也跃上了一个新的台阶，更踏上了一段新的征程。

在师资队伍建设方面。通过实施“百人计划”“新进讲师计

---

* 本篇是在学校2017年教师节表彰大会（2017年9月8日）上的讲话，根据录音整理。

划”以及“国际中青年学者论坛”等国际人才交流平台，高层次人才引进取得重大突破。共引进“两院”院士1人，长江学者4人、国家杰青8人、国家千人计划3人，实现了学校长江学者零的突破。面向国内著名高校引进副校长2人，面向全球招聘院长，已到位7人。通过“百人计划”引进领军人才、学科带头人102人；通过“新进讲师计划”吸纳人才154人。对接广州创新驱动、产业转型升级、新兴产业和文化教育事业的发展，重点引进、培育和建设一批高水平科研团队。引进了“华南地区水环境工程团队”“精准基因编辑工程团队”“网络空间安全研究团队”“新型计算机理论、实现与应用团队”以及“材料电化学团队”等一批高水平科研团队。原有的各学院学科团队的建设也取得新发展，各有斩获。在省级以上各类人才项目和荣誉的获得上也取得新的突破，共有3人入选国家级人才项目，包括国家杰青、国家优青、国家创新人才推进计划“中青年科技创新领军人才”，入选或获评省级人才项目8人，包括“特支计划”教学名师、教学名师、新增珠江学者、青年珠江学者、宣传思想文化领军人才等。

在干部人事制度改革方面。顺利完成中层干部换届，共有178位同志通过自荐、推荐和组织考察，走上了正副院长、正副处长的领导岗位。基层党组织建设也打下坚实基础，现在70名教师党支部书记已全部上岗，83名系主任已全部在岗。妥善解决了历史遗留的318名高级职称专业技术人员岗位聘用问题；完成113名专业技术人员的职称评聘工作，进一步激发了教师干事创业的积极性；全面启动职员职级晋升工作，共有166名职员获得各级职级晋升，进一步调动了管理干部的工作积极性，营造了良好的干事创业氛围。大家知道，我们解决这些历史遗留问题，是在学校多年积压的基础上进行的。这些问题得到解决，是和全校教职工的理解支持分不开的。当然我们也充分理解，在解决这些问题的过程中，可能有个别同志的愿望没有得到圆满实现，我们将会在接下来的职称改革和职级晋升中稳妥加以解决，让我们共同维护广州大学来之不易的和谐稳定和团结奋进的局面。根据国家和省市放管服改革和市委市政府《关于建设高水平大学的实施意见》等文件精神，围绕编制及岗位管理、优化进人用人环境、改进教师职称评审机制、健全薪酬分配制度、完善人员考核晋升及退出机制、健全服务保障机制六个方面开展人事制度的改革，绩效工资改革方案由教代会审议并高票通过，逐步建立起了与高水平大学建设相得益彰的人事制度。

作为高等教育的核心力量，教师在促进高等教育发展、传播和创造知识、培养人才的过程中扮演着十分重要的角色。落实高校立德树人根本任务，培养中国特色社会主义合格建设者和可靠接班人，需要一支高素质的教师队伍。在新的发展时期，省委、省政府，市委、市政府对学校的发展寄予了厚望和重托，明确“要使广州大学成为环境优美的最好的大学”，这句话是市领导在考察和调研广州大学时提出来的；“要使广州大学成为与广州城市地位相匹配的一流大学”，这是市委在最近给学校党委述职考核结果的文件中明确提出来的；“要使广州大学成为在国内外有重要影响、整体实力进入全国地方高校前列的教学科研并重的地方综合性大学”，这是市委、市政府在广州大学、广州医科大学建设高水平大学实施意见中对广州大学提出来的。要实现我们的建设发展目标，更需要一支高水平的教师队伍。

习近平总书记指出，“一个人遇到好老师是人生的幸运，一个学校拥有好老师是学校的光荣，一个民族源源不断涌现出一批又一批好老师则是民族的希望”。围绕高水平大学建设，落实学校“德才兼备，家国情怀，视野开阔，爱体育、懂艺术，能力发展性强”具有广大底色的人才培养目标，我们提出要培育广州学者和广州良师。我们的基础是什么？基础就是习近平总书记提出的“四有”好教师标准，按照《国家中长期教育改革和发展规划纲要（2010—2020 年）》明确提出的，要努力造就一支“师德高尚、业务精湛、结构合理、充满活力”的高素质专业化教师队伍。在这方面，我们也有非常值得学习的榜样。最近，习近平总书记作出重要批示，号召全国教师向吉林大学黄大年老师学习。黄大年同志就是我们高校教师学习的榜样。黄大年同志主动放弃在英国优厚的待遇，怀着一腔爱国热情返回祖国。八年时间，他带领团队在科研、教学上倾注了大量的心血，在航空地球物理领域取得举世瞩目的成就。黄大年同志心有大我、至诚报国的家国情怀，教书育人、敢为人先的敬业精神，淡泊名利、甘于奉献的高尚情操，他就是我们广大教师学习的榜样。我非常希望，也完全相信，我们学校也能够产生像黄大年老师这样优秀的良师和专家，也相信我们会有更多的同志像黄大年老师一样，既把专业做得好，又把学生带得好。有时候虽不能至，但一定也是心向往之；虽不能形达，但定可神似。今天表彰的先进集体和先进个人，他们的事迹阐释了一个个生动的广大故事，我们要学习好、宣传好。这里举一个例子，我们广州大学的生命科学学院，它是学校今年唯一一个推荐到市里参评 2017 年广州市教育工作先进集体的单位，在市里经过评选竞争最后获得这个荣誉。因为他们学院在落实党建工作责任制，在人才引进、服务、培育和成果产出方面都取得了很好的成绩。他们引进了高水平大学建设的第一个高水平团队，团队的一位核心成员获得今年的国家杰青，现在正积极引进并建设着精准基因编辑团队，这是广州未来战略布局的重要领域，我们以这个学院为基础，做了大量的工作。希望今后学校会有更多的像生命科学学院这样的先进集体涌现出来，和广州大学、和我们一起共同进步。

今年教师节的主题是“迎接党的十九大，做好学生引路人”。结合这个主题，在这里，我代表学校对广大教师提三点希望和要求，让我们一起共勉。

第一，立德树人，做一个思想政治素质高的好老师。教育教育，又教又育，我们的老师要做到“打铁先要自身硬”。习近平总书记在全国高校思想政治工作会议上强调，“高校教师要坚持教育者先受教育，努力成为先进思想文化的传播者、党执政的坚定支持者，更好担起学生健康成长指导者和引路人的责任”。办好中国特色社会主义大学，全面贯彻党的教育方针政策，广大教师和教育工作者始终要把思想政治教育工作摆在首位，铸牢理想信念这个“灵魂”，要不忘初心，坚定“四个自信”，增强“四个意识”，树立崇高职业理想，在教育教学、科学研究和服务社会的实践中坚持正确的政治原则、政治立场、政治方向，自觉抵制各种错误思潮和腐朽思想文化的侵蚀，做到以德立身、以德立学、以德施教，以良好的思想政治素质影响和引领学生健康成长。

第二，为人师表，做一个受学生热爱的好老师。教书育人是我们老师的天职，承担着培养中国特色社会主义合格建设者和可靠接班人的重要使命。因此，我们的老师要进一步加强学风、教风和师德师风建设，努力提高学识和教学水平，不断改进教学方法，严守学术规范和科研信用，严于律己，严谨治学，坚守精神家园，坚守师德高峰，兢兢业业地履行好教书育人的职责，坚持教书与育人相统一，坚持言传和身教相统一，坚持潜心问道和关注社会相统一，坚持学术自由和学术规范相统一，大力营造人心向学的校园文化氛围，做学生的亲人，用心教育他们，尽心培养他们，多培养一些背后能对我们竖起大拇指的学生，多培养一些10年、20年、30年乃至60年后还记得我们的学生。

第三，爱岗敬业，做一个推动高水平大学建设的好老师。上个星期，学校召开了校党委二届十四次全体会议暨2017年暑期领导干部学习读书班。会上，各位校领导就分管的工作进行了部署，也提出明年要达到的一系列建设目标。广州大学要培养一流本科人才，要讲好广大故事，“克难求进”是广大精神，那我们在新的学年要进什么？要进到哪里？内容和目标都已经摆出来了。今天这个会后，市委巡察组还要来学校反映经过两个月集中巡察所得到的结果，接下来我们还要认真整改，党的建设和高水平大学建设要同步谋划、同步部署、同步推进和同步接受考核。因此，广大教师要进一步增强工作紧迫感和责任感，牢记一分部署、九分落实，坚持目标导向、结果导向。要有久久为功、功成不必在我的思想境界，攻城拔寨抓好落实，脚踏实地、不折不扣贯彻落实市委、市政府对我们的决策部署要求。我们的教工党支部、我们的教师党员在这个过程中更要充分发挥战斗堡垒作用和先锋模范作用。我们的职能部门、领导干部要统筹做好教师的思想引领和管理服务工作，切实解决教师的实际问题，真心实意为教师排忧解难，切实维护好教师的合法权益。在积极为教师谋实事办好事的过程中加强思想引领，体现到师德师风建设、职业发展和教书育人的方方面面，使我们全体广大人既成为一个学术共同体，又成为一个命运共同体。

老师们，同学们，同志们，立德树人谋发展，扎根广大创新业。选择广大的现在，拥有广大的未来。我相信广大教职员工和我们一起都能够把全部精力和满腔真情献给我们的事业，献给学校的发展事业。明大势、创新局、做好人，凝心聚力、克难求进，崇尚实干、追求卓越，共同推动高水平大学建设全面上水平，以全面从严治党新成效、高水平大学建设新业绩、学校建设管理新水平、师生校园工作学习生活品质新提高，开启广州大学发展路上的新辉煌。

做一个德才兼备以德为先的大学生*

今天我给大家上一堂思想政治理论课。我是学校党委书记屈哨兵，原来跟大家一样，也是人文学院的一员，最初的身份是学院老师，在学校先后担任过学院党委书记和学校副校长，后来因为工作需要到市政府当了5年的教育局局长，现在又回到广州大学任党委书记。

学校的党委书记要做什么事可能有很多条。经常和同学们交流思想应该是其中十分重要的一条。今天回到人文学院，心里多少还是有点激动，因为这是我曾经工作的地方，同时是我很愿意打交道的一个学院，你们也是我很愿意打交道的一帮同学。根据国家相关规定，近年来学校都会在每个学期由书记、校长给同学们上思政课，以教师的身份和大家谈一谈关于同学们学习、成长、生活、实践方面共同关心的话题。今天我交流的题目是：做一个德才兼备、以德为先的大学生。重点围绕以德为先，讲四个

* 本篇是2017年10月9日给广州大学汉语言文学专业本科生上秋季第一堂思想政治理论课的讲课内容，根据录音整理。

问题，分别是怎么答、怎么看、怎么干和怎么成。

一　怎么答

去年 12 月 8 日，全国高校思想政治工作会议在北京举行。中共中央总书记、国家主席、中央军委主席习近平出席会议并发表重要讲话。在长达 3 小时 15 分钟的讲话中，总书记强调一组核心关键问题，即高校思想政治工作关系高校培养什么样的人、如何培养人以及为谁培养人这个根本问题。这个核心关键问题由总书记提出来，就是作为我们在中国大地办大学的“三问”，培养什么样的人、如何培养人、为谁培养人。总书记谈到，社会主义国家办大学如何扎根中国、融通中外，立足时代、面向未来，要扎根中国大地办大学，坚定不移走自己的路。我们回答的第一个问题是如何办大学。我理解是从扎根中国大地来说的，就是要坚持正确办学方向，培养社会主义事业建设者和合格接班人。总书记指出，“高等教育是一种社会存在，不同社会制度决定着不同教育目的”。所以，我们国家办大学要回答的第二个问题就是为谁服务，为谁培养人的问题。那就是要为人民服务，为中国共产党治国理政服务，为巩固和发展中国特色社会主义制度服务，为改革开放和社会主义现代化建设服务。对如何培养人的问题，总书记讲了一个非常重要的观点，就是高校要把思想政治教育摆在第一的突出位置上，我们要培养德才兼备、以德为先的社会主义事业建设者和合格接班人。从这个意义上说，总书记把我们的大学该怎么办，培养什么样的人、如何培养人和为谁培养人，做了新时代背景中的高度概括。

讲“德”之前，先讲一讲广州大学的历史，广州大学从1927年办校算起，到现在已经有90年了。大学要为社会服务，是从大学诞生之日起就已经明确了的。广州大学的同学都应该知道PPT的这张图片，是广州大学1927年的创始人、创校校长陈炳权先生的照片。陈炳权先生是留美硕士，回国后创办广州大学。在学校办学一开始就提出一定要为社会服务。如何服务？在人才培养目标上，陈炳权先生当初就提出“专通相融”的办学理念。他写的《大学教育五十年》详细记载了当初创办广州大学的一系列办学理念和历程，这本书大家可以找来看看。再来看第二个人，就是广州大学合并前原广州师范学院复建后的一任院长陈一百先生。我们的校训“与时俱进”就是陈一百先生在为1982届毕业生题词时提出的。他当时用“创新局，自强不息，与时俱进；勤厥职，以身作则，教书育人；永不渝，许身孺子，赤胆丹心”这三句话勉励毕业生。一所大学要办好，一定要与社会发展同向而行，在这个意义上与时俱进就显得特别重要。由此可见，为国家为社会服务在广州大学也有这样的办学历史基因，因此，现在的广州大学按照总书记的要求，实现为国家服务、为社会服务是一种必然的选择，我们必须这样做，并且要做到更好才行。

对于这种国家与社会之间，广州大学新世纪合并组建以来也一直在坚持回答，2006年，广州大学接受了一次教育部本科教学水平评估，在这个评估过程中，我们的老师们、同学们就在认真思考，广州大学的学生培养和这个社会的关系，我们的成长和品德养成之间的关系，并在思考的基础上凝练出了广州大学在建设过程中呈现的“生生日新、德业并举”校风，以及“专通相融、崇实崇真”学风，这也说明我们广州大学讲“德”在新世纪也是一以贯之的，同时它也应该在提示我们在座诸位同学，我们讲“德”讲“业”，要“德业并举”，这既是办学传统的体现，更是办学使命的要求。在“德”的内涵中求“实”求“真”。在座诸位同学想成为什么样的人？学校如何能使你们成为这样的人也是花了心思的。去年学校召开了人才培养工作会议，基于国家需求和学生成长的教育规律，针对我们的学生要成为一个什么样的人，提出六句话，“德才兼备，家国情怀，视野开阔，爱体育、懂艺术，能力发展性强”，以此作为我们的人才培养目标。我们把它作为广州大学认真贯彻落实党和国家教育方针，把同学们培养成社会主义事业建设者和合格接班人的一个落地的举措。围绕人才培养目标的六句话，这就是今天给大家讲的其中第一句“德才兼备、以德为先”的原因。上个学期的思政课，我对人才培养目标做了整体的内涵解读，从这个学期开始，以后每个学期的思政课，我将分别就人才培养目标的每一项内容作为主题来讲。这个学期讲德才兼备、以德为先，下个学期就讲家国情怀，如此下推，再讲讲视野开阔等，争取每次都有一些新的思考与同学们交流。

二　怎么看

在回答德才兼备这个问题时，如果讲“德”，从哪些方面来讲？在座都是“90后”，从小学到初中，从高中到大学，在整个人生成长过程中，都会有过这样或那样的选择。备课的时候我就在思考，大概从义与利、大与小、今与后、真与假、知与行五个角度来谈一谈道德养成是可以的。

义与利。义利关系是传统文化中也是我们自己道德养成中经常讨论的问题。PPT 上有三个古代著名的思想家、哲学家，孔子、孟子和墨子，他们是中国传统文化的杰出代表。中华文明在世界三大文明体系中是唯一几千年下来从未中断的文化与文明。在整个世界的文化和文明赓续中，我们靠什么维系？欧洲有罗马文明、基督教文明，打打合合分成若干国家。中东有伊斯兰文明，也是打打合合，几千年下来分成几十个国家。唯独我们的东方文明，几千年下来虽然也是打打合合、历经沧桑，但现在还是一个国家。靠的是什么？靠的就是这个国家文化中有一批核心价值来支撑，比如常说的礼义廉耻。在对待义与利的问题上，舍生取义、舍利取义，这种君子之求是维系我们国家的一种道德伦理。“君子喻于义，小人喻于利”出自孔子《论语·里仁》。孔子在说这段话时有些常用成语，我们现在还经常用到，除开“君子喻于义，小人喻于利”外，还有“朝闻道，夕死可矣”“父母在，不远游，游必有方”“君子欲讷于言而敏于行”“见贤思齐焉，见不贤而内自省也”等，都是一些重要的具有道德价值的判断。从相当意义上说，当下作为一名大学生，也应当在这方面有一个明确来自我们伟大的文化文明传统的参照，要有大德大义的是非观。习近平总书记说“自觉把个人理想追求融入国家和民族的事业中”，就是要我们知道大义大德之所在。

再来看孟子，各位同学应该非常熟悉，原来在中学课本中有《孟子》二则，我们一起背诵其中一段，“鱼，我所欲也；熊掌，亦我所欲也。二者不可得兼，舍鱼而取熊掌者也。生，我所欲也；义，亦我所欲也。二者不可得兼，舍生而取义者也。生亦我所欲，所欲有甚于生者，故不为苟得也；死亦我所恶，所恶有甚于死者，故患有所不辟也”。生命是我所喜爱的，大义也是我所喜爱的，如果这两样东西不能同时具有的话，那只好牺牲生命而选取大义了。生命是我所喜爱的，但我所喜爱的还有胜过生命的东西，所以不做只为求利益而不择手段的事。死亡是我所厌恶的，但我所厌恶的还有超过死亡的事，所以有的灾祸我不躲避。后来的一段我记得是“一箪食，一豆羹，得之则生，弗得则死。呼尔而与之，行道之人弗受；蹴尔而与之，乞人不屑也”。这说明什么？在孟子所处的时代，他也是在以一种非常积极的心态表达他在大是大非问题上的态度。接下来的段落大家都很熟，就是当面对万钟的俸禄、宫室的华美、妻妾的侍奉的时候，如果要做取舍，就得有更稳定的道德价值判断。孔孟之道，在这一点上我们要好好学习，从他们的义利观中吸取我们修德进取的养分。昨天，我接待了山东大学国际教育学院的院长，他谈到他们做了一个中国优秀传统文化的体验园。中国优秀传统文化不仅外国人要向中国学习，我们自己也要学习。广州大学如果有这么一个中国传统文化的体验之地也是一个不错的选择，这样就能让我们的学生能够用短短几个小时体验到传统文化中的德之所倾和德之所在了。

小与大。我觉得在座各位始终要明白一个道理，任何个体，当你离开所在群体的时候什么都不是，你也只有把自己放在更大的群体中，才能获得自己的价值，这也是一种“德”。总书记说得非常好，“青年一代有理想、有担当，国家就有前途，民族就有希望”。对在座诸位来说，我们得做国家的梦，得做民族的梦，得把人生的理想融入国家和民族的事业当中，最终成就一番事业。

今与后。总书记说“青年一代的理想信念、精神状态、综合素质是一个国家发展活力的重要体现，也是一个国家核心竞争力的重要因素。当代青年要树立和这个时代主题同心同向的理想信念，勇于担当这个时代赋予的历史责任，立志勤学、刻苦磨炼，在激情奋斗中绽放青春光芒，健康成长进步”。这是总书记对我们这一代青年大学生的企盼。我们来算个账，在座各位现在大概在 20 岁左右，到 2020 年全面建成小康社会时是 23 岁左右，到建党一百周年，第一个百年目标实现还有两年；到第二个一百年，也就是建国一百周年的时候，在座诸位 51 岁、52 岁，正当其时。把这个年龄账算出来什么意思？就是想告诉大家在第二个百年的时候，你们的年龄比我现在的年龄还要小，你们这一代人一定能做出我们这一代人做不了的大事业。用总书记的话说，“我们比历史上任何时期都更接近中华民族伟大复兴的目标”。在这个不断接近的过程中谁能建设它，谁能促进它，谁能见证它？依靠的就是在座的各位，依靠你们这一辈人。如果我们把未来的十几年、二十多年、三十多年的光阴认真规划、奋斗追求、奉献人民，我们才能无愧于这个时代。所以我们讲的是今天的话，要做的是今后的事。

知与行。现在在校大学生基本上都是“95 后”，在大学校园里要度过少则 4 年，多则 9 年、10 年，这个时期正值人生观形成和确立的时期，如何才能把知识学好，如何养成稳定的价值观，如何才能走进社会？总书记的系列讲话中多次提到“知行合一”。“知行合一”从历史上来说是王阳明提出的。在近现代教育史上有位非常著名的教育家陶行知也是如此主张，认为“行是知之始，知是行之成”，他还把自己的名字叫作行知。不管是行知，还是知行，通过“知行合一”才能达到理想之目的。知是良知，行是实践，两者之间的完美统一才能使我们把这个世界建设得更好。正如总书记在北大跟学生座谈时强调的，“道不可坐论，德不能空谈。于实处用力，从知行合一上下功夫”。我们既要知道什么是对的，更要知道如何正确地去做，这就是我们要做的事情。在座各位从小到大的道德行为养成，从我们父母那里，从我们同辈那里，以及从我们老师那里知道了很多，那从“行”这个角度，是不是做得同样如此完美？有时候还得多想一想、多做一做。

在这里，我想给大家留两个问题：德从何来？德往何处？对于德是如何养成的问题，我在备课时看了一些资料，最后得出两个结论。

第一个结论：科学研究表明，我们在儿童时代，在成长过程当中，常被家长们、长辈们的一些行为规范约束，于是有了一种约束的道德形成。再后来，慢慢在成长过程中，在同学、同辈的共同协作过程中，知道要互相团结、互相支持、互相友爱才能不断进步，于是有了一种协作的道德形成。这是我比较认可的观点。有时候同辈之间的那种互相影响，在道德养成过程中非常重要，有个成语叫耳濡目染，俗话也说有样学样，就是这个意思。

第二个结论是马克思主义的观点。有人说我们道德有绝对真理，有最高原则，马克思主义不是这样认为的。他认为所有的道德一定依据当时的社会经济条件才能产生。恩格斯说得很好，“一切以往的道德论都是当时的社会经济状况的产物”。这个观点希望大家重视，现在所有人类的德其实不是一成不变的。那在我们道德养成之后，现在的德行合格吗？现在的道德到底该从哪些方面去实践？这个问题交给大家。

真与假。在大学阶段，一般的行为道德要求我们是知道的。我觉得这五个关系中还有一个关系需要强调，就是真与假的方面需要有一种道德判断。我们对真理的追求，对事实的尊重，对规律的遵循，在这个问题上不能马虎。来看 PPT，我在这里列举了几所大学的校徽，有中国人民大学、浙江大学、天津大学等，想说明什么？我要跟大家说的是，包括它们在内的绝大部分大学的校训中都有“求真、求实、求是”等字眼。也许有人会说，大学的校训都不生动，几乎都是千篇一律，都是老套的东西。但只要我们反过来想，为什么大学的校训都要讲真、讲实、讲是呢？因为大学的本质就是一个研究学问、探索真理的地方，求真、求实、求是就是大学的使命。美国哈佛大学的校训是“与柏拉图为友，与亚里士多德为友，更要与真理为友”。中国人民大学的校训是“实事求是”。今年 10 月 3 日正值中国人民大学建校 80 周年之际，习近平总书记致以贺信，对新时期中国人民大学的办学提出期待，希望中国人民大学以建校 80 周年为新的起点，坚持立德树人，遵循教育规律，弘扬优良传统，扎根中国大地办大学。我们知道，中国人民大学办学的优良传统是从 1937 年陕北公学开始并逐步形成的。“实事求是”是毛泽东同志引用《汉书》中“修古好学，实事求是”的话，并在《改造我们的学习》中提出来的。为什么“求真、求实、求是”会成为当代大学的一种道德追求？这里面的“真”有哪些体现？其反面的“假”有哪些表现？我把这个问题交给大家，请各位同学进行思考。

我们讲义与利，讲大与小，讲今与后，讲知与行，讲真与假，所有一切都是为这个社会能够朝着更好的方向延续来说的。

再看PPT，社会主义核心价值观有三个层面，其中在个人层面“爱国、敬业、诚信、友善”，其基础都离不开“德”。总书记和北大师生座谈时说道：“大学之道在明明德，在亲民，在止于至善。核心价值观所归根到底就是一种德，既是个人的德，也是一种大德，就是国家之德、社会之德。国无德不兴，人无德不立。”社会主义核心价值观在这方面的核心还是在立人、在立德。所以备课的时候，我就想着一定要把社会主义核心价值观提出来，目的是想把总书记的声音和要求传递给大家。

三　怎么干

PPT上引用了总书记在北京大学师生座谈会上的一段话，“道德之于个人、之于社会，都具有基础性意义，做人做事第一位的是崇德修身”。这就是我们的用人标准为什么是德才兼备、以德为先，因为德是首要、是方向，一个人只有明大德、守公德、严私德，其才方能用得其所。修德，既要立意高远，又要立足平实。要立志报效祖国、服务人民，这是大德，养大德者方可成大业。同时，还得从做好小事、管好小节起步，“见善则迁，有过则改”，踏踏实实修好公德、私德，学会劳动、学会勤俭，学会感恩、学会助人，学会谦让、学会宽容，学会自省、学会自律。今天，我从比较常见的四个维度：私德、公德、职德、美德谈一谈怎么干，和大家交流一下这方面的一些看法。

讲私德重学习。最近市面上有本书很火，叫《习近平的七年知青岁月》，由中央党校出版社出版。我不知道同学们看过没有，知不知道有这本书。“知青”对在座各位来说太遥远了。最近微信上有个段子，是在一个非常忧伤的语境中写出来的。作者很忧心，说当我们这一代人老去之后，这个国家到底该怎么办。他所谓的这一代人是指哪一代人？就是中国最勤奋的一代人，就是当年的知青，当然也包括后来的农民工。当这一代人渐渐老去以后，我们这个国家是不是还得有更新鲜的血液进来，当代的青年一代是否还有他们那一代人吃苦耐劳的品质，他表达的是这个担心。对知青这一代人的回顾，是当代大学生值得关注的一个话题。《习近平的七年知青岁月》我认真看了，因为当年我高中毕业，也差点成了知青，又是因为1978年恢复高考高中毕业考上了大学，就没有下乡当知青，但比我年纪大早几年读高中的都经历了这个岁月，上山下乡、接受锻炼。这段生活经历为他们今后的人生成长起到一种非常重要的锤炼、选择、激励和养成的作用。我推荐大家看这本书，了解一下当时的知青岁月，了解一下习近平总书记青年的成长历程。总书记当知青的时候还不满16岁，从北京到陕西的梁家河大队插队落户，七年之后，同来的陆陆续续都走了，有的上学去了、有的当兵去了、有的招工去了，最后只剩下习近平一个人，七年只吃过一顿米饭。总书记私德表现就非常好。一个人在那样环境中做了什么事情？学习，那是真正的读书。有个细节，当时有个农村小伙，根据回忆写的访谈，他当时去接这些知青，发现总书记的行李中有个小箱子，很沉，里面全是书。总书记教导青年人要“受挫而不短志”，因为他当年也是这样过来的。比如，总书记要入党，写了至少三次入党申请书，都未得到批准，大队不敢批，公社不敢批，最后落到县里，经过很多曲折才成为共产党员。当年梁家河没有沼气，照明不方便，他就带领老百姓到成都把沼气技术带回来，把沼气搞起来；没有铁匠铺，他找人把铁匠铺开起来；没有小卖部，他找人把小卖部开起来；没有水井，他就带头去挖井。那个时候，总书记白天干活，晚上看书，自己带的书读完了，就去找旁边中学的老师借书来读，不但读书，读书之后还经常和人讨论，不但讨论，还用来指导自己的行动。即使在那么艰苦的条件下，总书记的学习一点都没落下。一直到 1975 年，组织推荐他上大学，老百姓都来送他。直到今天，那里的乡亲还说一不小心送出了一位党的总书记。通过这本书，我们可以清楚了解总书记知青时期的艰苦生活和成长历程。总书记就是一个讲私德重学习的光辉典范，我极力推荐大家去读读这本书。

讲公德重行动。来看 PPT，这是学生宿舍打扫卫生清理出来的垃圾，还有校园随处摆放的小黄车照片。总书记要求青年大学生既要重私德也要重公德。公德是什么？公德就是我们彼此相处时多为对方想一想，多为周边想一想，多为大家想一想，把我们的认知和我们的行为统一起来。作为学校的党委书记，作为老师，我常常担心的就是在这点上我们做得不够。现在国家层面非常重视生态文明建设，具体到学校，我们提倡干净、整洁、平安、有序的校园品质。要做好这个事情，不能光靠喊口号，还要靠在座诸位在公德这个层面，彼此维护这个层面，好好地行动起来。要把广州建设成一个干净整洁的城市难度很大。难在什么地方？就在于我们的公德基础不好。因为广州是开放城市，1600 万人口中有 800 万是来来往往的，不是广州户籍，引导大家清理垃圾做好分类、不随地吐痰、不横穿马路等等是一件困难很大的事情，但是我们要做，先从校园做起。

这里给大家讲两个小故事。第一个故事：现在的市人大主任、原来的广州市市长陈建华给自己起了个绰号叫“垃圾市长”。为什么这样叫？因为在他做市长的五年时间，做了一件很重要的事情，就是在全市范围大力推行垃圾分类，破解广州“垃圾围城”难题。当时有南都模式、新快模式、广日模式，花费了很多功夫，从怎么样收垃圾，怎么样分垃圾，怎么样运垃圾，怎么样处理垃圾各个环节进行，每一个环节都举步维艰。其中，最难的就是第一个环节。由于大家没有规范，不知道如何分，如何坚持，做一天可以，做两天也可以，但一个月呢，两个月呢？以后怎么办？当时我做教育局长，就响应号召从娃娃抓起，在幼儿园开始学习垃圾分类，从小就开始养成垃圾分类的习惯，我想等到他们长到像你们这样年纪的时候，已经做了十几二十年的垃圾分类了，就会成为习惯。因此，公德的养成，对我们当下来说是特别要紧的事。从目前情况看，可能也只是开了个头，大家还得继续努力。第二个故事：我们广州市每年都举办海交会，原来叫留交会。我任教育局长期间，有一次接待来参会的中国驻日本大使馆文化参赞，他的太太也来了，交谈中谈到垃圾分类，他的太太大概之前陪他在日本生活了一段时间，他的工作期满，他太太也离开日本回国，开玩笑说今后再也不去日本真好，因为不用做垃圾分类了。由此可见垃圾分类并不是一件轻松就可以做好的事。日本的垃圾分类是做得很好的，参赞的夫人应是个很有修养的人，都觉得要做好垃圾分类确实很难，其他很多人要养成习惯恐怕也不是件容易的事。我们现在做垃圾分类一定要知道其中的困难程度之深，做好打持久战的准备。所以我把这两张图拿出来，不是要批评大家，而是要告诉大家垃圾分类贵在坚持。我也希望通过坚持做好垃圾分类，可以成为广州大学学生在立私德、讲公德的一个指标。

讲职德重实践。同学们来学校读书，都希望今后有个更好的工作，在实践当中有更好的表现，对社会有更好的奉献。从学校这个角度来说，我们希望大家都要有良好的专业能力，良好的沟通能力，良好的合作能力，良好的创新能力。我在上个学期的思政课上对这四种能力曾有过说明。这四种能力是今后在你们职业生涯中需要具备的最基本的能力。看 PPT，我在这里放了一张马克思的照片。在马克思不到二十岁的时候，正值中学毕业，写了一篇论文《青年的选择》，谈到人的职业选择问题。他说，“在选择职业时，我们应该遵循的主要指针是人类的幸福和我们自身的完美。不应认为，这两种利益是敌对的，互相冲突的，一种利益必须消灭另一种的；人类的天性本来就是这样：人们只有为同时代人的完美、为他们的幸福而工作，才能使自己也达到完美”。在论文结尾写道：“如果我们选择了最能为人类福利而劳动的职业，那么，重担就不能把我们压倒，因为这是为大家而献身；而面对我们的骨灰，高尚的人们将洒下热泪。”一个 20 岁不到的青年能有如此之大的追求和抱负，让我们敬佩。今天引用马克思的这几句话，就是想告诉大家，我们现在在大学学习，在思考今后职业的时候，还是得想想能够为这个社会、为这个国家、为所在的这个城市，包括为我们所在的单位留下什么，这就是我们在道德层面上的追求，是我们需要思考的东西。

讲美德重修为。在这里主要借用蔡元培先生的观点跟大家交流。大家都知道蔡元培先生对中国高等教育的影响是很大的。1917 年，黎元洪总统一张委任状就把他送到北京大学当校长。当时，蔡元培先生在北京大学成立了一个学会叫“进德会”。会员分三种：甲种会员、乙种会员、丙种会员。甲种会员的道德要求比较低，最起码要做到不赌博不嫖妓。因为当时北京大学周边也有些乱七八糟的东西，蔡元培先生认为首先得把恶习遏制住，把师生的风气改过来。乙种会员也限定了几条，其中包括不抽烟、不饮酒。丙种会员相比于前面两种会员，在道德要求和行为要求上又高了一层，就是高尚道德和情趣追求，这就是一种美德。蔡元培先生就是通过导向砥砺德行，强调道德修为，把大学中的风气给带出来了。我特别希望广州大学的同学们在这一点上特别能进德修为。

四　怎么成

我们讲德才兼备、以德为先，那从学校这个角度来说，我们怎么样能够帮助大家、成就大家呢？最后，我来讲一讲高水平大学建设中学校做的一些事情，希望能为大家的德才兼备提供更好的基础、更多的资源。

来看 PPT，学校高水平大学建设分三步走：第一步，到 2020 年，全面缩小差距，全面提升学科水平，着力打造城市区域和国际化特色，力争学校办学水平跻身省内地方高校“第一方阵”行列，进入全国高校排位前 100 名。2020 年在座各位有的可能刚刚毕业离开学校，有的可能留下来读研究生。学校办学水平跻身省内地方高校的第一方阵行列，进入全国高校排位前 100 名，这是大家在可见的未来三、四年间我们要达到的目标。作为学校，我们也在努力为同学们的成长成才做一些事情。比如，我们提出本科教育要达到一流水平，本科学生中有 25% 能够考上研究生，还有在广州城市发展进程中有没有一批能够投身到其中的同学？第二步，到 2025 年，进一步强化优势和特色，建成具有学科、城市区域和国际化特色的高水平大学，进入全国高校排位 50 名左右。目前，我们学校的国内高校排名是 150 名左右，我们要用不到 10 年的时间，排名跃升近 100 位，这个任务非常艰巨。第三步，到 2050 年，增强学校可持续发展能力，建成学科特色鲜明、具有国际影响力的高水平大学，若干学科居于世界领先水平。到 2050 年，大家 50 岁左右，到时或者可以跟你们的儿女们说，你们爸妈的母校已经在全球有影响力了。

我们希望有一流的专业学习，同学们的成绩要好，功课不要老挂科。今天教务处的同志也在，我们学校要进行教学改革，以后同学们毕业没有清考这种做法了。我们希望有一流的社会实践，在大学的几年，要建设一些比较有品质的社会实践，同学们要积极参与。我们希望有一流的宿舍文化，让宿舍成为育人的重要平台和环境。我们希望有一流的网络生活，现在的网络生活、网络文化已经成为生活必备，我们不能回避，要正视它，要投入它，要融合它，但是要健康，要有度，不能在这方面沉迷。我们要有一流的大学生活，我们学校有一本书叫《我们的大学》，每年编写一本，已经连续编了 7 年，接下来还要继续编，继续出版。我希望在这里面，我们同学们所做的事情都应该有所反映，让它成为大学生活的一种记录、一种文化。若干年以后，当你翻开这本书时，它将会向你讲述我们的广大故事和广大记忆，包括我们的团支部活动、宿舍活动、社会实践活动、班级团体活动、成果发表、挑战杯获奖。到那个时候，你会觉得广州大学真不算是一个差的大学，因为在我们的道德养成和人的成长成才方面，学校和我们共同努力，都做出了自己最大的贡献。我们都有资格说在德才兼备的追求中做得无怨无悔。

高校要坚持把立德树人作为中心环节*

高校思想政治工作关系到高校培养什么样的人、如何培养人以及为谁培养人这个根本问题。习近平总书记在全国高校思想政治工作会议上的重要讲话中，明确提出了人才培养的目标，指出“我国高等教育肩负着培养德智体美全面发展的社会主义事业建设者和接班人的重大任务”，并从全局和战略的高度强调“要坚持把立德树人作为中心环节，把思想政治工作贯穿教育教学全过程，实现全程育人、全方位育人，努力开创我国高等教育事业发展新局面”。

立德树人是高校立身之本。在国家“双一流”建设中，只有培养出一流人才的高校，才能够成为世界一流大学。广州大学党委高度重视思想政治工作，坚持用创新引领思想政治工作，适应形势发展变化和师生思想实际，因事而化、因时而进、因势而新，遵循思想政治教育工作规律、教书育人规律和学生成长规律

---

* 本篇原载于《中国高等教育》2017 年第 12 期（总第 588 期），文章写作得到学校党委宣传部何晓晴、罗迪等同志的协助。

的要求，不断创新理念思路、内容形式、方式手段和制度机制，形成具有学校特色的思想政治工作模式。

畅通主渠道：打造“教师真心热爱、学生真心喜爱”的思想政治理论课

思想政治理论课不仅有科学性和知识性，更具有政治性和思想性，是大学生信仰塑造、政治导向和价值引导的直接载体和重要平台，是高校思想政治工作的主渠道、主阵地。《普通高校思想政治理论课建设体系创新计划》明确指出：“办好思想政治理论课，事关意识形态工作大局，事关中国特色社会主义事业后继有人，事关实现中华民族伟大复兴的中国梦，必须始终摆在突出位置，持之以恒、常抓不懈。”学校党委对思想政治理论课建设非常重视，注重特色，更注重效果，一以贯之，久久为功，通过打造“教师真心热爱、学生真心喜爱”的思想政治理论课，探索出一条符合校情和大学生成长规律的思想政治理论课教学改革有效途径。

坚持问题导向，直面思想政治理论课新问题与新挑战。当前，世界范围内各种思想文化交流交融交锋更加频繁，社会思想意识更加多元多样多变，新媒体信息技术的影响愈加广泛深刻，给思想政治理论课建设带来了新挑战，提出了新要求。同时，由于思想政治理论课本身存在问题与困难，一些大学生对思想政治理论课产生厌倦和抵触情绪，思想政治理论课教师职业自豪感与成就感低。两方面因素叠加，导致学生对教师、课程的认同度不高，从而很难达到“价值认同”的高度。学校聚焦于现实问题，

确立了“以培育最受欢迎教师团队提升思想政治理论课教学魅力与育人效果”的教学综合改革思路，系统推进“教师认同—课程认同—价值认同”联动机制，通过提升学生对教师的情感认同，提升学生对课程内容的认同及其价值观念的认同，着力解决思想政治理论课“到课率、抬头率、点头率”不高的问题，做到“有虚有实、有棱有角、有情有义、有滋有味”，增强思想政治理论课的理论厚度、思想深度和情感温度，大力提升学生对思想政治理论课的获得感。

突出人的因素，抓住思想政治理论课教师这个关键。教师的言传身教，直接影响学生的思想状况和政治取向。思想政治理论课教师承担着学生健康成长“指导人”和“引路人”的责任，提高思想政治理论课的质量与水平，必须抓住思想政治理论课教师这个关键。一直以来，学校以培育“最受学生欢迎教师团队”为抓手，通过“整体提升”与“分类发展”，增强思想政治理论课教师的政治责任感和职业荣誉感，提升教师的思想水平和业务能力，加强思想政治理论课教师队伍建设。在学生会组织的“最受学生欢迎”公共课教师评比中，思想政治理论课教师占到总人数的80%，思想政治理论课教学团队连续八年被评为全校最受欢迎教师团队。

创新教学方法，提升思想政治理论课魅力和育人水平。在思想政治理论课教学改革中，学校通过开展基于MOOC（大规模开放在线课程）和SPOC（小规模限制性在线课程）的“翻转课堂”教学，探索学生与教师“共享讲台”的讨论式教学和基于学生问题的“诊断式”教学等，倡导“因专业施教”、个性化教学。开设了突出生命教育特色的《生死学》等一批与核心课程同向同行的思想政治理论外围课程，有效提升了思想政治理论课的辐射力与影响力。同时，积极改革思想政治理论课实践教学，单列思想政治理论课实践学分，注重发挥全体教师在课堂和课外育人效果的联动效应。

坚持以文化人[①]：协同创新中华经典教育实践体系

中华优秀传统文化是中华民族的精神命脉，是我们屹立于世界文化之林的坚实根基。党的十八大以来，以习近平同志为核心的党中央把弘扬发展中华优秀传统文化放在突出重要位置，通过出台一系列纲领性文件，为高校开展中华经典教育工作赋予了新的目标任务和重要遵循。广州大学一直将传承优秀传统文化作为滋养大学精神、培育当代大学生民族文化品格的重要任务来抓，以中华经典诵读活动为品牌，着力推进优秀文化的传承创新，全面提升学生人文素养，促进大学生对中华文化精粹、对中华民族精神、对中华人民品格的理解与渗透，实现大学办学的根本使命。

突出经典诵读的理论建构。学校坚持理论与实践相结合，探讨中华经典诵读的若干理论问题，再用科学理论指导实践，在创新实践中发展理论。先后获得国家语委“十二五”规划重大项目“中华经典诵读教育与语文素质、语文教育、弘扬中华优秀传统文化相关研究”，广东省高等教育教学改革项目“泛在学习环境下中华经典诵读资源建设与学习评价研究”等立项；在核心期刊发表《中华经典诵读发展状况与策略建议》《关于中华经典的若

① “化”是动词，化育之意。

干理解与思考——以〈中华经典诵读选本〉为例》《对实现经典诵读有效性的必要追问》《当前国内经典诵读实践问题探析及对策研究》等文章；组织编撰出版《中华经典诵读选读本》《中国古代诗歌经典导读》《中国古代词曲经典导读》《中国古代小说经典导读》等书籍，增强诵读内容的丰富性和时代感。

强化经典诵读的制度设计。大学的目的在于"提供心灵的训练和教养"，要实现这一目的，最重要的是明确教育理念，并围绕其进行相应的制度设计。学校把"全面开展中华经典诵读活动"写入人才培养指导性文件《关于加强本科教育全面提高人才培养的若干意见》。在活动开展中，把第一课堂与第二课堂相结合，既建设精品课程供学生选修，又把经典诵读作为第二课堂考试科目计入学分，使得经典教育制度化、常态化，形成了覆盖全体学生的长效机制，通过全员学习经典，培养健全心灵。

丰富经典诵读的活动形式。要真正实现中华经典诵读的全覆盖，必须充分调动学生参与的积极性，在校园内形成人人爱读经典的氛围。学校成立"沧浪诵读社"，在校园内开设"诵读角"，鼓励全体学生每周二下午参加诵读活动；以"雅言传承文明，经典浸润人生"为主题，打造全校性的中华经典诵读比赛；围绕"诵经典、学经典、用经典"，开展诗词歌赋创作比赛；举办以"传自经典，承在当下"为主题的辩论赛等。为了让同学们更好地理解经典，学校还利用"博学讲坛"这一平台，开设"经典系列"，邀请著名专家学者开展经典解读等专题讲座。

注重经典诵读的溢出性传播。经过多年的努力，中华经典诵读作为校园文化品牌的影响力日益扩大。一方面，学生们通过社会实践活动，将诵读"进社区、进学校、进农村"，带动了更多人理解经典、诵读经典；另一方面，通过多种途径传播了经典教育，如与台湾屏东大学研习团举办经典文化分享会，在广州成功举办以经典教育为主题的穗台中小学校长论坛等。

构建工作平台：实现思想政治工作“四个延伸”

《关于加强和改进新形势下高校思想政治工作的意见》强调，要采取加强互联网载体建设、强化社会实践育人、在服务引导中加强思想教育、积极发挥共青团学生会组织和学生社团作用等途径，推进高校思想政治工作改革创新，并对加强高校基层党组织建设提出了明确要求。一直以来，学校把思想政治工作当成一个系统工程来抓，除课堂教学主渠道外，还打造了“党团组织—实践教育—学生公寓—网络新媒体”立体互动的思想政治工作平台，实现思想政治工作的“四个延伸”。

强化党团组织建设，把思想政治工作向基层组织延伸。高校基层党团组织覆盖面广、组织完备，是开展思想政治工作最基本的组织单位。学校创新体制机制，改进方式方法，不断强化抓党建团建的主体意识，通过基层党委书记例会、书记项目、优秀党日活动、活力团支部等，建设一批党建、团建工作品牌，提高党团基层组织做思想政治工作的能力。深入实施“千名教工党员联系千个团支部”工程，教工党员深入团支部，走近团员青年，讲思政、讲马列、讲党课、讲团课，实现教师党员对学生团员的政治引领和价值引导，以党建带团建，以团建促党建，加强党的基层组织建设和党的助手、后备军建设。

搭建实践教育平台，把思想政治工作向第二课堂延伸。强化实践锻炼养成，把课堂理论教学与社会实践环节相结合，推进第二课堂与第一课堂互动互补、互相促进，是思想政治工作的有效途径。学校促进第一第二课堂的融合发展，促进第二课堂从“多而杂”转向“少而精”，从“有意思”到“有意义”转变，完善第二课堂活动的课程化体系，打造“第二课堂成绩单”品牌，实现实践教育的课程化、系统化、制度化、规范化、可测量化。通过校企协同育人实验班、挑战杯、学生志愿服务、暑期社会实践、新闻采风等，培育建设一批示范性实践教育品牌，推进协同育人、实践育人。在实践教育中，学校正在以“三创”（创新、创造、创业）能力培养为核心，通过开展创业计划立项和创业模拟活动，设立孵化基金、建设众创空间，搭建创新创业实践平台，将创新创业教育分层次融入人才培养全过程。

深入学生公寓社区，把思想政治工作向大学生生活空间延伸。思想政治工作与大学生日常生活紧密联系。学生公寓社区是大学生日常生活的重要空间场所，是思想政治工作不可忽视的重要阵地。学校通过“五室一站”（党团活动室、综合阅览室、休闲康体室、专业辅导室、互助学习室、心情驿站）的建设，在学生公寓开展学生思想政治教育、学生党建、学习辅导、心理健康教育、艺术熏陶、体育锻炼及文明宿舍创建等活动，把思想政治工作日常化、生活化，构建学生社区党建育人、文化育人、制度育人、行为培养和品格培育机制，进一步拓展学生社区的育人功能。

占领新媒体平台，把思想政治工作向网络空间延伸。随着新媒体发展，流动的空间成为大学生学习、交往的重要时空场域。思想政治工作阵地，应该在强化固定的教室、公寓等空间场所的基础上，拓展到新媒体平台。学校以网络新媒体为依托，打造了以“宣传思想工作网络大平台”“一网两微”“青年之声”“易班”等为代表的新媒体平台，形成了以门户网站、专题性学术网站、主题性教育网站、网络教学资源、互动性学生社区、移动性“两微一端”为主体的立体化复合型思想政治工作网络矩阵。在新媒体平台上，既创新话语体系，又把握话语权。学校一方面始终坚定地遵循主导意识形态、核心价值观的话语逻辑与价值取向；另一方面尝试着调整既有话语姿态，谋求新的话语策略，注意“话语风格”“传播内容”“议题设置”等贴近大学生的关注点和阅读习惯，创新理论的话语描述与诠释，将理论话语转换成青年可以接受的生动、活泼、生活化的话语。通过网络平台建设、话语体系创新，提升理论宣传教育传播的深度、广度和力度，实现思想政治工作春风化雨、润物无声。

思想政治理论课建设改革、中华经典教育实践模式和思想政治工作“四个延伸”，是学校紧密围绕人才培养，在思想政治工作改革创新中所进行的成功探索，取得了良好的育人效果。从根本而言，学校的思想政治工作始终坚持党的领导，始终坚持社会主义办学方向，进一步完善了校党委统一领导、宣传部牵头协调、各部门齐抓共管的思想政治工作大格局。在思想政治工作中，学校树立“一盘棋”思想，“分管一段渠，下好一盘棋”，各司其职、密切配合，形成工作合力，做到“人才培养与社会有机衔接”“第一课堂与第二课堂有机衔接”“本科与硕士、博士之间有机衔接”“学院与学院、学院与部门之间有机衔接”“教师与学生有机衔接”这五个衔接，协同配合做好思想政治工作，实现全程育人、全方位育人，落实好人才培养根本任务。

今天的我们应该长成什么样的模样才好*

放在我手头的这本《我们的大学》是学生处的同志今天交给我的，有些沉甸甸。学生处的同志有点不好意思，说太多了，正式出版前争取再“瘦瘦身”。如果当成一本书来出，可能确实多了点儿，但如果相对一所超过 3 万人的大学来说，再多一点也未必能反映出同学们青春成长的全部。之所以要“瘦身”，也是不得已而为之。当然，即使去读“瘦身”之后记录着一所大学青年学生们一年之中素质成长的日志，我们也相信同样可以读出若干挂满青春之梦的丰富与饱满。

时间过得真快，这本 2016 年的广州大学学生成长日志，距离我们第一次编辑《我们的大学》已过去 8 年了，那时我分管学生工作，曾经连续几年，为这本记录我们学校的学生从每年 1 月 1 日到 12 月 31 日开展各色活动的日志写几句放在前面的话，作为序。后

---

* 本篇是《我们的大学——广州大学学生素质发展日志年编 2016》（暨南大学出版社 2017 年出版）的序言，原标题是《我们应该有一个什么样的人才培养目标？》。

来因为工作调动的缘故，我离开学校几年，不曾想几年过去，又因工作需要回到学校，更没想到《我们的大学》比较长命，居然还在逐年编辑出版。这叫我多少有几分惊喜，像是见到一个几年未见的朋友，但又多少有些怅然，学校依然是那所学校，大学中的我们却不复是当年的我们了；同时更带有几分期待，那就是今天的这所大学中的我们，相对于当年的我们而言，肯定有很多新的故事与新的追求。就我个人而言，我特别想借这个机会向大家描绘一下我心目中的“今天的我们”在这所大学里应该是什么模样。

今天的我们应该是一群德才兼备的人。通过大学几年的学习与实践，我们在获取相应的专业知识之外，更多地拥有一种砥砺德行的力量，不但有道德判断和道德推理的能力，而且更能德行一致，有一种法古今之完人的心气。“砥砺德行”四个字，是当年蔡元培先生第一次就任北京大学校长演讲时与各位大学生的三项约定之一，现今我们拿来遵照，同样具有很大的启示意义。

今天的我们应该是一群具有家国情怀的人。哲学上通常有一个“大问题”吸引人们思考，那就是生命的意义。其中，我比较认同的一种解释是这种生命的意义要放在一个人与他相对的特定的环境中相比较才能形成，而这相对的特定的环境，最重要的就是“家”和“国”。一个人只有真切体认到自己与家国之间的这种不可割舍的关系，负起对家国的责任，才会使生命获得意义、获得价值。我希望在这所大学的几年，今天的我们的这种家国情怀能够得到足够的激发和养护。

今天的我们应该是一群视野开阔的人。这里说的视野开阔不只是国际视野，也包括对我们自己所处的这个国度的历史文化与当代发展的了解。广州大学是一所综合性大学，希望我们的同学能够在大学几年除学习本专业之外，能多些社团活动，多些社会实践，多些跨专业的学习，多些第二校园的游历，在离开学校的时候能有一个相对完全的知识谱系。

今天的我们应该是一群爱体育、懂艺术的人。19 世纪英国教育学家斯宾塞有一个观点，说人需要自然、文学、艺术乐趣，如果缺少了绘画、雕刻、音乐、诗歌，那么“生活丧失了自己的一半精华”，只有具备些绘画、音乐等方面的艺术修养，才可“为完满的生活做准备”。我想我们当下对艺术的理解与喜爱还可以远远超出斯宾塞所列举的这些项目，除开艺术，必不可少的是体育。一个人如果没有健康的体质，纵使有千百个梦想，终将是纸上谈兵、镜花水月，所以我特别希望我们的同学在大学几年能够养成良好的生活习惯，喜欢上一两项或者几项能够陪伴终身的体育项目，既为家国计，也为个人幸福计。

今天的我们应该成为能力发展性强的人。大学的存在固然有其无可替代的原因，但我们也深知大学之所为也有它的缺陷，并不能保证所有同学都万般俱备、踏入社会就完全对任何问题手到擒来，但我们很愿意下些功夫，促使更多的同学具备某些有助于发展的能力，这些能力能使同学们在离开学校之后不断得到展现。我想，这些能力至少包括专业能力、表达能力、合作能力、创新能力等等，希望今天的我们能够为未来的我们做好最起码的准备。

总的来说，希望“今天的我们”能够德才兼备，拥有家国情怀，视野开阔，爱体育、懂艺术，能力发展性强，或许这应该成为所有大学的一种人才培养目标。大家即将翻开的这本日志，或许可以成为检视我们是否在迈向这个培养目标的样本，同时期待明年的这本日志会更加精彩。

做一个有家国情怀的大学生*

今天这节课主要跟同学们讲讲学校的人才培养目标和人才培养规格—— “德才兼备、家国情怀、视野开阔，爱体育、懂艺术，能力发展性强”中的“家国情怀”。讲课题目是“做一个有家国情怀的大学生”。讲五个内容。第一部分是“中国在哪里”，主要和同学们探讨一下，我们为什么要有家国情怀？第二部分是“许国何所为”，讲一讲家国情怀和国家到底有什么关系，我们为什么要这样做？第三部分是“家国何所求”，讲一讲对于家国我们应该如何爱它？第四部分是“此情何所寄”？第五部分是“爱祖国、有作为”。我会从《无问西东》这部电影谈起，从梁启超先生和伟大领袖毛泽东主席两个家庭说起，从林觉民的《与妻书》《左权写给妻子的信》《赵一曼家书》三封革命烈士的家书念起，最后我还会和同学们一起朗诵红色经典《可爱的中国》中的一部分和党的十九大报告中对青年一代的期盼和号召。

---

* 本篇是 2018 年 3 月 28 日给广州大学土木工程专业本科生上春季第一堂思想政治理论课的讲课内容，根据录音整理。

一　中国在哪里？——为什么需要有家国情怀？

首先要问大家一个问题：我们为什么要有家国情怀？（学生回答问题略）

我们来看“家”和“国”两个字的繁字体写法。“家”是会意字，上面是宝盖头“宀”，表示与房室有关；下面是“豕”，即猪。就是说我们人类，慢慢从智人时代进化到群居和定居下来，再到豢养动物，让动物和我们一起共同生长，所以就有了家园。“家”后来引申出家庭、群落等义。“国”字的繁体字写法是“國”，从口从或。字面意思是有一个人拿着一个兵器“戈”，外面有一个方框，即围墙。有戈守之，有墙围之，表示要保护领土和财产之义。

接着要问大家第二个问题：同学们对家国情怀是怎么理解的？（学生回答问题略）

我曾经看过一本书，作者认为人可以分为四个层面。第一个层面是基因生理层面，比如说为什么我们看到阳光就会高兴，看到黑暗就觉得恐怖，看到花就会很开心，这在很大程度上是基因层面的反应，或者也可以叫本能；第二个层面是宗教信仰层面，关于我们从哪里来，我们的祖先在哪里等问题，都会在这个层面给予解释；第三个层面是文化层面，一个地域相近的人群会有共同或者相近的习俗、爱好，会形成共同的价值观，也形成相同的文化观；第四个层面是知识层面，随着科技的日新月异，它会给人们带来很多改变，比如电子计算机的出现，改变了我们的生活。第一个层面是经过几十万年的时间沉淀才形成的；第二个层面至少需要十万年左右的时间；第三个层面可能需要三四万年，也可能是一两万年的时间；第四个层面则更短，很有可能只需要几千年或几百年甚至几十年就可以完成。

我要问的第三个问题：家国情怀应该会在哪一个层面出现？（学生回答问题略）

家国情怀无关基因，无关宗教。因为基因是属于生理层面的，而宗教可以跨越国界，但家国情怀一定是有关文化的，从基因生理层面上看，可能我们人类都源自同一个祖先，但家国情怀是在人类社会有了国家、有了聚集的群落、有了家庭和社会之后才产生的情怀。我们现在谈的家国情怀的国，毫无疑问指的就是中国。

关于中国在哪里的问题，学理上有个说法。梁启超先生在 1925 年写过《中国史叙论》，把中国史划分为“中国的中国”“亚洲的中国”和“进入世界体系的中国”三个阶段。在不同的阶段、不同的体系对中国的自我认同是不一样的。

在“中国的中国”阶段。这是公元前 3 世纪到公元 2 世纪。“中国”这个词最初是在西周出土的文物上出现的。1963 年出土的西周文物何尊铭文上刻有“余其宅兹中或”，据考古和文字学专家考证，“中或”就是“中国”，是“中国”一词目前在出土文物中的最早记录，指的是西周的东都成周城（今河南洛阳），当时指的就是整个世界的中央。在古代文选中，“中国”一词有五种不同含义，一是专指帝王所在的国都，即首都；二是指天子直接统治的王国；三是指中原地区；四是指国内内地；五是指古代华夏族、汉族居住的地区或建立的国家。辛亥革命后，“中国”则作为“中华民国”的简称。新中国成立后，我们就把“中国”作为“中华人民共和国”的简称了。现在世界上只有一个中国，就是中华人民共和国。在“中国”一词含义的凝聚过程中，我们的这个国家以及对这个国家的认同感，就慢慢建立起来了。并且在这个建立的过程中，还有一种西方国家所没有的独特的魅力，表现在中国历史上，无论是万国来朝还是他族入侵，只要来到中原，来到我们中国，就会慢慢地被同化、被融合，就会认同我们以中原为主的文化交融，这是我们家国情怀非常重要的一个特质，是一种百国之合。

在“亚洲的中国”阶段。这是公元2世纪~15世纪。亚洲的中国是什么时候成为一种概念的？大概是在秦朝。但从汉代往后说来，随着丝绸之路的开通，中国这个时候在世界版图上慢慢有了新的地标。今年央视联欢晚会首度向全国观众展示的青绿山水手卷《丝路山水地图》，所反映的就是这个时代，中国的国家概念就此建立起来了。在这个东西文化交流的过程中，中国坚持的一个观念是交流归交流，中国还中国，这是第二个阶段。

在“世界的中国”阶段。这是公元15世纪~19世纪中叶，及随之而来的百年蹒跚，也就是19世纪中叶~20世纪中叶。随着世界航海的大发现，世界的格局发生了重大变化，万国来朝变成了万国来犯。特别是清朝末期，相对于快速发展的西方，进入世界体系后的中国，发展过于缓慢，封建的大门被迫打开，中国曾经一度山河破碎，古老的文明几近消亡，百弊丛生，这给当时的中国带来巨大的影响。这种影响带来了两个结果。第一个结果，是意识到原来还有其他的国家虎视眈眈，企图吞噬我们；第二个结果，是我们这个国家积弱积贫，要想不亡国就一定要抗争。家国情怀在这种情况下就要迸发，迸发之后就是中华民族从站起来、富起来到强起来，再到实现伟大复兴，这是党十九大报告中家国情怀的集中体现。

党的十九大报告指出，中国特色社会主义进入新时代。这是对中国新的历史方位的重大判断，意味着近代以来久经磨难的中华民族迎来了从站起来、富起来到强起来的伟大飞跃，迎来了实现伟大复兴的光明前景。中国特色社会主义新时代，“是承前启后、继往开来，在新的历史条件下继续夺取中国特色社会主义伟大胜利的时代，是决胜全面建成小康社会、进而全面建设社会主义现代化强国的时代，是全国各族人民团结奋斗、不断创造美好生活、逐步实现全体人民共同富裕的时代，是全体中华儿女勠力同心、奋力实现中华民族伟大复兴中国梦的时代，是我国日益走近世界舞台中央、不断为人类作出更大贡献的时代”。在这个新时代里，全体中华儿女励精图治，奋发图强，为实现中华民族伟大复兴的中国梦奋勇前行。我们的家国情怀再一次得到强化，再一次得到巩固，再一次得到发扬。

通过对历史进行梳理，可以得出，从先秦的“修身齐家治国平天下”，到近代的“天下兴亡、匹夫有责”，再到当今全体中华儿女“奋力实现中华民族伟大复兴中国梦”的伟大实践，家国情怀都是一个历久弥新的宏大命题，纵贯自西周以来的中国历史，产生于中华民族的伟大奋斗过程中，展现在无数仁人志士的行动中，是几千年来扎根在中华民族内心深处的精神支柱。我们的家国情怀在中国特色社会主义新时代里再一次得到了巩固和升华。

二　许国何所为？——从一部电影谈起

电影《无问西东》在去年上映，“无问西东”一词，取自清华校歌“立德立言，无问西东”。影片的拍摄本是为纪念清华大学百年诞辰，讲述了四段与清华大学有关的故事，反映百年来每个时代的清华人如何追寻内心的真善美，以此去做人、去报效国家，而不计较外在的得失荣辱。影片很多情节源于史实，烘托出一代代清华人自强不息、厚德载物、刚毅坚卓的奋斗精神和深深的爱国情怀，同时也折射出苦难中人性的光辉与真爱。

（播放影片官方预告片和片尾彩蛋）这是一段被称为“七分钟读懂中国风骨”的彩蛋，记录了在影片中悄然一现、为国家做出杰出贡献的大家大师。按出场顺序逐一介绍一下：梅贻琦、梁思成、林徽因、梁启超、王国维、徐志摩、孙立人、冯友兰、钱穆、蒋梦麟、杨振宁、马约翰、钱锺书、沈从文、朱自清、陈省身、华罗庚、穆旦、闻一多、陈寅恪、袁复礼、邓稼先、蒋南翔。

这些国学大师、哲学家、政治家、军事家、科学家、教育家、文学家及学问家影响了中国近百年的社会发展。在风云变幻的年代里，这些镜头中一闪而过的人们，为了这个国家而奉献，在历史长河中，终如繁星般璀璨夺目。他们每一个人的背后都有一段家国情怀的故事，他们都曾年轻，都曾有过梦想，都有过这样或那样的追求，他们都有的一个共通点就是，无论在什么时候，都从来没有忘记自己是中国人！

同学们有谁能够认识片中的人物，并对他们的事迹有所了解？（与学生互动略）

重点介绍电影中出现的几个人物的事迹。潜心治学、倾心育人的清华校长梅贻琦，投笔从戎、以身许国的飞行员林恒，牛圈中写出学术巨著的“中国现代数学之父”华罗庚，励志报国、只身进入核区的“两弹元勋”邓稼先，宁死不吃美国救济粮的文学大师朱自清，大义凛然、视死如归的民主战士闻一多，立德立言、知行合一的国学大师冯友兰，不畏困难、献身科学的建筑大师梁思成和林徽因夫妇，等等。电影讲述了他们追寻内心真善美，去做人做学问，以实际行动热血书写报国之情的家国情怀故事。其中还包括著名经济学家陈岱孙教授让学生“静坐听雨”的故事。我这里告诉同学们，最近，陈岱孙教授的得意门生王建业教授被引进到广州大学工作，担任学校金融研究院（广州国际金融研究院）院长。还有华罗庚教授的关门弟子，著名密码学家裴定一教授也一直在我们学校工作，他还是我国改革开放后第一批出国留学 52 人成员之一，学成后回国服务，直到退休。

2016 年 4 月 22 日，在清华大学建校 105 周年之际，习近平总书记给清华大学发来贺信，让我们一起来读一下这篇贺信。（略）

三　家国何所求？——从两个家庭说起

第一个家庭是梁启超家庭。

梁启超一门九子，三位院士，每个都不一样，但个个成才。梁启超对孩子是尽责尽力的，他将其一生不变的家国情怀融入对子女的教育中，把个人努力和对国家的贡献紧密联系在一起，形成优秀家风。

下面要问的问题：“梁启超的 9 个子女，大家了解吗？都是干什么的？”（学生回答问题略）

长子梁思成前面讲过了，是著名建筑学家。次子梁思永是考古学家。他们两位都是留美的。梁思永在考古方面贡献很大，使中国考古学进入崭新的阶段，他是中华民国中央研究院首届院士，当时首届院士只有81个人。三子梁思忠在清华大学毕业后，到美国西点军校学习，"一·二八"淞沪抗战时表现英勇，但因喝了路边不洁净的脏水患上腹膜炎，贻误了治疗时机而不幸去世，年仅25岁。四子梁思达是著名的经济学家。五子梁思礼是著名的火箭控制专家，"两弹一星"功勋人物。梁启超的4个女儿也同样不简单。长女梁思顺是诗词研究专家。次女梁思庄是著名的图书馆学家。三女梁思懿是著名的社会活动家、"燕京三杰"之一。四女梁思宁在姐姐梁思懿的影响下投身新四军，从事宣传工作。梁启超作为父亲，非常尊重孩子的选择，非常支持孩子的发展。比如，梁思庄在国外最初学的是工科，后来他尊重孩子的意愿，让孩子转学图书馆学。梁启超的9个孩子都是各领域的精英，都是对国家对民族有贡献的典型，是我们家国情怀很好的镜鉴。

第二个家庭是我们的伟大领袖毛泽东主席的家庭。

在中国共产党领导的革命运动中，很多先烈在关键时刻不惜贡献出自己的青春和生命，当然大浪淘沙也淘汰了很多人。看这张开国大典照片，我要问一下同学，这张照片中站在毛主席右边第二位的人是谁？（学生回答问题略）接着来问第二个问题，中国共产党第一次代表大会有多少人？（学生回答问题略）

1921年7月，出席中共一大的共有13位党代表，最后站到天安门城楼主持和见证这伟大历史时刻的只剩下两位，一位是毛主席，另外一位就是站在毛主席右边身后的董必武。其他11位党代表，命运各有不同。两个当了汉奸，一个是周佛海，一个是陈公博。两个中途脱党，一个是李达，一个是刘仁静。其余的都在革命斗争中牺牲了。

接着要问第三个问题，以毛主席家庭为例，毛氏家族在革命

期间，有多少人牺牲生命？（学生回答问题略）

一共是六位！就是 PPT 上的六位烈士。家国情怀就是要用生命来护，用生命去爱的。在 1958 年庐山会议时，毛主席说了一句很伤感的话，是一句古话："始作俑者，其无后乎。"毛主席及其家人为革命作出的牺牲可谓巨大。妻子杨开慧大革命失败后被捕，坚决不退党，坚决不和毛泽东断绝夫妻关系。毛主席的长子毛岸英，流浪过，抗过战，第一个志愿报名参加志愿军，入朝一个月零三天就牺牲了。出征前，毛主席叮嘱他："共产党人平常吃苦在先，战时牺牲在前。你是共产党员，又是中共主席毛泽东的儿子，到了朝鲜战场，就更要吃苦在先，牺牲在前。"毛岸英牺牲后，对于骨灰是否运回国，毛泽东说："毛岸英是响应党中央的号召，为保家卫国而死的，就把他安葬在朝鲜的国土上。"第三位是毛泽覃，因掩护队友而牺牲。第四位是毛楚雄，第五位是毛泽民，都是被捕后被秘密杀害的。第六位是毛泽东的堂妹毛泽建，巾帼英雄，在革命中英勇就义。从这点说，这个家，舍小家保大家，多么难得的家国情怀啊。

当然，这样的中国家庭有很多，梁启超家庭和毛泽东家庭是它们当中的代表。

2018 年 3 月 15 日，中国人民政治协商会议第十三届全国委员会第一次会议在北京闭幕。在主席台就坐的党和国家领导人中，全国政协前主席俞正声同志的家庭也是一个很好的家庭。俞正声出身名门望族，曾祖父俞明震在晚清知名于诗坛与教育界，鲁迅先生就是他的得意门生。俞正声从小一直跟随中共革命元勋的父亲奔波于多地。其父俞启威（黄敬）是原第一机械工业部部长、天津市委书记，母亲是历史学家范文澜的妹妹，当过北京市副市长，叫范瑾。俞正声家族在抗战时期也作过很大贡献，也体现出深厚的家国情怀。

四　此情何所寄？——从三封家书念起

在国家处于危难之时，无数仁人志士挺身而出，为了民族利益，为了人民利益，舍生取义。这是中华民族特有的凝聚力，是在血与火中淬炼成的刚毅精神，是中华魂铸造起的民族脊梁。

第一封家书是林觉民的《与妻书》。

我问一个问题："同学们知不知道这封家书是在什么地方写的？是什么时候写的？"（学生回答问题略）

林觉民的《与妻书》是在广州黄花岗起义前写的。黄花岗七十二烈士，我相信大家非常熟知。《与妻书》是 1911 年黄花岗起义的 3 天前即 4 月 24 日晚，林觉民写给其妻子陈意映的诀别信。"为国牺牲百死而不辞"，情真意切地表达了对亲人的爱以及为国捐躯的决心。那种大义凛然，那种决绝下的侠骨柔肠，感天动地。马上要到清明节了，同学们可以到黄花岗烈士陵园扫墓，向英雄致敬。时代在变，责任在变，不变的是我们的爱国情感与家国情怀。

第二封家书是《左权写给妻子的信》。

左权将军是八路军的参谋长，是当时共产党牺牲的最高将领。这封家书是 1942 年 5 月 22 日晚写给与自己分离了 21 个月的妻子刘志兰的，3 天后左权将军就壮烈殉国。信中除了表明对抗战的坚定信心外，还洋溢着对妻女的绵绵思念。英雄的儿女情长，在面对家国有难时的毅然抉择，显得更加厚重、更加博大。

第三封家书是《赵一曼家书》。

赵一曼的这封家书是1936年8月2日在被日寇押往珠河赴刑场的火车上，写给儿子陈掖贤的遗书。“母亲不用千言万语来教育你，就用实行来教育你。在你长大成人之后，希望你不要忘记你的母亲是为国而牺牲的！”

在我们读这些家书的时候，就能深切体会到“此情何所寄”的深刻内涵。在一个个优秀中华儿女的感人故事中，在一封封家书的字里行间，除了能感受英雄烈士的儿女情长外，更应该感受和体会到在国家和民族危难之际，像林觉民、左权、赵一曼等这样成千上万的革命英烈，在侵略者的炮火中奋勇前进，在侵略者的屠刀下英勇就义，彰显出的中华儿女威武不屈的浩然正气。几多苦难、几多抗争，时光长河里有几代人的记忆，勿忘历史，挺起一个民族的脊梁是我们每一个人的责任。

五　爱祖国、有作为——我们要继续做下去

家国情怀是对祖国和人民的深情大爱，是对实现国家富强、人民幸福的理想追求。课堂最后，我和同学们一起朗诵红色经典《可爱的中国》节选和党的十九大报告中对青年一代的期盼和号召。

《可爱的中国》（节选，齐诵）：朋友！中国是生育我们的母亲。你们觉得这位母亲可爱吗？我想你们是和我一样的见解，都觉得这位母亲是蛮可爱蛮可爱的。以言气候，中国处于温带，不十分热，也不十分冷，好像我们母亲的体温，不高不低，最适宜于孩儿们的偎依。以言国土，中国土地广大，纵横万数千里，好像我们的母亲是一个身体魁大、胸宽背阔的妇人，不像日本姑娘那样苗条瘦小。中国许多有名的崇山大岭、长江巨河，以及大小

湖泊，岂不象征着我们母亲丰满坚实的肥肤上之健美的肉纹和肉窝？中国土地的生产力是无限的；地底蕴藏着未开发的宝藏也是无限的；废置而未曾利用起来的天然力，更是无限的，这又岂不象征着我们的母亲，保有着无穷的乳汁，无穷的力量，以养育她四万万的孩儿？我想世界上再没有比她养得更多的孩子的母亲吧。至于说到中国天然风景的美丽，我可以说，不但是雄巍的峨嵋，妩媚的西湖，幽雅的雁荡，与夫“秀丽甲天下”的桂林山水，可以傲睨一世，令人称羡；其实中国是无地不美，到处皆景，自城市以至乡村，一山一水，一丘一壑，只要稍加修饰和培植，都可以成流连难舍的胜景；这好像我们的母亲，她是一个天姿玉质的美人，她的身体的每一部分，都有令人爱慕之美。中国海岸线之长而且弯曲，照现代艺术家说来，这象征我们母亲富有曲线美吧。咳！母亲！美丽的母亲，可爱的母亲！

党的十九大报告（节选，齐诵）：青年兴则国家兴，青年强则国家强。青年一代有理想、有本领、有担当，国家就有前途，民族就有希望。中国梦是历史的、现实的，也是未来的；是我们这一代的，更是青年一代的。中华民族伟大复兴的中国梦终将在一代代青年的接力奋斗中变为现实。全党要关心和爱护青年，为他们实现人生出彩搭建舞台。广大青年要坚定理想信念，志存高远，脚踏实地，勇做时代的弄潮儿，在实现中国梦的生动实践中放飞青春梦想，在为人民利益的不懈奋斗中书写人生华章！

我们广大的青年学子要不负使命，坚定理想信念，志存高远，脚踏实地，做一个有家国情怀的大学生，为实现“两个一百年”奋斗目标、实现中华民族伟大复兴的中国梦而奋勇前行！这就是我们广大青年！

立德树人 形成高水平的人才培养体系*

大家上午好。首先布置一个任务，明海校长今天讲了话，建议各学院院长在接下来全院教师大会上，仿明海校长的规格，给全院老师讲一课。我们的四大论坛，排在第一位的是教师论坛，这个教师论坛我们24个学院都要举办一场，同时学校层面也要举办一场。排在第二位的是院长论坛，第三位的是书记论坛，第四位的是部处长论坛，后面这三个论坛是在学校层面举行，所有的院长、书记、部处长都要交流发言。应该说，教师论坛是最基础的论坛，如果教师不动起来，那我们教育教学思想大讨论就干不好。所以，明海校长抓关键，刚刚对教师如何回归本分、做好老师作了讲话，这是我们今天会议最重要的一个东西。

下面，我作个动员。回忆一下，2018年4月24日，我们在这里召开本科教学工作审核评估动员大会；5月24日，在二楼会

---

* 本篇是在广州大学教育教学思想大讨论动员会（2018年7月10日）上的讲话，根据录音整理。

议厅召开本科教学工作审核工作的反馈大会；6 月 1 日，在体育馆召开本科教学工作审核评估整改建设动员大会；今天我们召开聚焦教育教学思想大讨论的启动大会。回顾这些会议，可以得出一个基本结论，广州大学对本科教学工作态度非常认真，目标非常明确，一定要把这件事干好。事有凑巧，2018 年 6 月 21 日，教育部在四川成都召开新时代全国高等学校本科教育工作会议，这是改革开放 40 年来的第一次本科教育会议，为我们开好今天这个会和下一步教育教学大讨论，以及今后的系列整改实践，奠定了非常好的基础。近期，省教育厅也下发通知，要求各学校通过暑期读书班、领导务虚会、中层干部会传达全国本科教育工作会议精神。传达精神是最基本的要求，相对于传达精神，真正管用的是我们借本次教学整改评估，通过教育教学思想大讨论把这件事情干好。学校以教育部本科教学工作审核评估整改为契机，开展全校范围内的教育教学思想大讨论，目的在于进一步认识、理解和把握学校的办学定位和人才培养目标，汇聚智慧，形成共识，落实立德树人根本任务，形成高水平的人才培养体系，为落实评估整改、深化教育教学改革、提升人才培养质量打牢思想基础。

今天我想讲三点：第一，为什么要组织大讨论；第二，我们讨论什么；第三，我们要有哪些讨论成果。

一　为什么讨论——进一步统一思想

从学校层面，我们要在三个方面统一思想。

一是统一到习近平总书记对高等教育的要求上来。这不是形成共识的问题，而是一定要统一的问题。我们编印了《习近平总书记关于教育工作系列重要讲话选编》，选编了 13 篇，建议大家会后认真学习。总书记的论述非常多，关于新时期我国教育发展规律的认识，教育改革发展的方向，高等教育的立身之本，高校的建设目标，等等，都有系统论述。2018 年 5 月 2 日，习近平总书记同北京大学师生座谈并发表重要讲话，进一步深刻回答了培养什么人、怎样培养人的问题，旗帜鲜明地指出了高等学校的根本任务就是培养人，为新时代高等教育提出了新的更明确的要求。总书记讲话明确提出了四个主要内容：一个根本任务、两个标准、三项基础性工作、四点希望。这是我们今天所要讨论的出发点。“一个根本任务”，就是社会主义大学的根本任务是培养德智体美全面发展的社会主义建设者和接班人。总书记讲话中指出，首先要回答培养什么样的人以及怎样培养人，先给个明确答案，那就是我们的教育要培养德智体美全面发展的社会主义建设者和接班人，要立德树人。“两个标准”，就是立德树人作为检验学校一切工作的根本标准，师德师风作为教师评价的第一标准。大家要明白，广州大学办得好不好，首先就是要看立德树人的工作做好没有，师德师风做到位没有。“三项基础性工作”，就是坚持办学正确政治方向，建设高素质教师队伍，形成高水平人才培养体系。坚持办学正确政治方向，我们马上召开的党代会要对这一问题从学校层面作出更加坚定的落实；建设高素质教师队伍，形成高水平人才培养体系，后面两项工作就是我们今天动员会以及整改建设的两项主要任务。对于高素质的教师队伍，总书记在北大的讲话中提到以德立身、以德立学、以德施教、以德为先。对于高水平的人才体系，涉及学科体系、教学体系、教材体系、管理体系、思想政治工作体系，我们做的事情也是按照这个方向来做。当然，本次讨论的重点是教学体系和管理体系，也包括教材体系。“四点希望”，就是针对广大青年提出要爱国、励志、求真、力行。我们今天所有的讨论都要同高等学校的根本任务、办学标准以及基础性工作的价值指向结合起来。

二是统一到落实全国高等学校本科教育工作会议精神的要求上来。6 月 21 日，陈宝生部长在全国高等学校本科教育工作会议的讲话，是经过教育部党组反复多次讨论形成的，可见分量之重。我想强调陈宝生部长讲话的三点：第一，强调本科教育的重要性，“高教大计、本科为本，本科不牢、地动山摇”，振聋发聩，让我们警醒；第二，明确提出“三个不”：“不抓本科教育的高校不是合格的高校，不重视本科教育的校长不是合格的校长，不参与本科教育的教授不是合格的教授”；第三，“四个回归”：回归常识、回归本分、回归初心、回归梦想。回归常识，引导学生求真学问、练真本领。对大学生要合理“增负”，增加学生的合理负担，提升大学生的学业挑战度，激发学生的学习动力和专业志趣，改变轻轻松松就能毕业的情况，这就是回归常识。回归本分，要引导教师热爱教学、倾心教学、研究教学，潜心教书育人。回归初心，要坚持正确政治方向，倾心培养社会主义合格的建设者和接班人，回归我们的办学使命。回归梦想，这个梦想就是中华民族伟大复兴和教育强国之梦。总书记在十九大报告中提到 12 个强国概念，其中教育强国是其他强国的基础。人才强国、科技强国、海洋强国、体育强国等，如果没有教育强国作为支撑，其他强国肯定难以实现。教育是一个基础性工程，大学又是我们国民连续性教育的最后一站，培养合格人才，如果我们没有在这一站中尽到我们的职责，那就是一种失职。所以，统一到

"四个回归"，这是我们第二个要统一的地方，是今后讨论中要经常谈到的。

三是统一到教育部本科教学工作审核评估整改的具体要求上来。5 月 21 日至 24 日，教育部本科教学工作审核评估专家组对我校进行了本科教学工作审核评估。整改的具体要求有 65 条建议，6 大优点、6 个不足。其中，必须整改的第一条是"学校的办学定位和人才培养目标的内涵需要进一步明确，在校内形成更广泛的共识"。为什么要花这么大的精力来开展教育教学思想大讨论？假如我们在思想认识上没有解决这个问题，只是把它看成为了应付评估检查而开展的阶段性工作，那我们的讨论就没有达到目的，也没有意义。所以，开展这个大讨论，我们要在内心深处明白，广州大学建设高水平大学要做什么？必须应该做些什么？大家要心甘情愿、兴高采烈、踏踏实实地做。

二　讨论什么——进一步聚焦主题

关于讨论的主题，在本科教学工作审核评估整改建设动员大会上已经讲清楚了。学校有 8 类 55 条具体整改措施，每一条整改措施都可以讨论，都可以进行思想聚焦。从学校层面看，结合学校办学实际、发展需要和师生关切，围绕人才培养这一根本使命，首先要聚焦三个主题。

主题一：以"培养什么样的人、如何培养人、为谁培养人"为出发点，如何将"德才兼备、家国情怀、视野开阔，爱体育、懂艺术，能力发展性强"的人才培养目标落实到教育教学全过程。这次大讨论第一个主题就是聚焦人才培养目标，讨论如何把人才培养目标落实到教育教学全过程。

给大家推荐几本书，第一本是《回归大学之道》，是担任过21年哈佛大学校长的德里克·博克写的，其中一个重要内容是讲述大学如何做好通识教育，有些观点和视角值得我们借鉴，这也启发我们在中国做好通识教育最重要的就是做好思政课。第二本是《大学的改革》（学院篇），特别推荐给各学院的院长、书记看，是钱颖一教授的文集，是他担任清华大学经济管理学院院长时期思考讲话的实录，他在清华担任过十年该院的院长，我们或许可以学习借鉴他们的一些做法，其中最重要的，就是对创新型人才的看法。第三本是《一流大学 卓越校长》，建议学校的管理层仔细阅读，这本书基本上可以称得上是查尔斯·维斯特担任MIT校长期间的年度报告的结集，他担任过14年MIT的校长，请大家看看大学的发展中哪些大的方向需要把握，理解他为什么要关注信息科学、环境科学、人类健康等。还有两本书《大学的未来》和《大学的终结》，大家也可以翻翻。我们要把眼界打开，多看看、多想想，思考在实践中该如何做。

主题二：如何站上讲台，做学生成长成才的同行者；站稳讲台，做有担当的课程第一责任人；站好讲台，当好学生的引路人。关于站上、站稳、站好的问题，刚才明海校长从四个方面系统提出了思考。总书记对教师提出了三个“四”——“四有”“四个引路人”“四个相统一”的要求。广大教师要有理想信念、有道德情操、有扎实学识、有仁爱之心；广大教师要做学生锤炼品格的引路人，做学生学习知识的引路人，做学生创新思维的引路人，做学生奉献祖国的引路人；广大教师要坚持教书和育人相统一，坚持言传和身教相统一，坚持潜心问道和关注社会相统一，坚持学术自由和学术规范相统一。在讨论中，要按照总书记的要求对老师进行引导。具体而言，站上讲台，我们要有制度，这是基础；站稳讲台，我们要有要求，对老师有教学艺术上的要求；站好讲台，需要我们有完善的教学评价体系，需要以德为先，有具体行动方案。这个可以作为广州大学教书育人行为三部曲。为此，我们编印了《中国教育名师风采录》，选编 14 名当下优秀教育名师的故事，大家可以对照榜样、标杆进行学习、不断进步。

主题三：如何以师生为本，打造有品质的大学教育。在上次整改建设动员大会上，我提到“四个有品质”，即有品质的教学管理，有品质的学院教育教学，有品质的评价激励体系，有品质的校园环境建设。今天再增加“三个有品质”。第一个是“有品质的校园生活”。广州大学学生的校园生活要有品质，视野开阔，爱体育、懂艺术，能力发展性强，需要有品质的校园生活作为支撑。我们成立公共艺术教育中心、经典百书阅读推广中心、学生体育活动中心，对应的就是人才培养的目标。视野开阔的重要支撑平台是经典阅读推广中心，爱体育的重要支撑平台是学生体育活动中心，爱艺术的重要支撑平台是公共艺术教育中心。第二个是“有品质的大学治理与大学服务”。7 月份我们专门组织机关部处干部到清华大学参加培训，学习其他高校在大学治理、大学管理、大学服务是如何做的，思考如何提升治理服务水平。给大家布置一个任务，请参加清华班培训的同志在“有品质的大学治理与大学服务”上认真思考，做好发言准备。最后，再加一个“有品质的实践与创新创业创造”。这七个有品质构成我们有品质的大学教育，以师生为本，将事情做好。

三　收获什么——进一步明确要求

具体的收获，可以概括为“一个目标、两级整改、三个方案、四个子集”。一个目标，就是建设一流本科和高水平大学的目标。两级整改，学校层面制定本科教学工作审核评估整改工作方案，学院依托学校整改方案，有具体的整改落实方案。三个方案，要求通过大讨论，出台和落实三个整改方案，即《广州大学本科人才培养方案（2018）》《广州大学教师教书育人行动方案》《广州大学打造有品质大学教育建设方案》。教务处要牵头出台和落实《广州大学本科人才培养方案（2018）》，人事处、组织部、宣传部、教务处要牵头出台和落实《广州大学教师教书育人行动方案》，基建处、后勤服务、经资办、学生处、团委要牵头出台和落实《广州大学打造有品质大学教育建设方案》。同时，希望方案出台能够真正落到实处，不能束之高阁。教育教学思想大讨论方案的第三个阶段是总结发展阶段，所谓“发展”，是开放性的。方案提出要朝前推，目标是面向学生、面向学院、面向基层。四个子集，编印《广州大学教育教学思想大讨论成果集》，分院长、书记、部处、教师四个子集。所有的院长、所有的书记、所有的部处长主任都要发声，要结合实际有所思考，要讲有质量的东西。其中，院长集、书记集、部处长集学校一个，教师集除了学校一个，各学院也要有一个，到时候我们可以在学院之间互相评比、互相交流。希望这四个子集能够把我们老师的、专家的、大家的智慧凝聚起来，汇集大讨论中师生形成的共识和成效。梅贻琦先生曾谈道，“学校犹水也，师生犹鱼也，其行动犹游泳也，大鱼前导，小鱼尾随，是从游也，从游既久，其濡染观摩之效，自不求而至，不为而成”。学校是水，教师是大鱼，学生是小鱼，理想的教学关系莫过于一群大鱼带着一群小鱼欢快地游泳。学校之水如何清澈？教师之大鱼如何前导？学生之小鱼如何从游？我想，每位师生心中都有自己的答案。期待在大讨论中听到大家思考的声音！

如何做好？有八个字送给大家，“顶天立地，广种厚收”。所谓“顶天”，就是掌握规律、掌握理论、掌握目标；所谓“立地”，就是要立足办好与广州城市地位相匹配的广州大学，这是我们的办学目标；所谓“广种”，就是及时广泛发动大家，深度讨论；所谓“厚收”，就是形成实实在在的、厚重的、能够代表广州大学水平的成果，以此支撑广州大学未来至少5年的发展，从而坚持社会主义办学方向，坚持立德树人，以扎扎实实的工作成效打造有品质的大学教育。

不忘立德树人之初心
牢记人才培养之使命*

习近平总书记在全国宣传思想工作会议上提出并深刻阐述了新形势下宣传思想工作“举旗帜、聚民心、育新人、兴文化、展形象”的五大使命任务。其中，“育新人”这一使命任务，为宣传思想工作“培养什么样的人”“怎样培养人”指明了方向，对引领全国各族人民坚定信心、强化自觉、提升素质，投身民族复兴伟业具有重要而深远的意义。高校作为培养社会主义事业合格建设者和可靠接班人的坚强阵地，要从中国特色社会主义新时代的高度，从实现中华民族伟大复兴的广度来深刻理解和领会培养时代新人的重大意义和实践要求，将不断培养在思想水平、政治觉悟、道德品质、文化素养、精神状态等方面同新时代要求相符合的时代新人自觉融入宣传思想工作的使命与追求之中，融入高校人才培养的理念与实践之中。

下面，围绕高校如何努力践行“培养担当民族复兴大任的时

---

* 本文载于《中国社会科学报》（2018 年 11 月 5 日），原载有一个副标题“高校培养担当民族复兴大任的时代新人的历史任务”，这里有所删节。

代新人”历史使命，谈三点具体体会和认识。

一　把牢一个政治方向，以更加坚定的政治意识为先导，育时代新人

坚定对马克思主义的信仰，对社会主义和共产主义的信念，对中国特色社会主义道路、理论、制度、文化的自信，是担当民族复兴大任的前提。对高校而言，培养时代新人，重中之重是要以坚定的理想信念筑牢精神之基。要牢牢把握社会主义办学方向这个根本，从党和国家工作的大局去把握，从中华民族伟大复兴的进程去认识培养时代新人的本质要求，坚持人才培养为人民服务、为中国共产党治国理政服务、为巩固和发展中国特色社会主义制度服务、为改革开放和社会主义现代化建设服务的“四为”方针，进一步提高政治站位，增强“四个意识”，树立“四个自信”，认真学习贯彻落实习近平新时代中国特色社会主义思想、党的十九大精神、习近平总书记重要讲话精神，坚定不移地用习近平新时代中国特色社会主义思想武装头脑、指导实践、推动工作，扎实办好中国特色社会主义大学。广州大学在这学期校党委书记、校长和24个学院党委书记、院长上“思政第一课”中，把《习近平新时代中国特色社会主义思想三十讲》作为主要内容，推动学习宣讲内容的全覆盖。

二　坚持两个实践任务，以更加广阔的理论视野、更加深邃的历史眼光为支撑，育时代新人

习近平总书记强调“育新人，就是要坚持立德树人、以文化

人，建设社会主义精神文明、培育和践行社会主义核心价值观，培养能够担当民族复兴大任的时代新人”。中国特色社会主义时代新人，势必是新时代的见证者、开创者、建设者，势必在思想觉悟、道德水准、文明素养、精神风貌上传递和彰显新时代内涵特征。对高校而言，培养时代新人，关键是要落实好立德树人、以文化人，充分培育和践行社会主义核心价值观，充分发挥中华优秀传统文化、革命文化、社会主义先进文化的育人功能。要以培养有理想、有本领、有担当的青年学生为己任，牢牢掌握意识形态工作领导权、管理权、主动权，把思想政治工作贯穿教育教学全过程，实现全程育人、全方位育人；要抓住青少年价值观形成和确定的关键时期，引导青少年扣好人生第一粒扣子，强化教育引导、榜样示范、实践养成、文化浸润，将社会主义核心价值观融入青年学生成长成才的各方面，使核心价值观渗透到大学生的学习、生活和灵魂中，成为行为准则。在完善“大思政”工作格局上，广州大学致力于打造课程育人、科研育人、实践育人、文化育人、网络育人、心理育人、管理育人、服务育人、资助育人和组织育人的“十大育人”体系，打通“三全育人”最后一公里，形成全员全过程全方位育人格局。

三　立足“三个扎根”，以更加务实的创新之举为依托，育时代新人

育新人，要胸怀大局、把握大势、着眼大事。大学因城市而兴、因城市而盛，对于身处广州的高校而言，要切实担负“育新人”的历史使命，需要同国家、区域事业发展目标和发展方向紧

密联系在一起。广州大学提出了始终坚持扎根中国大地办大学，扎根广东大地办大学，扎根广州大地办大学的“三个扎根”。在“扎根中国大地办广州大学”方面，就是要坚持社会主义办学方向，扎根中国、面向现代化、面向世界、面向未来，实现高等教育内涵式发展，努力成为世界高等教育改革的参与者。在“扎根广东大地办广州大学”方面，就是要努力在广东实现“四个走在全国前列”，当好“两个重要窗口”战略布局中推进高水平大学建设全面上水平，力争未来五年内学校综合办学实力跻身全国高校百强之列，在全国格局中、在践行“四个走在全国前列”上，能有广大身影。在“扎根广州大地办广州大学”方面，广州大学正在以新师范、新工科建设为抓手，努力培养更多与广州经济社会发展相适应的人才。作为广州市龙头高校和省第一方阵高校，理工科、人文社会学科学生数量各占一半，广州大学更有责任培养好未来的社会主义事业建设者和接班人、培养好时代新人。作为广州高校，培养担当民族复兴大任的时代新人，就要以服务区域城市发展为驱动，主动服务粤港澳大湾区建设，在广东广州新轮发展中与广东广州同频共振、共荣共生，为广东广州发展、粤港澳大湾区建设培养人才，只有坚持这样的站位，有这样的认识高度，才能把人才培养工作做好。这既是高校回应新时代发展的需求，也是践行办学使命的责任，更是进一步激发高校办学内生动力的需要。广州大学要立足广州、面向世界、服务广州、服务大湾区，回答好“培养什么人、怎样培养人、为谁培养人”这个根本问题，坚持不懈用习近平新时代中国特色社会主义思想铸魂育人，为党育才、为国育人。

今年 5 月 2 日，习近平总书记同北京大学师生座谈并发表重要讲话，提出了四个主要内容："一个根本任务""两个标准""三项基础性工作""四点希望"，形成了完整的逻辑体系，为中国特色社会主义大学深入推进人才培养提供了根本遵循。对高校而言，切实履行"育新人"的历史使命，必须主动适应高等教育发展的新形势、新要求，重点围绕"培养什么样的人、如何培养人、为谁培养人"以及"办什么样的大学、怎样办好大学"等问题，聚焦如何形成高水平的学科体系、教学体系、教材体系、管理体系、思想政治工作体系，回归常识、回归本分、回归初心、回归梦想。广州大学提出"德才兼备、家国情怀、视野开阔，爱体育、懂艺术，能力发展性强"的高水平大学建设人才培养目标，必将在"育新人"的旗帜下，进一步明确路径举措，全面提升时代新人的培养质量，充分达成人才培养目标。

把问题解决　把短板补齐　把事情办好*

今天的会议开得非常好。上午，明海校长作了主题报告，对今年重点工作进行了整体部署，分析很透彻，重点很突出，方向很明确，措施很有力；6位校领导围绕分管工作作了专题发言，谈了今年要重点抓的20项工作。下午的分组讨论气氛热烈，9个组的讨论提出了很多很有价值的意见建议。下一步在学校的具体工作中要进行充分合理吸收采纳。

过去的2018年，是学校高水平大学建设取得重要成果、重大突破的一年。主要有七个方面：一是加强思想武装，坚决做到"两个维护"；二是突出政治标准，不断加强干部和人才队伍建设；三是坚持创新引领，不断推动高水平大学建设全面上水平；四是加强规范化建设，不断推动基层党组织全面进步；五是落实八项规定精神，驰而不息加强作风建设；六是落实意识形态工作

---

* 本篇是在广州大学党委三届三次全体会议暨2019年领导干部大会（2019年2月21日）上的讲话，根据录音整理。

责任制，不断加强和改进思想政治工作；七是强化主体责任，不断巩固和拓展巡视整改成果。今年1月份，学校先后接受市委巡察整改落实情况专项检查组的实地检查和市纪委、市委组织部的专题民主生活会专项督查，巡视整改成效得到充分肯定。

成绩来之不易，这是习近平新时代中国特色社会主义思想科学指引的结果，是学校广大教职员工无私奉献、团结奋斗的结果。今天的会议，是学校新一年的第一次大会，在此，我代表学校并通过在座各位向奋斗在教学、科研和管理一线，为学校高水平大学建设付出智慧和汗水的广大教师和管理服务部门的同志表示衷心感谢！

同时，我们要清醒看到，在新时代高等教育新发展的时代坐标之下，在全面推进高水平大学建设，把学校建设成为与广州国家中心城市地位相匹配一流大学的征程上，我们还有很多问题要正视，很多挑战要面对，很多难题要破解。

1月15日，党中央召开第二十六次全国高校党的建设工作会议，要求全面把握新形势新任务新要求，全面落实党的教育方针，推动高校思想政治工作创新发展，构建全员、全过程、全方位育人工作体系，以钉钉子精神推动各项任务落地生根。1月18日，教育部召开2019年全国教育工作会议，对抓好新时代第一次全国教育大会精神落实做了部署，重点对6个方面的工作提出要求。1月3日、8日，省委、市委先后召开十二届六次、十一届六次全会，全面总结2018年工作，深入部署2019年和今后一个时期工作，努力以新的更大担当更大作为开创新时代广东、广州改革开放新局面，吹响了广东、广州在新时代新起点上推动改革开放再出发的集结号。昨天，省教育工委又召开全省教育系统党的建设暨意识形态安全工作会议。上述有关会议为学校做好今年的工作定下了基调和方向。

2019 年是中华人民共和国成立 70 周年，是全面建成小康社会、实现第一个百年奋斗目标的关键之年；就学校而言，同时也是全面贯彻学校第三次党代会精神，按照省“冲补强”提升计划，大力实施新一轮高水平大学建设的奋进之年，是深入实施有品质的大学教育，攻坚克难、狠抓工作的落实之年。以新的奋进姿态做好今年工作对学校发展刻不容缓、意义重大。

上午明海校长和各位校领导部署的工作是今年工作的路线图，各位副校长的主题发言是工作落实的时间表，我们要做到聚焦、聚神、聚力抓好落实，要一步一步地把工作做得再实一些再细一点，一步一步地花大力气、下真功夫把问题解决，把短板补齐，把事情办好。

下面，强调六个方面的工作。

一　加强政治引领和价值引领，全面加强党的建设

习近平总书记在全国教育大会上强调，“加强党对教育工作的全面领导，是办好教育的根本保证”。目前，学校各级党组织在落实党建主体责任方面还存在短板，基层党组织规范化建设还存在弱项，党建工作层层递减、上热中温下冷，未打通“最后一公里”现象仍然在较大范围存在，需要我们花大力气解决。学校各级党组织要切实履行好管党治党主体责任，加强学校党的领导和党的建设工作，牢牢掌握党对学校工作的领导权。

一是要以党的政治建设为统领，全面推进党的建设各项工

作。党的政治建设是党的根本性建设，决定党的建设方向和效果。1 月 25 日，中共中央政治局审议通过《中共中央关于加强党的政治建设的意见》。《意见》是对新时代管党治党生动实践的又一次深入总结，在推动党的建设制度化、科学化、规范化上迈出新的步伐，为我们加强新时代党的建设提供了新的遵循。我们要深入学习贯彻习近平新时代中国特色社会主义思想，将其作为办学治校的根本遵循，坚持社会主义办学方向，坚定政治信仰，树牢“四个意识”，坚定“四个自信”，做到“两个维护”。我特别强调一下，习近平新时代中国特色社会主义思想是马克思主义中国化的最新理论成果，在学习上一定要做到入脑入心。春节前，中宣部主管的“学习强国”平台推出后，学校广大党员干部都认真进行了学习，但不能仅停留在走马观花攒学分上，而是要持续、主动、深入地开展学习，入眼入脑入心。要全面贯彻新时代党的建设总要求和新时代党的组织路线，把党的领导、党的建设贯穿高校办学治校全过程，为培养德智体美劳全面发展的社会主义建设者和接班人提供坚强保证。

二是要坚持正确选人用人导向，着力加强干部队伍建设。目前，学校的干部队伍建设，尤其是青年干部培养还存在短板。这个问题贵新同志在上午发言中已经讲到，不仅我们自己发现，上级也不止一次地提出过。我们有个观点，学术、科研人才可以引进，但基本干部队伍必须得自己培养，尤其是年轻干部的培养。因此，今年一定要拿出实的举措，狠抓干部培养，着眼于今后五到十年乃至更长时期事业发展需要，大力发现培养选拔优秀年轻干部。全面贯彻新时代党的组织路线，突出政治标准选人用人，落实好《进一步加强年轻干部培养选拔工作实施意见（试行）》。

同时，参考兄弟高校做法，制定好相关办法，科学合理使用好学校处级领导干部职数，进一步优化干部队伍的年龄和素质结构，激活干部队伍活力，进一步调动和激发广大干部新时代干事创业的精气神和积极性。学校也按照巡察整改有关要求，不再设置院长助理，校外直属单位也同此要求。干部没有配齐的部分学院，会面临人手不足的问题，因此各学院要把加强和培养学院行政班子的年轻后备干部梯队建设摆在更加突出位置。

三是要加强组织力建设，推动基层党建高质量发展。今年是学校加强党的基层组织建设三年行动计划实施的第二年，根据省市要求，今年的主题是“组织力提升”。要以提升组织力为重点，突出政治功能，通过建强院级党组织，推动党的决策部署向基层延伸。大力实施基层党建质量提升工程，重点构建学校党委对各类基层党组织全面领导的体制机制，健全抓基层党建工作机制，特别是针对目前基层党建工作的薄弱环节和短板，全面落实 2017 年、2018 年制定出台的各项党建工作制度，着力解决基层党组织制度落实不到位、党组织带头人队伍建设滞后、党建主业和履行党风廉政建设方面存在宽松软等突出问题。坚持党建工作检查和党建考核并举，重点贯彻落实好“三会一课”“双带头人”培育等党建工作重点任务和规范化建设。大力推进支部设置创新，探索在学科链、科研链、学生活动链上建立党支部、党小组，实现党建工作与学科建设双促进，与学生成长同向行；进一步优化机关党组织建设，切实发挥机关党支部服务育人、管理育人的带头示范作用。学生党建工作要在大类招生背景及全方位育人背景下迈向新的台阶。持续深入推进“两学一做”学习教育常态化制度化，着力打造一批基层党建工作品牌。

四是激活神经末梢，在从严从实抓好教师党建工作上全面发力。抓党支部是党员领导干部的基本功，是衡量党员领导干部政治上成熟的重要标志。去年 11 月中央印发《中国共产党支部工作条例（试行）》中的第十条，对高校党支部的工作重点明确为“保证监督党的教育方针贯彻落实，巩固马克思主义在高校意识形态领域的指导地位，加强思想政治引领，筑牢学生理想信念根基，落实立德树人根本任务，保证教学科研管理各项任务完成”。第三十二条，“抓党支部建设情况应当列入各级党委书记抓基层党建工作述职评议考核的重要内容，作为评判其履行管党治党政治责任情况的重要依据。对抓党支部建设不力、各项工作不落实的，上级党委及其组织部门应当进行约谈”。近两年教育部出台《关于加强新形势下高校教师党支部建设的意见》《关于高校教师党支部书记“双带头人”培育工程的实施意见》，对加强新形势下高校教师党支部建设，把教师党支部书记队伍建设成为新时代高校党建和业务双融合、双促进的中坚骨干力量，着力把教师党支部建设成为新时代高校基层的坚强战斗堡垒作出明确要求。昨天召开的全省教育系统党的建设暨意识形态安全工作会议上也特别强调基层党组织战斗堡垒作用和把关作用，在职称评定评奖评优过程中要发挥党支部的把关作用。

2019 年是教育系统“支部建设年”，我们要聚焦教师党建这个重点难点，着力提高党支部的组织力、感召力、引领力和执行力。聚焦党员教师评星定级和打造“金课”，加强党员教师“金课+”建设；在教师党支部开展“黄大年式教学科研团队”建设，探索“党建+教学科研”机制，开展“党建+团队建设”活动，教职工党支部与学生党支部“结对子”；扎实推进“双带头人”

培育工程，力争2019年基本实现“双带头人”支部全覆盖，科研单位建立党支部数再进一步；实施“双高”群体的党员培育计划，校领导带头与相关学院书记，联系学院1~2名“双高”知识分子，进一步做好党员发展工作。结合高水平大学建设实际，制定支部考核评价的详细指标，建成一批优秀党支部，大力推动《中国共产党支部工作条例（试行）》等有关文件落地见效。进一步做好离退休党建工作，更好发挥老干部老同志作用。

五是压紧压实意识形态责任。今年1月，教育厅下发2019年政治安全、意识形态安全工作指引，对六个方面存在较大风险隐患的高校逐一点出，广州大学上榜在列。近日，全市召开宣传部长会议，对做好今年的宣传思想工作提出了五个方面要求，一个方面就提到要加强意识形态建设，还专门对高校提出要求。会议强调，要按照总书记对广东意识形态工作的要求，贯彻“头脑清醒、保持定力、稳妥把握、张弛有度，特别是把握有度”的重要指示，要全面压实意识形态工作责任制，着力解决责任制“逐级弱化”问题；要紧盯重点领域，抓好阵地管理，深入开展风险隐患排查，健全意识形态风险防控体系，强化敏感网络舆情应急管理，及时应对处理突发事件；要积极应对意识形态斗争新形势新挑战。

意识形态没有旁观者，各级党组织、广大党员领导干部都有责任。我们要以抓好“工作指引”的落实为契机，进一步健全和完善学校全面落实意识形态、安全稳定责任制工作的体制机制，夯实“工作责任共担、收集信息共享、分析研判共商、应对处置联动”的部门责任，健全问责机制，敢于动真碰硬，形成学校意识形态工作大格局。加强对微信、微博、新闻客户端“两微一端”等新媒体网络阵地管理，对微信群进行备案管理，对公众号要按照严控增量、清理存量的原则进行管理，全面掌握情况；明确管理部门职责和群主职责，加强对网络舆情预警和风险防控、管控处置，建立定期向党委报告制度，坚决守好意识形态安全“南大门”，在广州大学这里不能有“破窗”，筑牢意识形态安全“护城河”“防火墙”。

二　加强学生思想政治教育，着力培育时代新人

思想政治工作是学校各项工作的生命线，思想政治工作在新时代下必须拿出新思路、新举措，展现新气象、新作为。学校思想政治工作会议提出，一要为立德树人定向，以更加坚定的政治意识为先导；二要让家国情怀扎根，以更加广阔的时代视野为支撑；三要坚持改革创新，以更加务实的创新之举为依托。这样做的目的就是要进一步提高学校“大思政”工作机制与学校中心工作的融合度，进一步形成全员、全过程、全方位育人格局。这里我再强调三点。

一是扎实做好“学年礼”工作。建立和实施“学年礼”制度是学校加强和改进学生思想政治教育，推动学校人才培养目标全面达成的一种机制创新和平台创新。学校出台《广州大学学生学年礼工作实施意见》，以前引后、以后统前、以面促点、以一带三，对应人才培养目标的四句话分别建立评价指标体系，德才兼备、家国情怀进行四年一贯制的评价考核，每个年级的学年礼都要有体现并分别落实。实施学年礼的最终目的是要实现全体学生的全面发展，同时撬动和引导学院在这个方面的教书育人责任更

好担当起来。下个月初，学校要先后组织开展二、三、四年级的三场学年礼，今后是每年的九月份照此进行。在某种意义上，这也应该作为思政第一课的内容，与思政第一课融合建设共同发展。目前，相关工作方案已经出台，工作分工也明确了，各单位要按照方案认真落实好“学年礼”的组织实施工作，为学年礼制度的实施开好头，努力开创学校思想政治工作、促进学生全面发展的新局面。

二是要抓好《关于加强和改进思想政治工作的实施方案》落实。《方案》是学校思想政治工作的顶层设计、整体性规划，同时又是行动方案。共分为 8 个部分 25 点，明确了加强和改进新形势下思想政治工作的指导思想、基本原则和主要任务，对学校强化思想理论教育和价值引领、发挥育人功能、加强课堂教学和思想文化阵地建设管理、加强队伍建设、推进工作创新、加强和改善党的领导等工作做出重要部署。各职能部门、各学院和干部教师，要明确自身育人职责，树立“一盘棋”思想，“分管一段渠，下好一盘棋”，进一步压实工作责任，强化人才培养，强化问题导向，强化学生中心，强化工作创新和协同育人，充分发挥思想政治理论课主渠道作用，树立“大思政”理念，推进思想政治理论课教学改革，使各类课程与思想政治理论课同向同行，形成协同效应。要坚持用创新引领思政工作，今年我们要大力推进的学生班集体建设，就是把思政工作、学风建设聚焦到班级这个育人的基本单位，这对辅导员、班主任、学生党员、班干部和共青团都提出新的更高要求；网上共青团建设是从线上的角度，围绕做好学生思想引领和学校形象传播开展的；教书育人行动方案实施的教师全程育人行动，包括“三进三结合”，学生进实验室、进课题组、进科研团队；教学与科研结合、课程与课题结合、教学团队与科研团队结合；班主任全程育人，开展“千户家庭走访”活动，导师全方位育人工程，继续完善专业老师值班制度，每位教师带5~10个本科学生，与学生交友、结对子，建立良好的师生关系，做学生的良师益友；还有管理服务人员全员育人工作，等等。上述这些都对我们的老师通过专业指导、学生管理等工作渠道，加强对学生的思想教育和管理提出了新要求。通过上述举措，我们把学生思想政治工作从校内延伸到校外，从课内延伸到课外，从线下延伸到线上，抓住重点人群、重点区域，有的放矢开展学生思想政治工作，在此基础上，着力打造思想政治教育的院校特色品牌，形成学校工作有特点、学院工作有亮点，初步形成具有广大特色的思想政治教育工作模式。

三是要围绕健全十大育人体系，完善负责人常态化长效机制。十大育人体系包括课程、科研、实践、文化、网络、心理、管理、服务、资助、组织十个方面，是思想政治工作质量提升、着力构建一体化育人体系、打通育人“最后一公里”的抓手工作，这个工作要和学年礼的评价平台机制进行对接。我们在这方面有系列的落地举措。

（1）统筹推进课程育人。大力推动以“课程思政”为目标的课堂教学改革，通过校院两级领导积极参与和推动的方式，使“思政课程”“课程思政”和“专业思政”交相呼应，形成协同效应，深入推动习近平新时代中国特色社会主义思想进教材、进课堂、进头脑。分专题建设3~5门思想政治理论课，分学科专业建设思政精品课程，在全校范围内着力打造“课程思政”建设样板，选树思政课程和课程思政建设的优秀教师。

（2）着力加强科研育人。充分发挥科研育人功能，把思想政治表现作为组建科研团队的底线要求，把思想价值引领纳入课题立项、结项评审的内容，加强师生学术规范与学术道德教育。探索实施科教协同育人计划、产学研合作协同育人计划、“党建+教学科研”机制、科研反哺教学工程等项目。加强学术名家、优秀学术团队先进事迹宣传教育，建设黄大年式教育科研团队。

（3）扎实推动实践育人。加强学校实践育人教育教学体系建设，落实本科生第二课堂学分实施办法，促进第一第二课堂的融合发展，完善第二课堂活动的课程化体系，打造“第二课堂成绩单”品牌，把思想政治工作向第二课堂延伸。充分利用“互联网+”等创新创业竞赛平台，以“三创”能力培养为核心，将创新创业教育分层分类型融入人才培养全过程。

（4）深入推进文化育人。探索新媒体环境下中华优秀传统文化教育模式创新，着力培育与发展新的网络传播平台和介质，拓展优秀传统文化在网络空间里的传播力度。继续大力实施“中华经典诵读”“经典百书阅读”等文化建设活动，形成具有广大特色的文化育人模式。加强校园人文景观、自然景观的育人内涵阐释，建设高品位校园景观文化，涵养有品质的大学生活。

（5）创新推动网络育人。加强对校园各类网络平台，特别是校园各层级新媒体平台、师生自媒体、校园周边自媒体的管理与引导，密切关注师生的网络言行，及时掌握师生网络思想动态，加强对网络舆情引导。主动占领新媒体平台，打造建设有深度的新媒体平台，形成立体化复合型思想政治工作网络矩阵，实现思想政治工作向网络空间延伸。聚焦庆祝新中国成立70周年这条主线做好宣传工作，策划系列宣传报道，讲好广大故事。

（6）大力促进心理育人。把心理健康教育课程纳入学校整体教学计划，实现心理健康知识教育全覆盖。坚持“以学生为本”，重点打造“六个一”工程：一个心理教育网站、一个微信公众号、一个QQ网络咨询平台、一个心理文化活动品牌、一个成长互助活动、一系列心理竞赛活动。充分发挥好学校、院系、班级、宿舍四级预警防控体系作用。

（7）切实强化管理育人。把育人功能发挥纳入管理岗位考核评价范围，作为评奖评优条件。大力实施管理服务人员全员育人工程。进一步完善学校领导干部联系班级制度，深入开展“千名教工党员联系千个团支部”和“管理育人你我同行”活动，引导全体管理服务人员牢固树立管理育人理念，在各自岗位为育人服务工作做好事实事。

（8）不断深化服务育人。研究梳理各类服务岗位所承载的育人功能，并作为工作的职责要求。以提升职能部门服务效能为抓手，加强监督考核，按照“四有”要求，落实服务目标责任制，把服务质量和育人效果作为评价服务岗位效能的依据和标准，选树一批服务育人先进典型。

（9）全面推进资助育人。坚持资助育人导向，把“扶困”与“扶志”结合起来，构建物质帮助、道德浸润、能力拓展、精神激励有效融合的资助育人长效机制，实现无偿资助与有偿资助有机融合，形成“解困—育人—成才—回馈”的良性循环。创新资助育人形式，着力打造“素质提升、公益服务、游学访学、朋辈榜样、社会实践”等五个育人提升工程。

（10）积极优化组织育人。发挥党组织的育人保障功能，健全和完善学校党委领导下的校长负责制，不断提高科学决策、民主决策的能力和水平。以“组织力提升”为主题，大力抓好基层组织建设行动计划，推动各基层党组织自觉担负起管党治党、办学治校、育人育才的主体责任。同时充分发挥好团组织、班级、社团的育人功能。

通过上述举措，牢牢把握提升思想政治工作质量这一关键环节，全面统筹办学治校各领域、教育教学各环节、人才培养各方面的育人资源和育人力量，聚焦形成高水平的学科体系、教学体系、教材体系、管理体系，特别是贯穿其中的高水平思想政治工作体系，全面提升人才培养质量，构建德智体美劳全面培养的教育体系，推动实现知识教育与价值塑造、能力培养有机结合，做到虚功实做，把思想政治工作的“软指标”变为“硬约束”，推动人才培养目标的充分达成。

三 抓好教师教书育人行动方案实施，大力加强教师队伍建设

总书记在去年考察北大时阐述办出中国特色的世界一流大学要抓好的三个基础性工作中，教师队伍建设居其一；在全国教育大会重要讲话中阐述的“九个坚持”，教师队伍建设九居其一；提出的“五个要求”中，教师队伍建设再居其一，可见其分量之重、要求之实。

学校对教师队伍建设抓得也非常紧，两年多来，紧紧围绕高水平大学建设中心工作，根据“5+2”科研大平台建设的需要，以创新举措、超常力度大力加强高层次人才的引育工作。目前，我们的师资队伍比起很多211高校都毫不逊色，具有较大的竞争

力和发展潜力。如何使我们的教师队伍更加履行好立德树人根本任务？作为抓好全国教育大会精神落实，以及本科教学审核评估整改教育教学思想大讨论的重要成果，学校近日出台《广州大学教师教书育人行动方案（2019—2021 年）》，是新时代学校提高教师能力素质、落实立德树人根本任务的重要抓手。一周前，教育部通报了中共中央、国务院印发的《关于全面深化新时代教师队伍建设改革的意见》，发布了一年来全国各地贯彻落实情况及下一步教师队伍建设的改革思路。接下来，教育部将进一步全面落实好《意见》精神，力争在教师管理体制机制障碍和瓶颈问题的破解上取得实效。根据工作部署，教育部还要出台加强师德师风建设的意见，落实好教师职业行为“十项准则”，突出全方位、全过程师德养成。今年是学校教师教书育人行动方案实施的第一年，我们要下功夫把方案的组织实施落深落细落实，形成我们广州大学加强教师队伍建设的生动实践。《广州大学教师教书育人行动方案（2019—2021 年）》的工作目标简单而言就是“1+3”。

“1”是总体目标：按照学校人才培养目标，以“四有”教师队伍建设为抓手，引导广大教师站上讲台，做学生成长成才的同行者；站稳讲台，做有担当的课程第一责任人；站好讲台，当好学生的引路人。实现“一流本科、一流人才和一流大学”国家号召中的广大目标。

“3”是三年的行动，分阶段实现目标。2019 年是教风建设年，2020 年是金课建设年，2021 年是队伍建设年。加强党对学校事业的领导，全面推进有品质的大学教育，基本形成师德师风建设、教师培养发展的长效机制，基本健全教师荣誉体系、成就体系和幸福体系，基本建成一支政治坚定、师德高尚、学识渊博、业务精湛、结构合理、充满活力的高素质师资队伍。

这些目标的达成要有一批标志性成果。这些成果包括：(1) 教授全员本科教学上课率达100%，教师资格证达100%，教学能力合格率达100%。(2) 金课教材占比达85%，不同星级的金课不低于50%，智慧课室（Ⅱ类以上）占比达30%。(3) 评选30位师德标兵，30个黄大年式校级教学科研团队，100位金牌教师，30个先进教工党支部，30位优秀双带头人支部书记，100位优秀班主任和辅导员，100位最受学生欢迎的老师，200位中青年骨干教师。我希望，通过三年下来的共同努力，取得的成果能超出以上预期。

围绕工作目标的实现和标志性成果的取得，我们要开展的“铸师魂、立师德、强师能、圆师梦”等一系列活动，实现“四个相统一”，潜心问道和关注社会相统一、言传和身教相统一、传道授业和塑造灵魂相统一、立德树人和自我发展相统一。这里强调一下，在“圆师梦”活动中，着力建立“三个体系”，教师荣誉体系、成就体系、幸福体系。开展一系列行动，包括加大教学、教研奖励力度以及教书育人成效的奖励力度；建立“荣进广大”和“荣休广大”仪式机制，条件成熟时设立服务广大荣誉勋章；推进教师分类、考核、评价制度改革工作；优化完善绩效工资制度；探索建立以“寒暑假为主，学术年假为辅”的教师休假体系；编辑出版《我们的大学》（教师版），为广大教师树碑立传。《我们的大学》（教师版）的素材报送工作，各学院党委（党总支）书记是第一责任人，要切实负起责任，抓好落实。

上述工作是一个系统工程，学校成立了教师教书育人工作领导小组，统筹教师教书育人行动方案的制订和推进，明确建设目标、重点内容、落实举措、评价方式和保障机制等。行动方案分三年期（2019~2021年）逐个阶段进行组织实施，校属各单位结合实际抓好各个阶段主题任务的贯彻落实。学校层面的，相关职能部门对号入座，研究拿出相应工作方案；学院层面的，由学院主导提出推进完成，让我们共同努力把这项工作做好。

四　加强校园环境建设，打造有品质的育人环境

学校第三次党代会、高水平大学建设方案、“十三五”事业发展规划、本科教学工作审核评估整改都对校园环境建设提出了要求，有关建设工作目前也正在有序开展。但是，目前离宜学宜业宜居的有品质校园环境建设目标还有较大差距，特别是要注意校园环境、学生学习环境、学生宿舍环境与教育功能结合起来，教师办公环境、校园安全与基础设施建设与高水平大学建设要求要相适应，目前在上述这些方面我们为高水平大学提供重要保障还没有达到更为理想的要求。围绕有品质的大学环境建设目标，还需要在以下五个板块更加用力。

第一个板块是校园环境板块。（1）大力推进校园整体环境提升。全面完成好校园内各类维修工程，继续推进商业中心周边环境优化，抓好学生生活区的公共服务设施建设、体育运动设施建设和文化艺术设施环境建设，持续做好生活垃圾分类和垃圾集运设施建设工作；对生活区（商业中心除外）进行“绿围”建设。（2）大力推进水环境治理。积极推动校内各种水环境综合治理和优化提升，配合好上级有关部门继续加大黑臭河涌治理力度，大力推进合益围涌和中心湖水环境系统性治理，维护好现有沿河绿

化改造；加强校园水环境监控并建立有关工作机制和台账清单，推动水环境的共建、共治、共享；推动“广州大学大学城校区水环境综合治理及优化提升项目”的立项、设计工作。

第二个板块是学生学习环境板块。围绕学生在学校生活学习的课室、宿舍、校园三大空间进行：（1）打造金课室，为金课建设提供基础条件。制订好“智慧教学”空间工作方案，加快推进综合教学大楼建设，大面积实施智慧课堂推进计划，建成一批集智慧教学、环境便捷调节、资源制作及远程交互于一体的智慧教室。（2）建设学生学习与学术交流空间，通过合理利用生活区宿舍楼下、教学区办公楼和教学楼下的架空层，进行隔离改造和适当的环境美化，开发出15~20个、每个能容纳10~30人的学习交流空间，方便学生随时开展学习和交流活动。

第三个板块是学生宿舍环境板块。（1）加强学生宿舍精细化管理。（2）谋划探索推进“一庭院一特色”建设，进一步拓宽学生学习与交流空间，把校园环境与教育功能结合起来，发挥好育人作用。

第四个板块是教师办公环境板块。大力优化教书育人工作环境，推进教师休息室、教学楼公共空间、教师工作空间的建设。教师办公桌、电脑、空调及办公环境与就餐环境更新要进一步加大工作力度。

第五个板块是基础设施建设板块。重点推进两项工作，一个是大学城校区新增校园基础设施建设和减震控制与结构安全实验大楼建设。新增校园基础设施建设共计18万平方米，具体包括两栋创新大楼、一栋教学大楼、一栋生化实验楼、教师宿舍A区和B区，还有校医务所的扩建工程，力争今年上半年基本完成项目前期，下半年进入施工阶段；抗震大楼力争早日达到振动台设备安装条件，早日进行竣工验收。另一个是桂花岗校区功能调整及配套基础设施优化调整与维修改造，按照约5000名学生的规模，争取尽早完成桂花岗校区规划调整审批，保证具体项目建设有规可依；加快开展桂花岗校区基础设施建设项目的立项、设计、建造等工作，重点对学术交流中心、南区几栋楼宇等按教学、学术交流、住宿、饮食等功能进行改造，对原有的体育场、篮球场、羽毛球场等运动场地进行升级改造，有效解决教师办公空间和学生宿舍不足等问题。

五　加强信息化建设，大力提升行政效能

在这里强调一下职能部门教辅单位的行政效能的工作。会前，我们对去年的会议和办文做了一个梳理：2018年以学校名义，或以校各部、处、室名义召开的大型会议86场次、中小型580场次，共666场次；处理外来文共4600多份，从抽取的网上公文处理样本来看，部分单位负责人阅签时间偏长；校内发文时效性也要进一步提高。因为任务很重，工作很多，我也非常体谅大家。有些单位还没有配齐班子和领导的，有时候一天同时要开几个会，分身乏术。但目前学校正处于快速发展时期，要努力往前追赶，任务很重，工作很多，这一点大家一定要心中有数。同时我们也要清醒地认识到，学校的管理服务工作还没有达到理想要求，行政效能整体还跟高水平大学建设要求有差距。比如说，我们有些校内的公文流转，在个别部门、个别领导停留的时间过长，大大超过学校要求的时限；文件征求意见，有关责任职能部

门只批注“已阅”，没提出具体意见。因此，我们一定要注重提升行政效能，干部的作风一定要转变，坚决破除形式主义、官僚主义，对敷衍塞责、出工不出力说“不”。在今年的全国教育大会上，宝生部长说，要先从教育部做起，把一些不必要的层层检查、层层汇报、层层报材料、层层开会、层层留痕等减下来，我们也要这样做，要把干部从一些无谓的事务中解脱出来，但同时要大力提升行政效能，大力推动有品质的大学服务的充分达成。

要进一步优化细化职能部门行政效能评价体系、内容。要对效能考评的组织实施、考核标准、等次评定、结果运用等进行优化细化，更多体现工作实绩的突出地位，以业绩为导向，加大对各部门业务能力和工作实效的考核力度，更多强调师生满意程度，加大对服务态度、办事效率、政务公开、投诉处理等方面的考核。同时对参与效能考评的各部门进行更合理的分类，使分类后的效能考评工作不仅延续可操作性，其效能考评结果也更趋公正客观，从而激励同一类别中的各单位之间的竞争积极性，在效能建设中创先争优。

要进一步推进校园信息化系统建设。打造智慧校园基础支撑和公共服务平台，以“智慧校园”建设为目标，建设好“网上服务大厅”，构建结构完整、技术先进、应用广泛、稳定高效、安全可靠的智慧校园基础支撑平台，实现线上线下相结合的“一站式”优质公共服务；着力打造“学校数据中心”“网上服务中心”，整合全校数据资源，实现跨业务数据的充分融合及各业务应用系统的集中数据分析，打破应用系统孤岛，支撑全校数据应用。

要进一步加大督办工作力度。以提速增效为工作重点，加强对部门反馈内容审核，及时准确反映办理结果，强化督查督办时效性，做到快办快结，切实提升决策执行力，不断提高管理服务保障的能力和水平。

六　推动学校服务广州与粤港澳大湾区建设出新出彩

2月18日中共中央国务院印发《粤港澳大湾区发展规划纲要》，对粤港澳大湾区的战略定位、发展目标、空间布局等方面作了全面规划，是指导粤港澳大湾区当前和今后一个时期发展建设的纲领性文件。广东省委十二届六次全会提出，要进一步完善优化提升“1+1+9”工作部署，举全省之力推进粤港澳大湾区建设，以新担当新作为奋力开创广东工作新局面。市委十一届六次全会也强调，要完善广州市“1+1+4”工作举措，坚定不移推进建设国际一流湾区和世界级城市群。大湾区建设是广东改革开放的大机遇、大文章，也是我校千载难逢的发展机遇。新的一年，我们要坚决按照中央、省市以及学校第三次党代会的部署要求，坚持对接广州和粤港澳大湾区建设、对接广州和粤港澳大湾区创新、对接广州和粤港澳大湾区开放，推动学校服务广州与大湾区建设出新出彩。特别是要抓好对接广州产学研的工作。上午其学同志提出的围绕广东省创新驱动发展重点领域和广州着力发展的新兴产业，与市属国有大型企业和高新技术龙头企业建立联合研发平台，我非常赞同。科研处要会同相关科研机构、学院尽快认真做好对接合作工作。希望经过培育，能够在省市建设国家级产业创新中心、企业技术中心、国地联合工程实验室或省工程实验室，有广州大学的一席之地或几席之地。

最后，我还要强调一点，我们一定要重视和加强平安校园建设，完善立体化校园治安防控体系，加强对商业中心、实验室的安全监控和管理。要进一步建立和完善信息监测预报应急处理机制，落实责任、警钟长鸣，深入排查校园安全隐患，积极化解矛盾，从源头上、根本上维护学校安全稳定，提升平安广大建设水平。

习近平总书记在多个场合一再强调，对定下来的工作部署，要一抓到底、善始善终。要有“功成不必在我，功成必定有我”的境界，像接力赛一样，一棒一棒接着干下去。2019 年是大庆之年，同时也是落实之年，让我们在习近平新时代中国特色社会主义思想的指导下，不忘初心、牢记使命，闻鸡起舞、日夜兼程、风雨无阻，逢山开路、遇水架桥、一往无前，以新时代新担当新作为在服务广州城市发展与大湾区建设中出新出彩，在具有广大底色的人才培养工作上出新出彩，以推动学校高水平大学建设全面上水平的办学业绩献礼新中国成立 70 周年，为广州大学未来发展奠基！

学年礼致辞：我们的目的*

新学期伊始，首先，我代表学校祝同学们学习进步！

学年礼是学校培育引导学生成长、推动学校人才培养目标全面达成的一种机制创新和平台创新。为学生举办学年礼，我们要达到四个目的。

第一个目的，我们想更好地实现全程育人。每位进入大学的学生，都要经历两场大礼：开学典礼和毕业典礼，无此大礼便无大学。在此基础上我们还要通过学年礼能够使学校和学生两者在每一个学年里隆重相遇，前后加起来，每位同学和大学全程彼此应该有五次相遇的典礼，在广州大学，这就是一种广大之礼。

第二个目的，我们想更好地促进学生的全面发展。“德才兼备，家国情怀，视野开阔，爱体育、懂艺术，能力发展性强”是我们耳熟能详的学校人才培养目标，这是一个很好的人才培养目标，既有广大底色，也充分体现了党和国家对学生提出的德智体

---

* 本篇是在广州大学 2018~2019 学年学生学年礼上的讲话（共 2 场，即三年级“德才兼备、家国情怀，视野开阔”专场、四年级“德才兼备、家国情怀，能力发展性强”专场）（2019 年 3 月 2 日），根据录音整理。

美劳全面发展的教育方针。那我们各个年级的同学践行得怎样？达到要求没有？通过学年礼，我们每个学年都要“看一看”，大概也就可以看出我们的同学具有广大底色全面发展的面貌，在广州大学，这就是一种广大之貌。

第三个目的，我们想学院与老师能担负起更多的教书育人的使命。学年礼设计的一个很重要的理念，就是要引导学院和老师把更多的心血和精力倾注到学生的培养成才上来，各个学院以及各个职能部门协同发力，统筹推进。让“德才兼备，家国情怀”引领的二十四字人才培养目标真正成为学校的共识，成为我们共同的价值追求。致广大而尽精微，在广州大学，这就是一种广大之识。

第四个目的，我们想更多的学生能够有永远在路上不断追求的激情。实现“两个一百年”奋斗目标，在座的同学们和千千万万青年大学生将全过程参与。习近平总书记要求，广大教师要做学生的引路人，要在六个方面下功夫。通过学年礼，我们希望能够最大限度点燃起大学生们学习成长奋斗的激情，我们的观察考核能够跟得上总书记的谆谆教导和广州大学学生们的不懈追求。在广州大学，这就是一种广大之求。

今天举行的是三年级学生学年礼，主题是：德才兼备，家国情怀，视野开阔。立德树人是高校的立身之本，立德树人的成效是检验学校一切工作的根本标准。因此，我们把德才兼备、家国情怀作为大学四年一贯的要求。在这个基础上，根据各年级学生的特点和培养方案，重点要求三年级学生做到“视野开阔”。

“视野开阔”核心强调的是具有中华文化自信的中国视野，

以及面向世界的国际视野，反映的是学生对世界知识谱系与中国传统文化的掌握状况以及对当代中国的体认情况。希望同学们在见多识广的基础之上，更加坚定文化自信，成为一个道德高尚、博学广识的时代新人。通过我们的观察指标，同学们在学校的表现就会被记录并接受来自学校的考察。

在这里我先拿经典百书的阅读实践为例来进行说明，一年多前，广州大学“经典百书”被遴选出来了，包括20种哲学社科名著、69种文学历史著作，另外还有10多部涉及科学和艺术的著作。我们希望在这百部经典的牵引之下，广州大学的同学不分文、理、工，都能对中国与世界的文化有个大致了解。或许世界之大与百书之少难以完全匹配，但如何在中外如汗牛充栋的文明记录中引导同学们进行汲取，这或许是一种比较经济的方式，所以我们想鼓励大家开卷一读。事实上这也得到了今天在场各位同学的响应。2018年全年，“经典百书”专柜借阅量达到15641册，借阅人数4243人。人文学院16级汉语言文学专业本科生杨淑娴同学，2018年共借阅57本经典百书专柜图书，平均6天阅读一本。外国语学院15级法语专业本科生邹婉莹，早晨7点之前入馆次数达到296天。2018年，出境出国交流访学的本科同学有968人，遍及25个国家和地区。我们24个学院组织了31支队伍到国内“双一流”建设高校开展“第二校园访学”，组织86支队伍赴全国各地开展各类实践活动，“筑梦天路”学生骨干赴西藏暑期社会实践队被团中央评为“300个最具影响力好项目”之一。这些活动都开阔了我们的视野。我们一直都有这样一个愿望，就是经过广州大学培养出来的学生，毕业后在社会上应该具有能进行半小时“话语权”能力。为什么？因为你们在大学期间，通过学习积累和交流实践获得的知识和能力为你们的未来成长做了比较充足的储备。

下面，围绕今天学年礼的主题，结合各位同学的成长，提四点希望，与大家共勉。

一是要进一步广视野，增长见识。一个人最终的发展往往取决于他的见识。在大学期间要读更多的书，要走更多的路，勤学多问才能求得学问，力行多思才能求得真理，在这个基础上，我们才会有更加坚定的文化自信。

二是要进一步强素养，陶冶情操。虽然三年级学生学年礼的主题不是“爱体育、懂艺术”，但在养成爱体育的良好习惯、培养懂艺术的高雅品质方面不能放松。接下来，同学们也要利用好学校各种体育、艺术资源，参加好各项体育、艺术活动，掌握好一定的体育、艺术实践技能，培养好一到两项体育、艺术的终身爱好，养成健康、高雅的生活方式，为你们充盈而有意义的人生奠定坚实基础，能够更加身心健康、志趣高尚。

三是要进一步添能力，增强本领。同学们下一次学年礼的主题是“能力发展性强”。能力的养成不是一朝一夕的事，因此，要在专业能力、表达能力、团队合作能力、实践创新能力的培养上下真功夫。通过有目的、有计划、课内外系统的教育教学和创新创业创造追求，能够胸有成竹，一往无前。

四是要进一步坚定理想信念，做担当民族复兴大任的时代新人。习近平总书记说“要扣好人生的第一粒扣子”，在大学期间显得尤其重要。当我们走出大学校园，是以一个合格的建设者和接班人走进社会，肩负的是民族复兴的重任。学校的人才培养目标把“德才兼备、家国情怀”放在前面，就是希望同学们一定要胸怀理想、志存高远，要始终把服务国家、奉献社会、造福人民作为自己的毕生追求，既有“学在广州、融入广州、贡献广州”的能力，也有在粤港澳大湾区和伟大祖国土地上施展才华的抱负，用担当奉献书写无悔的奋斗人生。

（三年级专场）

今天举行的是四年级学生学年礼，主题就是：德才兼备、家国情怀、能力发展性强。“德才兼备，家国情怀”核心强调学生价值观、人生观和世界观上的表现，把它作为四年一贯的要求，这是因为立德树人是高校的立身之本，是检验学校一切工作的根本标准。在这个基础上，重点要求四年级学生做到“能力发展性强”。

能力发展性强，核心强调的是专业能力、表达能力、团队合作能力、创新创业能力。它意味着我们的同学离开大学后，是以一种比较开放的能力架构进入社会，在大学期间养成的能力，可以为你们未来十年、二十年、三十年的发展提供支撑。

大学期间如何做到能力发展性强，广州大学的同学们过去一年的作为可圈可点的地方足以让我们自豪。比如，在创新创业方面，2018 届学生在国家级创新创业竞赛中取得历史最好成绩，实现奖牌和金奖双突破。“广州五六点教育”项目、“三只虫草援藏助学”项目等学生创业团队表现非常突出。在专业学习方面，2018 届本科生考研深造率 9.48%，考上 211、985 院校的比例占 27.1%，其中不乏清华、复旦等国内一流大学以及爱丁堡大学等世界著名大学。化学化工学院邹莹同学发表的一篇论文，影响因子高达 8.667。数学与信息科学学院詹鹏伟同学两次荣获美国大学生数学建模竞赛国际二等奖，参与国家级科研项目1项，在各类学术期刊上发表学术论文5篇，被保送到中科院攻读博士学位。

当然我们也有些许不足，比如说同学们整体的表达能力如何，我们心中无数，团队合作的表现今后还可以更好更优。但毫无疑问，外部环境和内生动力的合力决定我们一定要把自己变成能力发展性强的时代新人才行。再过四个月，学校就要为你们举办隆重的毕业典礼了，庆祝各位圆满完成学业，迈上人生新征程。届时，你们将以什么样的精神面貌和整体素质离开学校，踏入社会？这将是我们人才培养目标达成与否的检验标准。今天，我还想先提四点希望，与大家共勉。

一是要有更好的专业成绩。专业知识是同学们日后立足社会的“看家本领”，也是大学人才培养的显性目标。今天在场的各位同学既面临升学、就业的种种压力，也面对必须完成的专业学习、毕业论文（设计）任务要求，我特别希望你们在最后几个月也不要丢下专业上进一步精进的机会，知行合一，为即将拥有的毕业证书和学位证书增加更多的亮色。

二是要有更好的表达能力。不管是口头表达还是书面表达，这种能力的高低在很大程度上反映的是我们思维的质量和逻辑组织的水平。在某种意义上，无表达即无意义，缺表达即缺形象。所以，我希望同学们一定要在学习和生活中不断加强表达能力的学习锻炼，实现个人素质的全面提升。

三是要有更好的团队合作精神。当今时代是合作共赢的时代，团队合作能力是当今社会不可或缺的一种能力。挑战杯、“互联网+”创新创业大赛等，都是团队项目，多人合作才能最大程度发挥个人优势，才能更好完成项目任务。大学期间，学校为大家提供了很多参与社团活动、团队项目和教师科研的机会，同学们要主动积极参与。当然，我更希望你们离开学校之后将这种团队精神带到自己的生命进程中，有同学、有朋友、有战友才有可能干更多的大事。

四是要有更好的创新创业追求。建设社会主义现代化强国，创新是第一动力，人才是第一资源。我们现在所处的时代，是创新驱动发展的伟大时代，创新承载着时代精神、引领着时代潮流。学习已不仅是知识的积累，更重要的是要通过学习，培养综合能力，提升创新意识。学校教育教学改革的一种重要理念就是把创新创业教育融入人才培养全过程。因此，我希望同学们不满足于做被动的学习接受者，要成为主动的创新探索者，让创新创业创造成为我们的一种价值追求。

能力发展性强或不足以清晰表述各位同学能力追求的全部，但我们总是希望同学们在大学期间多努力一点，多付出一点，为进入社会多储备一点知识，多准备一点能力。这样，在 4 个月后的毕业典礼上，我们回顾大学时光的时候，我们定会感到充实、饱满，确实不虚此行。

（四年级专场）

最后在这里，我拜托各学院、各职能部门，要做好学生成长成才的引路人、同行者，为学生成长成才、为学校人才培养目标的充分达成创造更多的平台、更好的条件，努力把广州大学学术共同体和命运共同体建设得更加完美，推动培养德智体美劳全面发展的社会主义建设者和接班人的教育方针在广州大学得到充分实现。

习近平总书记说："中国梦是历史的、现实的，也是未来的；是我们这一代的，更是青年一代的。中华民族伟大复兴的中国梦终将在一代代青年的接力奋斗中变为现实；青年一代有理想、有本领、有担当，国家就有前途，民族就有希望。"今天的学年礼是广州大学立德树人新篇章的序幕，也是你们"德才兼备，家国情怀，视野开阔，爱体育、懂艺术，能力发展性强"航程的新起点，希望同学们珍惜大学时光，求真学问，练真本领，做新时代的学习者、成长者、奋斗者。期盼能见证更好的你们！见证你们更美好的未来！

我们为什么要举行大学学年礼*

广州大学为学生举办学年礼，或许是广州大学培育引导学生成长的一个创新。那么，我们为什么要举行大学学年礼？我想至少有四个方面的理由。

第一个理由：我们想更好地实现全程育人。

我们都知道，一个大学生进入大学，有两场典礼通常是必须经历的。一场是开学典礼，在开学典礼上，学校会告诉他在未来的几年大学生活中，大家应该做些什么，校长会提目标，老师会提期待，学长会传经验，新生会表心志；另一场是毕业典礼，在毕业典礼上，学校会给各位拿到学位证书和毕业证书的同学送上祝福，校长会为大家的未来寄语，几年朝夕相伴的师长会与大家作别，来自校园之外的校友会向大家招手，同学自己会带着梦想离开校园。这两场典礼无疑是我们大学成长道路上的开合大礼，无此大礼便无大学。但同时我们或许也应该看到，学校除开这开头和结尾与学生们的隆重相遇典礼之外，大学四年里似乎我们再

---

* 本篇原载于《广州大学报》第 393、394 期（2019 年 3 月 15 日）。

也没有一个场合能够使大家彼此齐齐相遇。不管是二年级、三年级还是四年级，我们似乎缺少一种来自学校面向全体学生的叮嘱，也缺少一种来自全体学生面向学校的报告，那怎么办？学年礼或者可以弥补这方面的一些缺憾。它使我们能够在每一个学年里学校与每个年级的全体学生隆重相遇，这应该是一种很高的礼遇，学校会像开学典礼和毕业典礼一样重视它，每个学年我们都能相遇，前后加起来，大学全程我们彼此应该有五次相遇的典礼，或许我们可以把它称为大学五礼，在广州大学，这应该是一种广大之礼。

第二个理由：我们想更好地促进学生的全面发展。

我们都知道，大学诸多功能中，最重要的功能就是培养人，这是人类社会发展的必然要求。我们要办社会主义大学，要为中国特色社会主义伟大事业培养建设者和接班人，这样的建设者和接班人一定是全面发展的人，能够为实现中华民族伟大复兴做出不可替代贡献的人。广州大学的人才培养目标是“德才兼备，家国情怀，视野开阔，爱体育、懂艺术，能力发展性强”。很多人说，这是一个很棒的人才培养目标，既有广大底色，同时也充分体现了党和国家对学生提出的德智体美劳全面发展的教育方针。所以，我们要在二年级以“爱体育、懂艺术”为重点看一看同学们发展得怎么样，在三年级以“视野开阔”为重点看一看同学们拓展得怎么样，在四年级以“能力发展性强”为重点看一看同学们为即将踏向社会走向未来的素质能力储备得怎么样。“德才兼备”和“家国情怀”则是我们在每一个学年都要看一看同学们学习实践表现得怎么样。我们每一个学年的“看一看”前后集合起来，大概就可以看出我们的同学具有广大底色全面发展的面貌，这应该是一种广大之貌。

第三个理由：我们想学院与老师能担负起更多的教书育人的使命。

我们都知道，现代大学通常都是分学科专业分学院存在的，大学建设尤其是大学人才培养不管顶层设计如何高明，最终都是要通过学院和老师的具体的教育教学行为的实施才能在学生们那里产生效果，所以学年礼设计的一个重要理念，就是要以这个典礼为抓手，引导学院和老师把更多的精力和心血倾注到学生的培养成才上来。固然，每一场的学年礼大约也就是区区一两个小时，但是这一两个小时的背后是各个学院各位老师在过去一年里所做的大量工作，需要特别说明的是，我这里的老师实际上还包括学校教学科研管理服务等各方面都可以被学生们尊为老师的同事们，或者我们可以这样说，大学生在校园内的成长我们都不能是旁观者。限于管理与空间上的考虑，我们不可能在同一时间地点邀请所有在校学生齐聚一堂，只能分年级来进行，所以我们的学年礼开展有一个十六字的工作原则，叫作“以前引后，以后统前，以面促点，以一带三”，就是想提醒各个学院以及各个职能部门在进行工作安排的时候能够进行系统思考，统筹推进。每一场学年礼上，学校会对表现突出的学院进行表扬，好经验需要大家分享。在某种意义上讲，这种分享的目的是要引导我们的人才培养在大学本科阶段更多突破学科专业上的隔膜，让非体育专业的同学爱体育，让非艺术专业的同学懂艺术，让更多专业的同学视野开阔，让广大的同学在离开学校十年二十年三十年之后仍然具有竞争力，让“德才兼备，家国情怀”引领的二十四字人才培养目标真正成为学校的共识，致广大而尽精微，这应该是一种广大之识。

第四个理由：我们想更多的学生能够有永远在路上不断追求的激情。

我们都知道，在21世纪中叶建国100周年的时候，我们要把我国建设成为富强民主文明和谐美丽的社会主义现代化强国，实现中华民族的伟大复兴，真正能全程亲历见证并为之建设奋斗的人正是今天在校园里读书成长的大学生们。习近平总书记说，“广大教师要做学生锤炼品格的引路人，做学生学习知识的引路人，做学生创新思维的引路人，做学生奉献祖国的引路人”。要求我们培养人要在坚定理想信念上下功夫，在厚植爱国主义情怀上下功夫，在加强品德修养上下功夫，在增长知识见识上下功夫，在培养奋斗精神上下功夫，在增强综合素质上下功夫。学年礼或者是我们这些被总书记寄予引路厚望的人在六个方面下功夫时的一个比较合适的抓手。在这里，我们希望能够最大限度地点燃起大学生们学习成长奋斗的激情。在每一次学年礼上，我们希望能够看到广州大学的学生在“德才兼备、家国情怀”方面的榜样，看到视野正在不断开阔拓展的标兵，看到热爱体育醉心艺术的达人，看到能力发展性强的班群。学校对不同类型的人才培养目标如何观察考核都设立了一些指标和观察点，我们当然有理由说这些观察点和指标还是需要不断完善的，因为相对于发展成长前景未可估量的大学生们来说，再完善的指标都可能是有其局限的。我们希望我们的观察考核能够跟得上总书记的谆谆教导和广州大学学生们的不懈追求，这应该是一种广大之求。

围绕学年礼　大学应该做些什么*

广州大学的学年礼已经推展开来了，举办学年礼的理由大家都有了一定的了解，那么第二个问题来了，围绕学年礼，我们应该做些什么事情呢？我想，大体上或者应该做好四个方面的事情。

第一方面的事情：要建设好学校的十大育人体系。

高等学校十大育人体系是国家提出来的立德树人的一个十分重要的实现路径，包括课程、科研、实践、文化、网络、心理、管理、服务、资助、组织等十个方面，这是思想政治工作质量提升，着力构建一体化育人体系，打通育人最后一公里的抓手。我们每一场学年礼都应该对学校各个职能部处与学院联手、与学生牵手进行立德树人工作的情况进行检视评价。

课程育人我们要看一看教务处如何整体策划推动，马克思主义学院的思政课程如何进步，各学院的思政课程如何能各显其长、各展其优；科研育人我们要看一看教务处和科研处牵头有关

---

* 本篇原载于《广州大学报》第 393、394 期（2019 年 3 月 15 日）。

部处学院分工合作在科教协同育人、创新创业育人、产学研合作协同育人等方面如何推动深入，各学院的党建加教学科研、科研反哺教学以及学生学术规范学风建设如何渐入佳境；实践育人我们要看一看团委牵头推动学生社会实践以及完善第二课堂活动的课程化体系如何表现，与各个学院互动思想政治工作向第二课堂如何延伸；文化育人我们要看一看基建处和后勤服务处每一年在校园学生成长的各种宿舍区教学楼以及各种活动空间与景观设施环境的改进有些什么新变化，各个学院的学院文化每一年有哪些坚守与推进，“五个一百”工程开展如何落实；网络育人我们要看一看宣传部牵头各个职能部处部署谋划得怎么样，各个学院的网页运维包括校园各层级新媒体平台与师生自媒体管理与引导工作做得怎么样，是否也成为举旗帜、聚人心、育新人、兴文化、展形象的重要组成部分并能够出新出彩；心理育人我们要看一看学生处牵头各个学院参与的校、院系、班级、宿舍四级预警防控覆盖体系运行得怎么样，各类平台建设活动是否能让广州大学的学生更加健康阳光自信自立自强；管理育人我们要看一看党办校办、学生处和组织部会同有关部门、学院的第一班主任、领导干部联系班级、千千工程等制度执行是否真正发挥育人作用，校院两级的领导干部开学第一课是否每次都能高水准；服务育人我们要看一看学校所有学生出现的地方是否都能感受到一种来自学校服务支持的善意与温情，各职能部处包括各个服务岗位宿舍饭堂是否都能够助力学生成长成才，甚至宿管阿姨、食堂师傅和保安大叔、清洁工人都能知道广州大学有一个二十四字的人才培养目标；资助育人我们要看一看学生处牵头各个学院都应该有份的帮助家庭经济困难学生的情况，我们的物质帮助、道德浸润、能力拓展、精神激励有效融合的长效机制是否得到了更加真实的印证；组织育人我们要看一看教师党支部是不是在“加强思想政治引领，筑牢学生理想信念根基，落实立德树人根本任务”方面完成得比较完满，各个学院的班级建设、党团组织建设以及社团建设是否相得益彰、同向发力。

上面各项只是例说，或许，我们应该有一套建立在十大育人体系基础上的指标评价体系。

第二方面的事情：要做好学院的学生发展的谋划努力。

与《广州大学学生学年礼工作实施意见》相配套的有一个“广大底色学生素质发展核心指标评价体系”，这个评价体系的一个重要功能就是对学院在学生发展方面的计划努力的状况进行观察评价。指标体系分三级，一级指标是三块，分别关涉到“视野开阔”“爱体育、懂艺术”和“能力发展性强”；二级指标是对这些具有广大底色的素质发展板块进行初步分解，反映出学校对广大底色的基本观察分区；三级指标是一些比较具体的观察点，各个学院在每一个点上的表现如何会根据赋分情况的高低最后得出一个总分，总分高低在每一场的学年礼上就形成一个排行榜。这个排行榜大体上也能反映出各个学院在学生发展方面的计划安排和每一年做出的谋划努力：一是学院的教育教学行为是否注意到了全体学生，二是学院的教育教学行为是否关注到了学生的全面发展，三是学院的教育教学行为是否关注到了学生进入广州大学之后的全程，既关注学生的个体发展，也关心学生班级党团社群的建设。很显然，要达到这些目标，光靠学院的院长书记的努力是不成的，确实是要进行全体动员。在某种意义上讲，就是要形成三个“一去不复返”的机制和环境，也就是“一部分学生天天打游戏、天天睡大觉、天天谈恋爱，‘醉生梦死’的日子一去不复返了；一部分教师‘认认真真培养自己、稀里马虎培养学生’的日子一去不复返了；一部分学校‘领导精力投入不足、教师精力投入不足、学生精力投入不足’的日子一去不复返了”，这是教育部高教司吴岩司长围绕本科教育打造“金课”讲的一段话，我们把它投射到本科教育的各个环节，大概也算是题中应有之意。如何在这方面形成共识并进一步产生更好的行动，取得更好的效果是我们进一步工作努力的目标。当然，这里面因为学院专业背景的不同彼此之间在排列组合上会有一些差异倾斜，但我们更看重的是各个学院在培育符合教育方针广大底色的时代新人的事业中所作出的不断努力。

上面的同样也只是例说，或许，我们的学院都应该拥有一套谋划本院学生发展的计划书与路线图。

第三方面的事情：要发挥好五个平台的助推功能。

这里的五个平台分别是指经典阅读推广中心、学生体育活动中心、学生公共艺术教育中心和创新创业学院及就业指导中心。经典阅读推广中心是“视野开阔”这个培养目标的重要支撑平台，学生体育活动中心是“爱体育”这个培养目标的重要支撑平台，学生公共艺术教育中心是“懂艺术”这个培养目标的重要支撑平台，创新创业学院及就业指导中心是“能力发展性强”这个培养目标的重要支撑平台。对重要支撑平台，说少了他们不行，但也不意味着他们就能包打天下，具体的工作绝大部分还是要通过各个学院的教育教学实践才能发挥作用。除开就业指导中心外，其他的几个平台我们学校都是新建不久，体制机制上也不太完善，做出的成绩可显示度也是高低不一，但毫无疑问，这几个平台在培育广大底色的学校教育格局中的前景十分广阔。当然，任务也十分艰巨。在某种意义上讲，广州大学的学生几年下来精神气度、素养面貌与身家本钱能够是个什么样子，和这几个平台有着莫大的干系。我们设想一下，通过经典阅读推广中心的助力，每一位广州大学学生的经典阅读量记诵量有一个大的提升；通过学生体育活动中心的助力，广州大学学生的体育素质远高于周边高校的水平；通过学生公共艺术教育中心的助力，广州大学学生的艺术实践和艺术欣赏的水平足以支撑他们走向“诗和远方”；通过创新创业学院及就业指导中心的助力，使得广州大学在不远的将来，能够出现更多更杰出的校友。

上面所说同样也会是挂一漏万，或许，我们每个平台都应该拥有一套助力学生发展成才的清单宝典。

第四方面的事情：要引导好学生个人成长规划。

在学校的学年礼执行方案中，每一场学年礼都有一个发布板块进行相关报告发布，这些报告分别是视野拓展报告、学生体育发展报告、艺术发展报告、能力发展报告，当然一定还要有“德才兼备、家国情怀”的报告。这些发展报告的表现除开体现在各个学院的评价指标体系的集成上面，也同时体现在不同学生发展个体的展示上面。从人才培养目标的充分达成这个角度来看，广大底色最终都是要落实到一个个具体的学生身上的，所以学年礼要做好，就必须要引导每一位同学帮助他们做好在大学四年的成长规划。“德才兼备，家国情怀”核心强调学生价值观、人生观方面的表现；“视野开阔”核心强调中华文化自信的中国视野和面向世界的国际视野；“爱体育”核心强调学生要有一到两项的体育技能，能欣赏相关体育比赛，养成健康的生活方式；“懂艺术”核心强调的是学生要具备一定的艺术兴趣与艺术欣赏能力，保持相关的艺术爱好，具备一定的艺术特长；“能力发展性强”核心强调专业能力、表达能力、团队合作能力、创新创业能力。这里面每一个具体目标的达成都会有很多具体的选项，这些选项背后都有学校的良苦用心。在每一次学年礼上，我们特别希望看到同学们在学校的引导下成长所表现出来的种种优秀，这种种优秀的表现应该是具有开放性质的，每一年的达人标兵榜样的类别与亮点最好是定中有变、稳中有新。

上列种种最多是点到为止。或许，我们每位同学在广州大学都应该拥有一个专属于自己的发展规划与成绩证书。

我不知道是否能有更加准确形象的语言来描述打上广大底色的广大同学。我想或者会这样，因为视野开阔，所以他们会特别大气；因为爱体育，所以他们会特别健壮；因为懂艺术，所以他们会特别优雅；因为能力发展性强，所以他们特别会创造。最重要的，因为德才兼备并具有家国情怀，他们一定会是合格的中国特色社会主义的建设者和接班人。确实是这样，在未来三十多年到 21 世纪中叶这段时间里，他们一定是我们中华民族实现伟大复兴、建成富强民主文明和谐美丽的社会主义现代化强国征程上真正的建设者。习近平总书记说：“中国梦是历史的、现实的，也是未来的；是我们这一代的，更是青年一代的。中华民族伟大复兴的中国梦终将在一代代青年的接力奋斗中变为现实。”

我希望当广州大学的毕业生们在几十年后回望来程的时候，广州大学的开学礼、毕业礼以及围绕学年礼所进行的种种努力能够让他们觉得来到广州大学确实是不虚此行。

学年礼　如何看待“学年”和“礼”的关系*

3月2日和3日，学校开学第一周之后的星期六和星期天，我们连续举办了二年级、三年级及四年级三场学年礼，三个年级参加学年礼的同学一共是18913名，其中二年级三年级的同学几乎是全部参加了，四年级的同学因为有的在实习岗位上走不开，但实际回来参加学年礼的人数超过了早先摸查登记的人数，学校各学院及有关职能部处的负责人参加了各场学年礼。这说明广州大学的学年礼得到了大家的高度认可和积极响应，学年礼活动取得了圆满的成功。

但是如果随着学年礼的结束，大家在随后的日子里只是记得下一场学年礼的时间而忽略了学年进程中的工作推进，那我们的这个学年礼的功能就会大打折扣。所以我们现在还要注意一个问题，那就是要处理好“学年”和“礼”的关系。处理好这两者之间的关系，我的一个基本观点就是：学年礼在一天，下功夫在学

* 本篇原载于《广州大学报》第393、394期（2019年3月15日）。

年。具体说来，我们要下足三个功夫。

第一个功夫：以学生为主体，全学年下足功夫。

毫无疑问，每一场学年礼的主角是各个年级的同学，学生是主体。这个主体不但要在学年礼上不能缺席，更要在全学年德智体美劳全面发展中不能缺席。大体上说来，广州大学的人才培养目标具有一种对标党的教育方针的行动自觉。每一个同学都应该根据德智体美劳全面发展的要求，将学校的人才培养目标作为具体的成长牵引，完整地做好自己的学年规划。这个规划既有大学四年一贯的总体方向，也有每一个学年的努力目标，我们希望这个目标能够落实到每一个学期每一个假期每一个月每一周的具体的学习进阶活动中。学校围绕学生培养目标的达成提供了种种资源，这些资源通过不同方式和路径存在，课程是主渠道，其他的如党团班级活动、文化体育艺术活动、学术科技活动、社会实践活动、创新创业活动等，这些需要同学们在一个学年的各个场合各种时间各个平台上去参与、去发现、去利用。很多时候，机会确实是留给有所准备的人的，有准备才会去争取。在3月3号学年礼上来自数学学院的詹鹏伟同学的发言有一句话说得特别好："越努力，越幸运。"我们希望作为主体的学生们在全学年都是努力学习努力奔跑的人，不然的话，我们在大学的日子就只是得过且过地混日子。如果一年到头都是这样的"混"，最后把自己混成了一个局外人，那肯定就是没有下足功夫。进入广州大学的学生，仅仅以省内考生而言，文理科通常是省内高考前百分之五到百分之十左右，高的已经到了前百分之一，来自全国各地的考生在各个省都是相当高分的才能录取到广州大学。从这个意义上来讲，来到广州大学的同学都是同龄人中的优秀者。如果在大学的每一个学年没有下足功夫，这多少与我们可以拥有的优秀概率不相称。我们希望广大同学有更多人生出彩的机会，每一个学年或者都是大家的成长之年。

第二个功夫：以学院为主责，全学年下足功夫。

在学校这次学年礼首秀的过程中，大体上各个学院都非常重视。在每场学年礼上，相关指标表现比较突出的学院还介绍了先进经验，从这个意义上说，各个学院在谋划组织推动具有广大底色的学生素质发展方面是做了不少工作的。但根据我们这次前期开展的情况来看，也只能说我们在这方面的整合工作有了一定的基础，面对新时代要培育时代新人的要求，我们还有更多的工作要做。事实上，在这次依据广大底色学生素质发展核心指标的评价体系进行具体观察打分的操作中，我们的整体得分并不是十分理想，而且有些指标来不及收集，还有空缺。我们在进行分项发展报告的时候没有公布出具体的分数，整个评价系统也还不是十分完整。现在的初步想法是，下一步关于“德才兼备，家国情怀”的学院实践和十大育人体系的学院表现都会一并进入学院观察评价的范围。等各个学院再进行一个学期更加全面的努力，等到上一个学年结束下一个学年开始的时候，全校应进行更加全面的扫描观察，看能否把各种指向人才培养目标的学院实践通过比较形象可比的方式描述得更加清晰一些。这样做的目的也就是想引导大家把促进学生全面发展能够落实到每一个学期每一个假期每一个月每一周具体的教育教学实践活动中，落实到基于十大育人体系和学生成长发展的具体部署谋划推动实践活动中，要有计划书和路线图。这方面我们建议各个学院要特别注意的是既要扬优长又要补短板。从这次评价初步显示的情况来看，文理科学院之间、大小学院之间的差异是存在的。有差异很正常，但如果差异过大变成了有差距，那就要引起我们的注意了。这种注意的功夫就要花在平时。今后在进行各个学院学年评价的时候，我们不但要表扬总体表现排在前面的学院，对于那些进步很快的学院，我们也要表扬。各个学院在学生教育教学实践活动中负有主责，我们希望所有学院能精耕细作，每一个学年或者都能变成我们的丰收之年。

第三个功夫：以学校为主导，全学年下足功夫。

相信大家都注意到，我们每一场学年礼都有一个彼此相别的主题，分别是二年级之“爱体育、懂艺术”，三年级之“视野开阔”，四年级之“能力发展性强”。但我们更希望大家注意到在每一场学年礼上，我们的完整表述是“德才兼备，家国情怀+”。这种“德才兼备，家国情怀+”表明我们学校一种鲜明的人才培养导向，那就是“德才兼备，以德为先”，这种教育理念贯穿着我们大学教育的全过程。要把这个工作完成好，就一定要坚持社会主义的办学方向，在学年礼这个平台上，我们的一个重要抓手就是即将完善出台“德才兼备，家国情怀”及广州大学十大育人体系相应的指标评价系统。“德才兼备，家国情怀”是在学校人才培养目标系统中的第一个板块，注重的是“块”；十大育人体系比较充分地体现了全方位育人的教育要求，注重的是“面”。只要学生进入广州大学，学校的课程、科研、实践、文化、网络、心理、管理、服务、资助、组织等各个方面都要成为培养人的平台、培育人的阵地。除开在学院层面上我们需要进行考量观察外，在学校这个层面上讲，十大育人体系平台阵地的组织，相当部分是相关职能部处馆院中心组织推动实施的，所以我们希望学校各相关单位都要在每一个学年的工作中能够“对号入座”，在十大育人体系中找准自己的位置。学年开始的时候作计划，学年之中作推进，学年结束时进行盘点。到时候也请我们各个学院对学校相关单位在这方面的表现情况进行评价。我实在想不出学校有哪一个部门和育人工作没有任何关系，大家彼此之间的不同只是在于能够依据岗位功能在育人路径上有所差异而已。这里我们应该再次原原本本学习一下总书记在全国教育大会上提出的人才培养的“六个下功夫”具体要求，总书记是这样说的：“要在坚定理想信念上下功夫，教育引导学生树立共产主义远大理想和中国特色社会主义共同理想，增强学生的中国特色社会主义道路自信、理论自信、制度自信、文化自信，立志肩负起民族复兴的时代重任。要在厚植爱国主义情怀上下功夫，让爱国主义精神在学生心中牢牢扎根，教育引导学生热爱和拥护中国共产党，立志听党话、跟党走，立志扎根人民、奉献国家。要在加强品德修养上下功夫，教育引导学生培育和践行社会主义核心价值观，踏踏实实修好品德，成为有大爱大德大情怀的人。要在增长知识见识上下功夫，教育引导学生珍惜学习时光，心无旁骛求知问学，增长见识，丰富学识，沿着求真理、悟道理、明事理的方向前进。要在培养奋斗精神上下功夫，教育引导学生树立高远志向，历练敢于担当、不懈奋斗的精神，具有勇于奋斗的精神状态、乐观向上的人生态度，做到刚健有为、自强不息。要在增强综合素质上下功夫，教育引导学生培养综合能力，培养创新思维。”如果我们每一个单位都立足于各自的岗位职责，仔细思考一下针对这“六个下功夫”，每个学年为同学们在广州大学的学习生活成长能尽量多地做些什么事情，不务虚功，但求实效。如果能看到一批批的时代新人在我们的关注带领下不断涌现，那我们或者就可以说下足功夫了。我们希望学校各有关单位在这方面能积极作为，这样，每一个学年或者都会成为我们的有为之年。

做一个视野开阔的大学生*

“岐王宅里寻常见，崔九堂前几度闻。正是江南好风景，落花时节又逢君。”很开心和同学们又见面了，前几个学期，我分别以“德才兼备”“家国情怀”为题，在其他几个学院给同学们上了思政课。今天，我要围绕“视野开阔”这个主题，和我们汉语国际教育专业的同学做个交流。之所以选择咱们班，因为汉语国际教育这个专业是一定要做到视野开阔的。

我今天讲课的题目是：《努力学习，做一个视野开阔的大学生》。题目中的“学习”有两层含义：一个是传统意义上的“学习”，是指通过阅读、听讲、思考、研究、实践等途径获得知识或技能；一个是今天上课特别要强调的另一个意义上的“学习”，“习”指的是习近平总书记，也就是向习近平总书记学习。今天，我想和大家分享一下习近平总书记是如何学习的，是怎么做到“视野开阔”的。

---

* 本篇是2019年4月3日给广州大学汉语国际教育专业17（3）班上春季第一堂思想政治理论课的讲课内容，笔者兼任该班的第一班主任，根据录音整理。

我们都知道学校人才培养目标是“德才兼备，家国情怀，视野开阔，爱体育、懂艺术，能力发展性强”。这 24 个字大家耳熟能详。现场互动：现在问大家一个问题，你们是如何理解“视野开阔”的？哪位同学回答一下？（与学生互动，略）

我理解的“视野”是两个视野，一个是在时间维度中的视野，我们叫作“文化观”；另一个是在空间维度中的视野，我们叫作“世界观”。它的内涵主要包括文化自信中的中国视野和面向世界的国际视野。

作为广州大学培养的学生，我希望大家都具备一种能力，就是有半个小时的“牛皮权”。具体来说，就是今后我们的学生走出去，在谈到任何一个话题，都有进行半小时谈话“话语权”的能力，就是在谈到任何话题的时候，我们的学生都能够连续谈话半小时，能够掌握话语权。为什么广州大学的学生具备这个优势呢？我认为，一是因为我们学校是一所综合性大学，学科门类齐全、专业分布较广；二是同学们在校期间，学校特别重视在“视野开阔”上做文章，帮助大家在大学期间见惯风云，在专业学习的基础上，各种学科都涉及一点，各种前沿知识都接触一点，通过广泛参与社团活动、学术交游、社会实践以及科研探索，提升知识素养，开阔思维视野。这是我们在人才培养上的一个初衷。去年，学校迎接本科教学审核评估时，我们的人才培养目标得到了评估专家组的高度认可。

前不久，习近平总书记在学校思想政治理论课教师座谈会上，对思政课教师提出了“六要”的要求，其中之一就是视野要广，他希望广大思政课教师要有知识视野、国际视野、历史视野。总书记对思政课教师提出的要求，同样适用于我们每位同学。因为视野开阔的老师可以教出视野开阔的学生。我非常欣慰地说，学校的人才培养目标符合习近平总书记的要求。

一　什么是视野开阔?

刚才我们说过，视野开阔主要包括文化自信中的中国视野以及面向世界的国际视野。

首先，我们谈一谈文化自信中的中国视野。

中华优秀传统文化、革命文化和社会主义先进文化构成了文化自信的三个有力支撑。其中，中华优秀传统文化是核心，是中国视野的最重要的构成要件。

习近平总书记关于文化自信方面有什么重要论述呢?《习近平谈治国理政》(第二卷) 中有 37 次提到了坚持文化自信的内容。今天，我们重点学习其中的两段论述。一是习近平总书记首次提出“文化自信”，是在 2014 年 2 月 24 日中央政治局第十三次集体学习时说道:“要讲清楚中华优秀传统文化的历史渊源、发展脉络、基本走向，讲清楚中华文化的独特创造、价值理念、鲜明特色，增强文化自信和价值观自信。”二是在 2016 年 5 月 17 日哲学社会科学工作座谈会上谈道:“坚定中国特色社会主义道路自信、理论自信、制度自信，说到底是要坚定文化自信，文化自信是更基本、更深沉、更持久的力量。”

习近平总书记关于坚定文化自信是怎么做的呢? 可以说，习近平总书记在这方面为我们作出了榜样和示范。他对祖国优秀文化和历史传统文化非常热爱、认识深刻，最直接的表现就是他的重要讲话、文章、访谈等，常常能够引经据典、信手拈来，总是给人以思想启迪、精神激荡，不断激活优秀传统文化，赋予其鲜活的当代价值与意义，视野深厚，宏大壮阔。

我们先看一组数据：《习近平用典》一书，收录了 2014 年 9 月前习总书记数百篇讲话和文章用典 135 则；《习近平用典》第二辑，收录了用典 148 则。我之所以梳理了这些数据，主要是想告诉大家：习近平总书记善于运用古代典籍、经典名句，从诸子百家到唐诗宋词，从孔夫子到毛泽东，旁征博引、非常自然，尤其能够与治党治国治军、内政外交国防非常紧密地联系在一起，充分显示出一位大国领袖的文化自信。

我们来举几个总书记用典的例子（穿插现场互动）：

比如说“夙夜在公”，这是习近平在党的第十八届中央委员会第一次全体会议上当选中共中央总书记后，率领政治局常委和中外媒体见面时讲到的。其中“夙”是牛僻字，正因为总书记引用，后来成为媒体的高频字了。哪位同学谈谈这句话含义和出处？（现场互动，引导学生回答）这句话的含义是从早到晚，勤于公务。出自《诗经 · 召南 · 采蘩》。

比如说“万物并育而不相害，道并行而不相悖”，这是谈及构建人类命运共同体时讲到的，阐释了中国世界大同的理想。哪位同学谈谈这句话的含义和出处？（现场互动，引导学生回答）这句话的含义是各种物种共同存在而并不相互影响，各种道理、道路共同存在而不相冲突。出自《礼记 · 中庸》。

比如说“空谈误国，实干兴邦”，这是在参观《复兴之路》展览时讲到的。哪位同学谈谈这句话的含义和出处？（现场互动，引导学生回答）这句话的含义是只泛泛而谈地讨论国家大事、不联系实际解决问题，会耽误国家的发展，只有脚踏实地、真抓实干，才能使国家兴旺发达。是从明末清初顾炎武《日知录·夫子言性与天道》中凝练概括出来的。

比如说“立天下之正位，行天下之大道”，这是阐释中国倡议“一带一路”初衷时讲到的。哪位同学谈谈这句话的含义和出处？（现场互动，引导学生回答）这句话的含义是站立在天下最正大的位置上，行走在天下最广阔的道路上。出自《孟子·滕文公下》。

比如说“功崇惟志，业广惟勤”，这是在第十二届全国人民代表大会第一次会议上讲到的。哪位同学谈谈这句话的含义和出处？（现场互动，引导学生回答）这句话的含义是取得伟大的功业，是由于有伟大的志向；完成伟大的功业，在于辛勤不懈地工作。出自《尚书》中的周书。总书记引用这句话时强调，“我国仍处于并将长期处于社会主义初级阶段，实现中国梦，创造全体人民更加美好的生活任重而道远，需要我们每一个人继续付出辛勤劳动和艰苦努力。”

比如说“积土而为山，积水而为海”，这是在博鳌亚洲论坛2018年年会开幕式发表主旨演讲时提到的。哪位同学谈谈这句话的含义和出处？（现场互动，引导学生回答）这句话的含义是把土堆起来可以成山，把水蓄起来可以成海，比喻积少成多。出自《荀子·儒效》。

还有“千里之行，始于足下”，这是对法兰西共和国国事访问前，在法国《费加罗报》发表题为《在共同发展的道路上继续并肩前行》署名文章时引用的，出自《道德经》第六十四章。

在这里，我推荐各位同学利用课余时间看看《平“语”近人》，这个节目将总书记用典深入浅出地呈现出来，便于大家入眼入耳，入脑入心。

我们再看另一组数据，《习近平用典》中梳理了习近平总书记所引用的典籍中：《论语》被引用了11次、《礼记》被引用了6次、《荀子》被引用了3次、《老子》被引用了6次、《庄子》被引用了2次、《韩非子》被引用了4次、《管子》被引用了4次、《墨子》被引用了1次、苏轼名句被引用了7次。可以说是博采众长，以儒为主。

前不久，习近平主席出访欧洲三国时，有一段非常精彩的对话。3月22日，在罗马会见意大利众议长菲科，临近结束，菲科突然问："我有一个很好奇的问题，您当选中国国家主席的时候，是一种什么样的心情？""因为我本人当选众议长已经很激动了，而中国这么大，您作为世界上如此重要国家的一位领袖，您是怎么想的？"习近平说，"这么大一个国家，责任非常重、工作非常艰巨。我将无我，不负人民。我愿意做到一个'无我'的状态，为中国的发展奉献自己。"

"我将无我，不负人民"并不是什么典故，是习近平这样一位大国领袖在丰厚文化底蕴基础之上凝练出的金句，不是经典，胜似经典，以另一种方式诠释了文化自信。

习近平总书记在纪念毛泽东同志诞辰120周年座谈会上说过："站立在960万平方公里的广袤土地上，吸吮着中华民族漫长奋斗积累的文化养分，拥有13亿中国人民聚合的磅礴之力，我们走自己的路，具有无比广阔的舞台，具有无比深厚的历史底蕴，具有无比强大的前进定力。"

要传承中华优秀传统文化，在座的同学就要把握优秀传统文化的精神特质，拓展自己的文化视野。正如学习用典，不应只是记住几句名言、了解几个典故，更应像习近平总书记那样，推开门、迈开步，深入博大精深的传统文化宝库，推动历史文明滚滚向前。走进文化、加强学习、提升素养，我们想问题、办事情，就会更有底气、更有信心。

下面，我们再谈一谈面向世界的国际视野。

我们都知道耶稣影响了世界，但他生活的那个年代，他的活动半径只有 48 公里。我们在座同学的日常活动半径绝对都比他要大得多。可以说，我们再也不会生活在非常封闭、老死不相往来的社会中了，相比耶稣能看到的，我们可以看到更多。作为汉语国际教育班的同学，更要注重培养自己面向世界的国际视野。

我理解的国际视野主要是两个视角，就是从中国的角度如何看待世界，以及从世界的角度如何看待中国，即中国视野里的世界和世界格局中的中国。前者是站在中国立场，放眼看世界；后者是跳出中国看中国。

我们对比一下 PPT 中显示的东、西方不同国家的“世界地图”。可以看出，不同国家在设计“世界地图”时，通常会把自己国家摆在较为显眼位置。通过两张地图东、西错位的视角比较，更加形象地说明了中国眼中的世界，以及世界眼中的中国是变动的。

我们再看一张照片，照片中的是美国前总统奥巴马正蹲在办公桌前研究世界地图，看得非常投入。美国一些著名高校，比如哈佛大学，一直宣示致力于培养未来的世界领袖，尤其注意在学生的视野开阔方面做文章，这可以说是当今世界大学人才培养的一种必然选择，伴随着人类科技文明的发展，我们会觉得世界就是一个地球村了，不了解就不成其为一个现代人。所以，我们的同学在这一点上也不能马虎，要注重培养世界眼光，时常想一想我在哪里、我们的国家在哪里，学会从不同的角度审视世界、审视中国。

我们一起看看习近平总书记是怎么认识和理解国际视野的？

总书记提出了两个概念：一个是构建人类命运共同体，另一个是“一带一路”国际合作。习近平总书记围绕这两个概念的思考，从相当意义上说，就是具有国际视野的重要表现。

首先，关于构建人类命运共同体：

构建人类命运共同体重要战略思想，是习近平着眼人类发展和世界前途提出的中国理念、中国方案，在联合国文件也多有体现，成为中国引领时代潮流和人类文明进步方向的鲜明旗帜。

2012 年，党的十八大明确提出“要倡导人类命运共同体意识，在追求本国利益时兼顾他国合理关切”。2015 年，习近平出席博鳌亚洲论坛年会时提出“通过迈向亚洲命运共同体，推动建设人类命运共同体”的倡议。他指出，要“建设持久和平、普遍安全、共同繁荣、开放包容、清洁美丽的世界”。提出“五个坚持”，即坚持对话协商、坚持共建共享、坚持合作共赢、坚持交流互鉴、坚持绿色低碳。

中国积极发展全球伙伴关系，全面发展同各国友好合作，打造了覆盖全球的“朋友圈”，与各国人民结伴而行，共创美好未来。比如，中美关系：形成“你中有我，我中有你”的利益共同体。中欧关系：打造和平、增长、改革、文明四大伙伴关系。东北亚关系：坚定致力于实现朝鲜半岛无核化目标。东南亚关系：

坚定发展与东盟的友好合作，同南亚各国和睦相处。中亚关系：增进互信、巩固友好、加强合作、促进共同繁荣。非洲关系：坚持互利共赢的平等合作、开放包容的多方合作、能力导向的务实合作、绿色低碳的可持续发展、基础优先的重点合作。拉美和加勒比国家关系：构建政治上真诚互信、经贸上合作共赢、人文上互学互鉴、国际事务中密切合作、整体合作和双边关系互相促进的五位一体新格局。与阿拉伯国家关系：促进文明互鉴、尊重道路选择、坚持合作共赢、倡导对话和平。

我经常留意习近平总书记关于大国关系的一些表述。

比如说，与日本的关系，总书记曾说到“德不孤、必有邻”（现场板书），这句话出自《论语·里仁》，意思是有道德的人是不会孤单的，一定有志同道合的人来和他相伴。与俄罗斯的关系，总书记曾说到“亲仁善邻，国之宝也”（现场板书），这句话出自《左传·隐公六年》，意思是与邻者亲近、与邻邦友好，是我们最为宝贵的东西，也是我们坚持的原则。与韩国的关系，总书记曾说到“不义而富且贵，于我如浮云”（现场板书），这句话出自《论语·述而》，意思是富贵如不以道义得之，则没有价值。与印度的关系，总书记曾说道“己欲立而立人，己欲达而达人”（现场板书），意思是自己要站稳，也要让别人站稳；自己要腾达，也要让别人腾达。

我们再看这句话：“和羹之美，在于合异”（现场板书）。哪位同学谈谈这句话的含义及出处？（现场互动，引导学生回答）这句话的意思是羹汤之所以美味可口，在于把各种不同的调料合到一起，比喻团结各方力量才能把工作做好。这句话出自《三国志·夏侯玄传》，是习近平主席于 2017 年 1 月在日内瓦万国宫出席“共商共筑人类命运共同体”高级别会议时引用的，当时总书记发表了题为《共同构建人类命运共同体》主旨演讲，提出了世界各国家各民族共同发展的“中国主张”，不要总想通过一套制度包打天下，也不要总想依靠一种文化天下独行，大家彼此都有自己的文化传统，要“和而不同，美美与共”“和羹之美，在于合异”，只有让各国家、各民族的优秀文化相互包容、相互学习，才会呈现一个多彩的、美好的世界。

今后，大家面对不同的文化思想交融甚至冲突时，要向习近平总书记学习，强化人类命运共同体的意识，彼此相互尊重、相互理解。我们身边也有很多这方面积极践行的榜样，像人文学院研究生刘箐箐同学，积极响应国家号召，申请去柬埔寨做汉语国际教育的志愿者，其间遇到了突发情况，能够主动应对，为我们树立了榜样。在这里，我也希望大家多向她学习，多到外面的世界走一走、闯一闯，多到国家需要的地方开展文化交流活动，这正是一种“构建人类命运共同体”的广大实践。

其次，关于“一带一路”国际合作：

“一带一路”是习近平主席深刻思考人类前途命运以及中国和世界发展大势，为促进全球共同繁荣、打造人类命运共同体所作出的重大战略决策，为解决当前全球治理的失灵、失衡和失序问题进行了积极有效的实践探索，积累了宝贵的实践经验。“一带一路”是一条和平之路、繁荣之路、开放之路、创新之路和文明之路。

2013 年 9 月 7 日，习近平主席提出共建丝绸之路经济带重大倡议。2013 年 10 月 3 日，习近平主席提出共建 21 世纪海上丝绸之路重大倡议。习近平指出，“我们提出‘一带一路’倡议，就是要继承和发扬丝绸之路精神，把我国发展同沿线和世界各国发展结合起来，把中国梦同沿线和世界各国人民的梦想结合起来，赋予古丝绸之路以全新的时代内涵。”总书记在多个场合强调，“‘一带一路’建设不是封闭的，而是开放包容的；不是中国一家的独奏，而是沿线和世界各国的合唱。”

“一带一路”建设已经产生了更宏大、更具有世界效应和全球性的影响。5 年来的进展和成果超出预期，共有 150 多个国家和国际组织同中国签署合作文件，合作伙伴越来越多，中国的“朋友圈”不断扩大。从 PPT 上可以直观看出，“一带一路”形成了以点连线、由点带面、线廊互动的发展格局。

这让我想起《庄子·逍遥游》中的一段话，中学时代大家应该学过，不知道大家还记不记得？（引导学生一起朗诵）“北冥有鱼，其名为鲲。鲲之大，不知其几千里也；化而为鸟，其名为鹏。鹏之背，不知其几千里也；怒而飞，其翼若垂天之云。”其中的“怒”，是用力振翅飞的意思。中国作为世界大国，一定要担负起大国的责任，如果把它比作大鹏，那么“一带一路”倡议就是为大鹏插上翅膀，建设好了，这只大鹏就可以飞得更高更远。

还有一个问题就是，世界是如何看待中国的，即世界格局中的中国是怎么样的？

中国随着综合国力大幅增强，国际影响力、感召力和塑造力不断上升，日益走近世界舞台中央。去年 12 月，“2018 从都国际论坛”在广州召开，200 余位外国前政要和国际组织负责人、中外专家学者、商界领袖热议中国改革开放成就，大力肯定中国在推动世界进步、维护世界和平的积极作用。联合国前秘书长潘基文说，“中国的改革开放使数以亿计的人口摆脱了贫困，在这一进程中获益的不仅有中国人民，也有其他国家的人民。中国帮助联合国实现了千年发展计划的减贫目标。中国对维护多边主义作出巨大贡献。”新西兰前总理希普利说，“中国改革开放在社会经济、政治文化、教育各方面取得了令人瞩目的成就，不仅造福中国人民，也惠及世界其他国家人民。”莫桑比克前总统希萨诺说，“中国一直秉承共赢态度，非洲国家在跟中国的贸易中有效促进了本国经济的发展，提升了本国人民的生活质量。我们愿意跟中国合作，相信这样的合作一定是本着建设和平、繁荣世界的初衷和目标来开展的。”拉脱维亚前总统瓦伊拉·维凯-弗赖贝加说，“‘一带一路’倡议的提出是对沿线国家和地区，乃至整个国际社会的发展作出的积极贡献。在实现国际和平及共同繁荣过程中，中国发挥了非常重要的作用。希望通过更多的对话和交流来实现共建人类命运共同体的目标。”牙买加前总理戈尔丁说，“中国在全球化进程中给予了我们很多帮助和支持，使牙买加有了快速发展。维持国际秩序需要共享信息，平等相待。全球治理体系需要国际社会共同参与，共同推进。应坚定维护合作共赢的理念，因为现在是合作共赢的时代。”

从几位国家领导人的表述中，我们可以感受到，构建人类命运共同体、“一带一路”国际合作等理念和实践已经得到世界很多国家的高度认同。作为汉语国际教育班的同学，我希望在座各位同学，要在树立和培养国际的视野、世界的眼光、全球化的思维方式上多下功夫，今后积极参与到“一带一路”教育行动和中外人文交流中，以此实现自身价值。

二　怎么做

这里我们一起学习一下习近平总书记是怎么做到“视野开阔”的？主要是读更多的书、读更好的书、走更远的路。

读书学习是习近平总书记多年来一以贯之的习惯，他曾说过，“我爱好挺多，最大爱好就是读书，读书已成为我的一种生活方式。”之前，我给大家推荐了《习近平的七年知青岁月》，书中梳理了习近平七年知青岁月的读书清单，我们一起看一下这个清单：哲学类有《共产党宣言》《法兰西内战》《哥达纲领批判》《反杜林论》《国家与革命》《资本论》；文学类有《史记选》《汉书选》《后汉书选》《三国志》《离骚》《古诗源》《李白诗选》《三曹诗选》《鲁迅全集》，巴尔扎克和莫泊桑的小说，莎士比亚的戏剧，《静静的顿河》《九三年》《战争与和平》《一九一八》《悲惨世界》《浮士德》《梦溪笔谈》《十万个为什么》《母亲》；历史类有《中国古代思想史》《中国通史简编》；政治军事类有《毛泽东军事文选》《中国革命战争的战略问题》《十大军事原则》《战争论》《伟大卫国战争年代苏军战术的发展》《苏联伟大卫国战争的重要战役》（上、中、下册和图册）《罗斯福见闻秘录》《太平洋战争：岛屿战争》《核武器与对外政策》《选择的必要：美国外交政策展望》（1961 年）；工具类有《新编新知识辞典》。

我们要向总书记学习，阅读经典以广见识。对我们来说，学校“经典百书”推荐书目就是一种可能适合大家以广见识的方法。“经典百书”是按照“价值引导积极、中华经典与原著为主、人文与科学、古典与现代、国内与国外兼顾”的原则，经过同学们推荐和多位专家学者的反复研究论证，精心挑选推荐给大家的，可以说是学校为每一位广州大学的学子赠送的特别礼物。在这里，我建议大家制订一个读书计划，把学校推荐的“经典百书”都要阅读一遍。（现场互动：PPT 显示习近平七年知青岁月的读书清单，以及学校“经典百书”目录。就《世说新语》《传习录》《中国近三百年学术史》《万历十五年》《乡土中国》《约翰·克里斯朵夫》《艺术的故事》等相关书目及内容进行现场互动，了解学生读书情况）学校“经典百书”推荐书目只是好书范围的一个部分。除此之外，还有很多的书是非常值得我们去阅读的。当然，大家在广泛阅读、广泛涉猎知识的过程中，有些书籍会感到很无趣，甚至生涩、枯燥、难懂，但如果能认真、坚持地读下去，可能会在今后某个时间、某个场合、某个问题的处理时有所帮助。靠兴趣读书未必是唯一选择。中国近现代著名教育家、北京大学原校长蒋梦麟在自己一本名为《西潮》的著作中，回忆起儿时在私塾念古书的经历，描述是读得苦不堪言，但成名后遇到一些难题、艰难抉择时，反倒是以前读到的某些经典给予了他极大的精神支持。

之前，我送了在座各位同学《唐诗三百首》，要求大家不仅仅要读，而且还要会背。《唐诗三百首》中收录的哪位诗人的诗最多？（引导学生回答：杜甫的诗最多，共有 39 首）他的诗歌内容丰富，取材广泛，且多数来源于现实生活中的所见所闻。今天，我们现场考一考大家背诵杜甫的诗。

（同学背诵《望岳》）这首诗中“决眦入归鸟”指极力张大眼睛远望归鸟入山，生动体现诗人在这神奇缥缈的景观前像着了迷一样，使劲睁大眼睛张望，非常传神。

（同学背诵《蜀相》）这首诗短短五十六字，将名垂千古的诸葛亮展现在我们面前，告诉大家要有报国之志、忠诚之心。

（同学背诵《闻官军收河南河北》）杜甫是一个热爱祖国而又饱经丧乱的诗人，当时正流落在四川，听闻“安史之乱”结束的消息后，创作了这首诗。这首诗带给我们最大体会是国家动乱百姓将居无定所，要珍惜家庭，走得再远也不要忘记来时的路。

我上大学的时候，比较认真地读过《杜甫诗选》，也了解了杜甫的人生经历。发现他有几个特点：一是作为唐朝最伟大的现实主义诗人，杜甫一生去过很多地方，其中在两个地方写诗最多，一个是长安，另一个是成都。二是杜甫被后人称为“诗圣”，同样是“人民诗人”，既经历了唐朝繁荣的开元盛世，也经历了唐朝由盛转衰的安史之乱，非常关心民众疾苦。三是杜甫的家庭观念比较重。这学期，我们还有一次联系班级活动，届时再对大家掌握《唐诗三百首》的情况进行考核，希望同学们不仅能背，更要会解。

习近平总书记多次要求，青年抓学习要“下一番心无旁骛、静谧自怡的功夫”“特别是要克服浮躁之气，静下来多读经典，多知其所以然”“努力做到又博又专、愈博愈专”。这些要求很有现实针对性，希望在座各位结合习近平总书记读书学习的事例，养成爱读书、善读书、读好书的学习习惯，打牢自身成长的根基。“知者行之始，行者知之成”“知行合一”是习近平总书记在很多场合都强调的，在这方面也为我们做出了很好的榜样和示范。我们来看一下他的成长经历：

1969—1975 年陕西省延川县文安驿公社梁家河大队知青、党支部书记。这段经历就是我们常说的七年知青生活。多年后他在回忆中谈道，“七年上山下乡的艰苦生活对我锻炼很大。最大的收获有两点：一是让我懂得了什么叫实际，什么叫实事求是，什么叫群众。这是我获益终生的东西。二是培养了我的自信心。”1975~1979 年清华大学化工系基本有机合成专业学习。他是最后一个离开梁家河的知青。1979~1982 年国务院办公厅、中央军委办公厅秘书。1982~1985 年河北省正定县委副书记、书记，正定县武装部第一政委、党委第一书记。这是总书记第二次下基层、到农村工作，而且是他主动申请下去的。1985~1988 年福建省厦门市委常委、副市长……

十八大以来，习近平总书记共 33 次对 86 个国家和地区进行了国事访问，不到 7 年时间里访问了全球近 1/3 的国家和地区。前不久，他应邀对意大利、摩纳哥和法国进行了国事访问。去年10 月 22~25 日，他来广东考察，4 天时间里先后到珠海、清远、深圳、广州等 4 地，深入企业、高校、乡村、社区等 11 个点，行程非常紧凑，很多时候吃饭和休息都在车上。在暨南大学，习近平总书记勉励同学们“要好好学习、早日成才，为社会作出贡献，把中华优秀传统文化传播到五湖四海”。要把中华优秀传统文化传播到五湖四海，那我们的同学就先要走遍五湖四海，这是个前提。

2014 年 5 月 4 日，习近平总书记在北京大学师生座谈会上要求广大青年要在勤学、修德、明辨、笃行上下功夫。其中，他引用了《礼记》中的“博学之，审问之，慎思之，明辨之，笃行之”。所谓博学，就是广泛地学习；审问，就是仔细地询问；慎思，就是努力地思考、谨慎地思考；明辨，就是清楚地分辨；笃行，就是忠诚地践行。这五个短句子是学习的五个阶段、五个层次，彼此的关系是相互递进的。“笃行”是最高阶段，也是一切学问真正的出路。只有从实践上下功夫，从知行合一上下功夫，从笃行上下功夫，我们的人生、我们的学问才能够发挥出最大的价值。

习近平总书记说过，“不论学习还是工作，都要面向实际、深入实践，实践出真知；都要严谨务实，一分耕耘一分收获，苦干实干。”在座各位都是20岁左右，到明年全面建成小康社会才刚大学毕业；到本世纪中叶基本实现现代化时，也才50岁左右。也就是说，实现“两个一百年”奋斗目标，你们既是见证者，更是全程参与者。因此，学习不能只是停留在书本上，不能只是装在脑袋里，而应该落实到行动上，做到知行合一、以知促行、以行求知。

学校非常重视对大家实践能力的培养。今年3月，学校举办了首届学年礼，发布了包括视野拓展在内的学生素质发展评价报告。正如PPT显示的，“视野开阔”评价指标分为“文化素养”“学习交流”“了解社会”3个二级指标，以及“经典阅读”“阅读态度”“国际交流”“国内交流”“学术活动”“志愿活动”“社会调查”“社团活动”8个三级指标。同学们要充分利用学习空间、宿舍空间、校园空间、社会实践空间、虚拟空间这“五大空间”，积极参与课内课外各种教学实践、学习实践、生活实践，面向社会、体验社会、了解社会、投身社会、奉献社会，立鸿鹄志，做奋斗者，大力培养和锻炼自己的专业能力、合作能力、沟通能力、创新能力。

“选择广大的现在，拥有广大的未来”“致广大而尽精微”。

希望通过学校对大家的培养，能够帮助你们丰富见识、开拓视野，建立起一套当代中国青年的价值体系，一套来自学习形成的知识谱系，为成为担当民族复兴大任的时代新人打下坚实基础，努力在实现中国梦的伟大实践中创造出无愧于时代、无愧于自己的精彩人生。

立德树人　我们还可以做些什么*

纵观人类教育史，基于人类本身承续的需要，先人们都非常重视对于后代的培养，有的偏重于生存能力，有的则偏重于品质德性。比如早期印第安人从四五岁起就练习射箭，日耳曼人则强调培养儿童的勇敢、机警和干练的品质。中国的古代教育也同样如此。我们讲教育，“教育”两个字本身就能说明这个道理。按照《说文解字》里的说法，“教”的意思是“上所施下所效”，“育”的意思是“养子使作善也”。这里的“上施下效”和“作善”用今天的话来讲，就是要立德树人。

到了有学校的时代，这种教育的追求就变得更加自觉。当然，随着社会发展阶段和教育制度的不同，在不同国家，人们对“立德”的具体含义和“树人”的具体要求会有这样那样的不同，但对于人的培养有德行方面的要求却是概莫能外的。在某种意义上，这有点像马克思说的那样，是我们在从必然王国走向自由王国一种必须，对教育者而言，立德树人则成为我们的一种使命。

---

* 本篇原载于《广州大学报》第 401、402 期（2019 年 6 月 15 日）。

习近平总书记强调我们要帮助青少年“扣好人生的第一粒扣子”“把立德树人作为教育的根本任务，培养德智体美全面发展的社会主义建设者和接班人”。这正是基于对人类教育规律的把握和对新时代教育任务的深刻洞察上提出来的，总书记实际上对此也确实做过明确阐述：“古今中外，每个国家都是按照自己的政治要求来培养人的，世界一流大学都是在服务自己国家发展中成长起来的。我国社会主义教育就是要培养社会主义建设者和接班人。”广州大学目前还不是一流大学，今后相当长的一段时间里我们也都会处在走向高水平一流大学的路上，在立德树人帮助学生扣好人生的第一粒扣子方面，学校责无旁贷。那么，为此学校应该还可以做些什么呢？我认为有三个方面我们还可以做得更好一些。

第一，所有老师都要担负起立德树人的使命。大学的人才培养、科学研究、传承文化和服务社会这几个功能对所有的大学教育者来说都是责任使命，但如果硬要分个轻重先后的话，我愿意把人才培养放在首要位置。树人先要“立德”，所以，我们的老师担负起立德树人的责任使命就是题中应有之意。鉴于学校目前教师队伍的构成和学校阶段办学的目标，我们在学校的教师队伍建设中要实行分类聘任考核。但不管如何分，立德树人的根本任务在任何一类中都不能缺席，不同的，只是在教学型、教学科研型、科研型等几类中彼此的测量基准分方面有些区别。在学校立德树人绩效考核指标体系中还有一个比较重要的导向，那就是不管是哪一个系列，教授、副教授、讲师等不同职级的老师在立德树人上的要求是一样的。过去我们隐约有一种观点，就是年轻人需要评职称，所以要给他们多一些机会接触学生，或当班主任，或参加学生社会实践等。出于关心和助力年轻同志的培养和成长，这本来是十分应该的，但是如果因为这样失去更多老师在大学这一站帮助引领学生的机会，则会是大学教育的一种缺憾。事实上，有很多并非年轻的老师在学生的成长的过程中给予他们以各种课堂内外的教导指引，我们应该在相应的年度或聘期评价中予以充分的肯定，因为我们都在共同担负着立德树人的使命。去年暑期我校中层干部在清华大学学习，其中有一件事大家感触很深：清华的很多老教授都很愿意担任班主任，有的学院还要求要有一定资历的老师才能担任班主任。这给了我们很多启发。当然，老师立德树人不只是当班主任这一种方式，只要是个有心人，教育引导学生应该是课堂内外时时可为，宿舍校园处处可为。

第二，我们要有更加科学的教育评价体系。习近平总书记在全国教育大会上说过一段非常重要的话，总书记说："深化教育体制改革，健全立德树人落实机制，扭转不科学的教育评价导向，坚决克服唯分数、唯升学、唯文凭、唯论文、唯帽子的顽瘴痼疾，从根本上解决教育评价指挥棒问题。"这中间"唯分数""唯升学"可能主要是针对基础教育评价来说的，"唯文凭"可能主要是针对各种单位选人用人来说的，而"唯论文"和"唯帽子"可能更多地和高等教育有关。高等教育的发展评价离不开大量高水平的科研成果，同样也离不开大量高水平教学科研人才。无大师则无大学，这一点我们应该有清醒的认识。但如果故步自封于此，则就可能进入了"唯"这种情况了。所谓"唯"，词典中的解释是"单单，只"。也就是说如果单单只讲论文帽子就有问题了，这需要改革。比如说我们在进行教师职称评定的时候，通常对教师的科研立项论文获奖及课堂教学工作量等方面有比较明确的规定，对于老师平时在其他方面的教育教学行为，包括以德育人以文化人的付出，则并无可以考量的指标，只有一个相对笼统的要求。针对这种情况，我们或许应该根据老师在大学里经常涉及的立德树人的诸般教育教学实践进行一个全面的梳理，要使老师们在这方面的付出像科研立项论文获奖以及教学工作量一样，可感可见可评可比较。这也就是广州大学为什么要尝试在学校教师分类聘任考核指标体系中增加了一类“广州大学教师立德树人绩效考核指标体系”的原因。或许，这个指标体系还不太完善，今后还会随着新时代的变化和学校立德树人工作的进一步推进设立一些新的评价点，但从目前的情况来看，我们应该把这个看成是我们遵循教育规律和学习习近平总书记系列重要讲话精神的一种实践。我们希望这个指标体系能够与其他相关的指标体系一道共同发挥好评价指挥棒的作用。

第三，要使立德树人的努力在学生那里得到更加明确的印证。学校进行立德树人的评价考核，关键是绩效。这里所谓绩效，实际上就是要看是否在学生那里得到了响应。我有一个基本观点，教师立德树人是一个良心活，它不可能像记录学生成绩那样锱铢必较，也不太可能像科研业绩那样历历在目，有的可能也就是我们日历记录中的几个关键词。我们也不太可能知道我们参加学生的哪一场活动能够帮助学生在人生观上有所校准，或者我们与学生的哪一次社会实践和实习见习能够使学生在世界观上精进一层，或者我们的哪一次堂上讲座与户外闲聊能够使学生在价值观上更加统一。在广州大学，有的时候老师立德树人的种种作为或者可能会在教师版的《我们的大学》中留下只言片语，但更多时候，我们所谓的立德树人的绩效，有可能要在学生真正离开学校几年十几年几十年之后才有可能显现出来。如果功利一点讲，这已经和我们现今的年度聘期考核绩效挂钩无关了。但即使是这样，我们也仍然要努力使我们的工作在当下能够得到力所能及的印证。这种印证就体现在我们正在实践的学校“德才兼备，家国情怀”和“十大育人”工程的各种场景之中，体现在我们一年一度的学年礼的展示表彰之中，体现在我们为实现大学的人才培养目标而进行的各种努力之中。如果在这里套用杜威的两句话或者比较合适，一句是“教育即生长”，另外一句是“教育即生活”。当然，杜威说这话并不是针对大学生，但如果放大来看，教育本身是无止境，学生们的这种接受教育的过程又何尝不都是一种生长过程呢？而教师和学生的关系来说，彼此之间的这种授受相亲的行为又何尝不是一种必须的生活呢？如果我们在更多的教育教学实践中都能牢记立德树人这一教育的根本任务，都能比较好地回答“培养什么人、怎样培养人、为谁培养人”这一根本问题，那么我们的这种教育生活就能在中华民族走向伟大复兴的壮丽旅程中拥有它应该拥有的位置。

课程思政，我们应该怎么做*

本学期初，在学校2019年本科教学工作会议上，我对学校“课程思政”建设作了部署，提出要开好“四个会”，即动员会、讨论会、交流会、表扬会。当然，这“四个会”是要在整个教学循环当中才能完成的。教务处随后发了通知，要求各学院7月15日前完成相关工作。各个学院能够积极行动起来，先后召开动员会、讨论会、交流会，花了比较大的功夫谋划推进“课程思政”的建设。有的已经完成了阶段性工作。但事实上，就算完成了，也只是一个小循环，教务处接下来还会不断推进深化。因为“课程思政”不是一个学期的事，也不是一个学年的事。从小处讲，它是一名学生大学四年当中要接受的教育；从更大范围看，它是学校在相当长的历史时期中需要重点做好的事情。在扎根中国大地办大学、办好社会主义大学的背景和要求之下，“课程思政”只有进行时，没有完成时。

---

* 本篇是在学校“课程思政”建设座谈研讨会（2019年6月19日）上的讲话，根据录音整理。

上个星期，我们组织了10个学院的党委书记进行座谈，看得出大家对“课程思政”建设都在积极尝试、有所心得。今天，利用书记例会的时机，再组织其他的14个学院的书记探讨交流心得，为下一步做好“课程思政”建设奠定更好的基础。

今天的会是一个座谈会、调研会、研讨会。刚才，听了大家的发言，我觉得有三点值得肯定。从师资这个维度看，各学院比较重视教学团队建设、教师梯队建设。有的是院系领导带头，有的是支部书记带头，有的是学术骨干带头，都能积极发挥主体能动性。可以说，各学院是各有千秋，大家都有这个意识，这是值得肯定的。从专业这个维度看，各学院普遍意识到“课程思政”建设需要找到融合点，要努力做到思想政治教育和专业知识教育的有机融合。从学生这个维度看，我们的课程是要面向学生的，大家都能坚持以生为本，进行了积极有益的探索。

下面，结合大家的发言，我就如何有效推进“课程思政”建设讲四点意见。

第一，要有什么样的工作谋划。主要强调两个“5”。第一个“5”指的是开好“五个会”。这“五个会”是在本科教学工作会上提出“四个会”的基础上扩展而来的，包括了动员会、座谈研讨会、交流展示会、表扬会和推广会。这“五个会”是我们更好开展工作的具体抓手。在学校和学院的层面都要召开，通过这个循环，提炼形成可复制、可推广的教学成果。目前，学校层面的动员会已经召开了，今天这个会是座谈研讨会，接下来我们还要召开经验交流会。经验交流会，顾名思义就是交流经验、分享做法。需要强调的是，并非所有学院都要交流，而是那些真正有特色、有亮点、工作做得好的学位。因此，教务处要提前搞好谋划，马克思主义学院也要配合好，再到各学院去摸个底，了解真实情况，届时请相关学院的院长在全校交流展示会上发言。各位学院书记前期已经做了不少工作，更要为院长交流发言做好支持工作，不能当甩手掌柜。接下来就是表扬会，可以考虑在下学期的学年礼或相关场合予以表扬。最后就是推广会，我希望学校在“课程思政”建设上真正做出亮点、做出成果。如果能够做到面向全省甚至全国高校推广的程度，这就证明我们的工作得到了更多的认可。当然，推广不是最终目的，还要积极争取教学成果奖。因此学校学院都要做好谋划。

第二个“5”指的是建设“五门示范课程”。刚才听了大家的介绍，看得出各学院在建设“五门示范课程”上都下了不少功夫。但这只是起点、不是终点。我希望这“五门示范课程”是开放的，就是要在不断探索的基础上，建立一套行之有效的评价标准，能够向其他课程延伸，形成“5+N”的规模效应，让每门课程都承担起育人职责。在“课程思政”教师的参与上，要注意发挥主体能动性，既要做好年轻教师的培育，也要注重调动知名专家、大牌教授的积极性。因为这些人更有号召力，把他们的能动性都调动起来了，我们才能形成更大的工作合力，产生更好的效果。

第二，要有什么样的课程要求。关于这一点，我们要回到习近平总书记关于教育的重要论述上来，主要强调两点：第一个是抓好几个“史”的教育融入。总书记在全国教育大会上指出“要在学生中加强中国历史特别是中国近现代史、中国革命史、中国共产党史、中华人民共和国史、中国改革开放史等的教育，坚持不懈培育和弘扬社会主义核心价值观”。至于如何做好几个“史”

的融合，我们一定要各想妙招，依据课程性质的不同，选准结合点，绝不能生搬硬套，简单贴标签，搞成两张皮。在此基础上，还要注意强化课程在具体教学内容上与科学史、学科史、学术史及学科学术发展创新进程的有机融合。第二个是加强几个“观”的培塑。通过课程教学实践，培养学生正确的世界观、人生观、价值观、国家观、民族观，还有就是文化观。因为总书记非常重视文化自信，所以我们要在帮助学生树立文化自信方面做好文章，用文化自信这个更基础、更广泛、更深厚的自信涵养大学精神，培养学生、塑造学生。通过专业课程的教学，真正实现“立德树人”的要求和充分达成学校人才培养的目标。

第三，要有什么样的实施环节。重点抓好“五个环节”，就是组织学习、设立目标、明确内容、丰富方法和注重效果。将思想政治教育融入课程教学的各环节各方面，这是上次的座谈研讨会上一位学院书记小结时得出来的。这方面大家已经做了不少工作，接下来还要继续进行强化。关于学习环节，可以肯定的是在“课程思政”建设上，由于具体专业性质不同，依靠定于一尊的办法是行不通的。在价值指向明确的前提下，一定要加强学习，形成共识，让教师们心甘情愿地做好思想政治工作。刚才，在大家的介绍中也提到了要采取走出去、请进来的方式，这都是值得肯定的。关于效果环节，就是要将其纳入教师立德树人绩效考核评价指标体系，更为重要的是注重学生的实际收获，可以通过问卷、座谈、考试等方式来掌握情况。关于这一点也不能定于一尊、限定过细，反而达不到效果。

第四，要有什么样的融入点切入点。重点关注“五个价值引领”，就是基于课程性质的价值引领、基于知识演化的价值引领、基于课程与生活关系的价值引领、基于教师专业素质的价值引领、基于学生思想实际的价值引领等 5 个方面。前四个“价值引领”是刚才马克思主义学院的罗明星书记总结出来的，我认为说得很好、很实在。在此基础上，我看还可以加上“基于学生思想实际的价值引领”。因为每个学科、每门课程、每个班级的情况是不一样的，一定要对学生有所了解。我们在授课的过程中，是要和学生对视的。如果不知道学生的实际情况，对视的时候是没有底气的，所以一定要全面掌握学生的思想、学习、生活实际。了解得越多，授课的底气就会越足，讲课的效果就会越好。这就要通过找准融入点切入点，在学校更好担负为谁培养人、培养什么人、怎样培养人的教育使命中，让课堂教学充分发挥主渠道作用。

今天归纳的“课程思政”建设方面的几点肯定还不全面，主要是把大家在实际工作中的做法小结了一下，便于大家更好操作。希望各位回去以后继续按照教务处的通知要求，认真开展“四个合格”自查自纠，毫不松懈地做好下一步的工作，等条件成熟后，我们再来召开交流展示会，比一比、晒一晒我们的成果，擦亮广州大学“课程思政”这个金字招牌。

学年礼致辞：我们的期望*

首先，我代表学校对受表彰的先进集体和先进个人表示最热烈的祝贺！同时祝愿同学们在新的学年德智体美劳全面发展！

参加今天学年礼的是来自全校 24 个学院二年级 194 个班级的 6838 名同学，三年级 200 个班级的 6750 名同学，四年级 240 个班级的 4674 名同学。

为什么要举行学年礼？简单点说，是想为所有同学的成长留下印记。在今天的学年礼上，我们看到了什么？我们看到了广州大学的学生德才兼备、家国情怀的榜样，看到了视野正在不断开阔拓展的标兵，看到了热爱体育、醉心艺术的达人，看到了能力发展性强的班群和个人；同时也看到了我们的学院在潜心教书育人、全面培育学生成才的出色表现，看到了我们的职能部门在全方位做好管理育人、服务育人的出色表现。作为师长，看到同学

---

* 本篇是在广州大学 2019～2020 学年学生学年礼上的讲话（共 3 场，即二年级“德才兼备、家国情怀，爱体育、懂艺术”专场、三年级“德才兼备、家国情怀，视野开阔”专场、四年级“德才兼备、家国情怀，能力发展性强”专场）（2019 年 9 月 8 日），根据录音整理。

们的全面成长，感到非常欣慰！各个学院和职能部门在履行“十大育人”的职责中所付出的努力值得充分肯定！我想借今天学年礼向大家表达自己的一些想法。

第一，我想表达的是：对同学们在过去一年里追求“德才兼备、家国情怀”的出色表现表示高度的赞许。

在这次的表彰中，我们可以看到，在“坚定理想信念”“厚植爱国主义情怀”方面表现出色的一批先进集体，如旅游学院2016级本科生第一党支部，以“互联网+项目”的模式，推出“创者说”党团先锋行动，获评2018年“广东省高校三型党支部”“广州市星级党支部”；人文学院2018级志愿讲解队，致力于传播中国精神，讲好广州故事，140人的队伍过去一年累计在广州十大博物馆提供志愿讲解值班超过3000个小时。在这次表彰中，我们还可以看到在“培育奋斗精神”“增强综合素质”方面表现出色的一批先进个人，像环境学院的韩沐恩同学，不仅专业学得好，而且潜心科研，仅去年一年就在SCI一区期刊上发表了5篇高水平论文，还申请了3项发明专利；有外语学院的胡浩洋同学，他主持的“中华经典故事英语绘本编写与网络课程制作”项目获广州大学2018创新训练项目省级立项，并和同学一起参加市里主办的“青年中国诵”活动，中英文诵读《习近平谈治国理政》第二卷，立己达人。在这次表彰中，我们还可以看到课程育人先进单位教务处和马克思主义学院，正在大力推进“课程思政”和“思政课程”建设，着力深化思想政治理论课改革，打造思政“金课”；还可以看到学校团委作为实践育人先进单位，荣获“全国五四红旗团委”称号；还可以看到学校各职能部门为全面提升有品质的大学教育所付出的种种努力。

第二，我想表达的是：对大家追求“爱体育、懂艺术”的出色表现高度赞许。在刚刚公布的评价报告中，我们欣喜地看到在爱体育方面，过去一年，全校21463名同学参与了“运动世界校园”APP跑步项目，一年跑步总里程达到25万公里。人文学院的卢辉源同学一个学期就完成跑步115次，总里程达914.52公里。体育学院的陈小君同学，在今年第53届亚洲健美健身锦标赛上夺得女子形体身高163CM以下组别冠军，获得这个项目的“国际健将”称号。这也是广州大学体育学院成立以来自己培养的第一位国际健将。在懂艺术方面，新闻与传播学院的唐毓同学，在2019年广东省南粤校园中华经典诵读文化艺术节上获得大学组特等奖、最佳台风奖。同学们广泛参与的2018“广韵万象——人文关怀在岭南”摄影比赛，投稿作品1500多幅，展览作品467幅，从中评选出的获奖作品：非艺术类专业学生占比53%；土木工程学院的祝志华同学获得一等奖。高雅艺术进校园活动一年演出30场，辐射近3万人，几乎每位同学都在校园体验了高雅的视听艺术盛宴。

这些事例和数据表明：“爱体育、懂艺术”在我们的大学生活中得到充分培育。今天的展示不是最终目的，我们的目的是要成为德智体美劳全面发展、堪当民族复兴大任的时代新人。围绕这个目的，也还有很多不足，比如说同学们的艺术修养和审美水平如何我们心中无数，同学们运动习惯和健康的生活方式的表现今后还可以更好更优，“十大育人”工作我们还有短板，等等。这当然就成为我们下一步要努力的方向。（二年级专场）

对大家追求“视野开阔”的出色表现高度赞许。在经过大家一年努力所形成的评价报告中，我们高兴地看到过去一年“经典百书”专柜的借阅量达到15641册，接近平均每2人借阅一册；看到人文学院的李嘉芙同学一年共借阅“经典百书”58册次，平均每6天阅读1本；机械与电气工程学院周彬彬同学，一年共入馆1212次，平均每天进馆3次；外国语学院的邹婉莹同学，一年在图书馆晨读177次，平均每2天在图书馆晨读1次；看到一年共有968名同学出国（境）交流访学，遍及25个国家和地区；看到我们24个学院组织了31支队伍到国内知名高校开展“第二校园访学”；看到86支队伍分赴全国各地开展各类实践活动，“筑梦天路”学生骨干赴西藏暑期社会实践队被团中央评为“300个最具影响力好项目”之一。这些事例和数据表明“视野开阔”在大二得到充分的展示。但展示不是最终目的，我们要成为德智体美劳全面发展，堪当大任的时代新人。围绕这个目的，我们也还有些许不足，比如说中华经典“百篇”“百书”阅读的表现在不同学院存在差距，国际交流、校际交流还没能完全满足同学们的要求，“十大育人”工作我们还有短板，等等。这当然就成为我们下一步要努力的方向。（三年级专场）

对大家追求“能力发展性强”的出色表现高度赞许。在评价报告中，我们欣喜地看到你们刚送走的这一届师兄师姐的表现十分出色。在专业学习方面，2019届本科毕业生中考研深造升学率为11.23%，考上211、985院校占比27.64%，其中不乏北京大学、中科大、中科院等国内一流大学以及英国伦敦大学等世界著名大学；数学学院的王至宏同学获得第十届全国大学生数学竞赛一等奖，是本次广东赛区唯一获得国家一等奖的学生；机电学院的曾镕丹同学大学四年参加了8项科研竞赛，其中5项作为负责人，获得国家级奖项1项，还申请了10项国家专利。在创新创业能力方面，继去年在国家级创新创业竞赛中实现奖牌和金牌双突破后，在最近刚刚结束不久的第五届中国“互联网+”大学生创新创业大赛广东省分赛区的决赛上，我校获得的金牌及奖牌数均居全省第二，再次实现历史性突破。在团队合作方面，我们有10个班级获评“优良学风标兵班”、86个班级获评“优良学风班”、53个宿舍获评“文明标兵宿舍”；大学城校区25栋学生宿舍实现党建进公寓全覆盖，“五室一站”获得“广州党建十大品牌”称号；各基层团组织获市级以上荣誉10多项，60多人次受到市级以上表彰；各类学生社团、学生艺术团开展文艺体育活动上千场次，辐射全校学生，在全国省市的各类比赛中获得荣誉30多项，获奖人次超500。在表达能力方面，11名同学在广州市属高校大学生第八届“中华经典诵读”竞赛获个人一等奖，学校荣获团队一等奖；2019届本科生毕业论文（设计），24个学院8252位同学的毕业论文评选出388篇优秀论文，48篇论文（设计）获得创新奖，获创新奖最多的学院分别是土木工程学院和工商管理学院（均为5篇），物流管理专业、人力资源管理专业、网络工程专业、外国语学院的英语（教师教育）专业表现突出；在本年级开展的命题作文写作考试中，表现较好的学院有人文学院、建筑学院、新闻传播学院和教育学院。（四年级专场）

第三，我想表达的是，在未来的几个学年里，我们特别期望些什么。有四点我想特别提一下：

一是要在立德立志上明辨方向，坚定前行。立德要立什么德？就是要明大德、守公德、严私德。明大德，就是要铸牢理想信念，在大是大非面前旗帜鲜明；守公德，就是要把实现中华民族伟大复兴作为我们的奋斗目标；严私德，就是要严格约束我们的操守和行为。立志要立什么志？就是要立爱党志、爱国志、爱真理志。爱党，就是要自觉听党话，坚定跟党走；爱国，就是要立志报效祖国、奉献人民，让爱国主义精神在心中牢牢扎根；爱真理，就是要树立马克思主义的信仰，汲取真理力量，坚定“四个自信”。

二是二年级同学要继续巩固爱体育、懂艺术。二年级之后大家参加的学年礼主题是“视野开阔”，但我们不能忘了“爱体育、懂艺术”。通过对同学们过去一年的观测评价，在爱体育方面，虽然有像体育学院的陈小君同学这样的学校自己培养的国际健将，但也还有不足，需要在长期的锻炼中才能形成“运动特长”，生命、土木、数学三个学院是满分 10 分，计算机、地理、马克思主义学院、卫斯理安学院没有表现，说明这几个学院体育竞赛学生参与度不高。在懂艺术方面，我们虽然有文体艺中心，也通过校园文化艺术节打造了中华经典诵读、新年音乐会等一系列品牌得到大家的参与和追捧，但我们也还有不足，过去一年举办过艺术类活动的学院全部是文科学院，理工科学院几乎没有，学生素质艺术发展评价排名前十的学院，人文社科类占了 7 个，理工科总体偏低。我们要补齐这些不足，利用好学校提供的平台，多巩固爱好，多养成习惯，爱体育、懂艺术，为我们今后拥有更加丰富的健康人生和艺术人生打下坚实的基础。(二年级专场)

三年级同学要在爱体育、懂艺术上持续用力。我们上一场的学年礼发布的“爱体育、懂艺术”评价报告显示：过去一年，全校 21463 名同学参与了“运动世界校园” APP 跑步项目，一年跑步总里程约 25 万公里，跑步人均次数前三名的学院平均 49.23 次/人；

我们的高雅艺术进校园活动一年演出30场，各类学生社团开展文体艺活动上千场次。这些方面，自然也有我们在座各位同学的参与。我在这里想讲的是，在即将度过的三年，同学们在下一场学年礼上分享的主题虽然不是“爱体育、懂艺术”，但在养成爱体育的良好习惯、培养懂艺术的高雅品质方面不能放松。同学们一定要利用好学校各种的体育、艺术资源，参加好各项体育、艺术活动，希望有更多的早晨能看到你们奔跑的身影，更多的场合能看到你们醉心艺术的神情，为你们日后拥有更加丰富的健康人生和艺术人生打下坚实的基础。（三年级专场）

四年级同学要在爱体育、懂艺术上不能放松。清华大学老校长蒋南翔先生曾经号召学生要“为祖国健康工作50年”。广州大学不是清华大学，但作为警句名言也应该给我们以莫大启示。没有健康，我们的人生将无基础；没有艺术，我们的人生将无品质。尽管你们四年级要面临毕业、就业、深造等诸多挑战，但体育锻炼一定不能忽视，希望运动习惯和健康的生活方式能够在最后一年里陪伴你们；同时也希望在这最后一年里，利用学校为你们提供的平台，多了解一点音乐，多关注一下绘画，多诵读一些诗歌，多亲近一切可以亲近的艺术，使你们可以在离开母校之后有一个更好的健康人生和艺术人生。（四年级专场）

三是二年级要在视野开阔上有更出色的表现。学校非常重视对同学们阅读和实践能力的培养，推出中华经典“百篇”“百书”，每年送出近1000名同学赴包括剑桥大学在内的世界一流大学交流访学；“第二校园访学”活动覆盖全部学院，每年有500位同学到各种校园访学，近万名同学参与经验分享；每年我们还组织超过90%以上的同学参与各种形式的社会实践。在今后的一年里，我希望你们在大学期间读更多的书、读更好的书，让阅读成为一种习惯，在阅读中开阔我们的心胸；希望你们走更远的路，在实践中受教育、长才干，能够看到别人看不到的风景；希望你们有更多的学习交流，有更多的专业分享，有更多的社团活动，有更加出色的全球交流，有更加饱满的第二校园学习，更加坚定文化自信，更多拥有国际视野。在下一年学年礼的主题上，希望你们在这方面更加出新出彩。（二年级专场）

三年级同学要在视野开阔上继续做优。刚刚对你们发布的是过去一年各学院在“视野开阔”方面表现的报告。可圈可点的地方很多，但同时也存在不足，如在学院举办经典阅读活动次数上，排名前四的学院举办场次都在 15 次以上，而排名后三的学院这方面还没见到行动，且理工科学院的排名都不太理想。希望我们接下来在视野开阔上要继续努力，补齐不足，充分用好学校提供的资源，在大学期间读更多的书、读更好的书、走更远的路，有更多更丰富的交流分享，拥有更加坚定的文化自信。不管是学院还是学生，我们都不能留下遗憾。（三年级专场）

四年级同学要在视野开阔上有更优的表现。在座各位进入四年级，可能要有更多时间做毕业论文（设计），要去实习，要找工作，希望你们在视野开阔这一方面不能放松。习近平总书记指出，“社会是个大课堂。青年要成长为国家栋梁之材，既要读万卷书，也要行万里路。”我们身边也有在视野开阔、知行合一上表现出色的同学。临近毕业不忘多学，不忘多问，读更多的书，走更多的路，勤学多问才能求得学问，力行多思才能求得真理。通过不断拓宽知识和实践的视野，不因处在大学的最后一年而放松拓展自己视野的各种机会，要更加坚定文化自信，更多拥有国

际视野。（四年级专场）

四是二年级同学要在能力发展性强上下功夫。未来的挑战是无限的，最好的应对之道就是我们拥有不惧万变的能力。关于能力发展性强，我要强调的是四种能力：一是专业能力，二是沟通能力，三是合作能力，四是创新能力。虽然能力发展性强是三年级的主题，但我们的专业能力需要逐年提高，我们口头和书写的表达能力需要不断强化，我们的团队合作能力需要不断锻炼，我们的创新能力需要逐步养成，这些都需要从现在做起，从每一门课程做起，从每一次表达做起，从每一次合作做起，让创新的种子埋进我们充满阳光的梦中。（二年级专场）

三年级同学是要在能力发展上有实质性的提升。下一年同学们要参加的学年礼的主题是“能力发展性强”。正如刚才学年礼开篇解说词里所提到，学校希望你们的专业能力、表达能力、团队合作能力和创新能力能有出色表现。这不应该只是学校的期待，而应成为对自己成长的一种期许，我们可以问一下自己：我们是不是在准备？是不是有进步？我们的专业能力需要逐年提高，我们口头和书写的表达能力需要不断强化，我们的团队合作能力需要不断锻炼，我们的创新能力需要逐步养成，这些都需要我们从现在做起，从每一门课程做起，从每一次表达做起，从每一次合作做起，让创新的种子埋进我们充满阳光的梦中。在下一年学年礼的主题上，希望你们在能力发展性强方面有更好的表现。同时，我们或者要努力达成这样的目标：在课室，我们学习得更加专注认真；在宿舍，我们生活得更加干净整洁；在校园，我们活动得更加健康向上；在虚拟空间，我们表现得更加自律清朗。（三年级专场）

四年级同学要在能力发展上进一步增强。未来的社会发展一定是远超我们想象的，我相信同学们谁都不想做新时代的落伍者，那就一定要拥有过硬的本领。我希望同学们要进一步巩固和提升四种能力，包括更好的专业能力、更好的表达能力、更好的团队合作能力、更好的创新创业能力，作为我们大学追求中自己获得的最好的毕业礼物，同时我也希望你们在大学最后一年里的能力成长与能力表现能成为学弟学妹们的榜样。（四年级专场）

在这里，我要代表学校向各学院、各职能部门、各位老师对学生成长的陪伴表示最衷心的感谢。习近平总书记强调，“广大教师要做学生锤炼品格的引路人，做学生学习知识的引路人，做学生创新思维的引路人，做学生奉献祖国的引路人。”我拜托各学院、各职能部门，还有各位老师，包括我们的第一班主任、班主任，包括我们的社团指导老师、辅导员，包括我们的任科老师、管理服务人员，要做好学生成长成才的引路人、同行者，为学生成长成才，为学校人才培养目标的充分达成创造更多的平台、更好的条件、更优的资源，共同凝聚起全员育人的强大合力，推动培养德智体美劳全面发展的社会主义建设者和接班人在广州大学得到充分实现。

习近平总书记多次告诉我们，青年一代有理想、有本领、有担当，国家就有前途，民族就有希望。中华民族伟大复兴的中国梦终将在一代代青年的接力奋斗中变为现实。在今年纪念五四运动 100 周年大会上，总书记号召“新时代中国青年要珍惜这个时代、担负时代使命，在担当中历练，在尽责中成长”。今天的学年礼应该成为各位同学在追求“德才兼备，家国情怀，视野开阔，爱体育、懂艺术，能力发展性强”新航程的新起点，希望同学们奋进新时代，求真学问，练真本领，做新时代的学习者、成长者、奋斗者、建设者和接班人。

期盼能在明年的典礼上见证更好的你们！

立德树人守初心　潜心问道冲一流*

今天，我们欢聚一堂，热烈庆祝第36个教师节。在这里，我代表学校向在座各位并通过你们向全体教职员工致以节日的问候！

不知道大家有没有留意到，我们广州大学的教师节表彰活动与往年有什么不同，我觉得至少有三个环节是不同的。

第一个环节的不同，就是我们的荣休仪式。我们为今年退休的老师举行荣休仪式，颁发纪念奖牌，感谢他们在职业生涯中为学校建设发展做出的贡献，因为学校办学前进的每一步都有他们的一份功劳。所以我提议，大家用热烈的掌声对我们的老教师们表示最衷心的感谢！

第二个环节的不同，就是我们的荣进仪式。这个可能有些学校没有。我们根据教育部的要求，对今年新加入广州大学的老师举行隆重而简朴的欢迎仪式，因为广州大学的未来发展要靠他

---

* 本篇是在学校2020年教师节表彰大会（2020年9月10日）上的讲话，根据录音整理。

们。所以我提议，大家用第二次掌声对我们的新老师们表示最热烈的欢迎！

第三个环节的不同，就是《我们的大学》赠书仪式。这是其他大学绝对没有的。我们这一本《我们的大学——广州大学教师人才培养、科学研究、服务社会、传承文明录2019年》记录了在过去一年我们全体的教师，在教书育人、科学研究、服务社会、传承文化方面，做了些什么？我们尽量通过一本书的方式把它记录下来，广州大学的发展需要我们全体教师的共同努力。所以我提议，我们将第三次掌声送给在过去一年以及过去若干年所有为我们这个学校发展做出贡献的老师们！

下面，围绕今年教师节的主题，我讲两个内容：第一个是立德树人守初心，第二个是潜心问道冲一流。因为我们老师所做的工作就是围绕这两个内容进行的。

一 立德树人守初心

立德树人是大学的根本任务，是党和国家的教育方针所规定的，从党中央到教育部再到广州大学都是要做好的。对于今年教师节的主题，“立德树人守初心”就是要求全体教师要立德树人，要勇担重任。就在昨天，在全国第36个教师节到来之际，习近平总书记代表党中央，向全国广大教师和教育工作者寄语。总书记指出，面对突如其来的新冠肺炎疫情，全国广大教师迎难而上，奋战在抗击疫情和“停课不停学、不停教”两条战线上，守护亿万学生身心健康，支撑起世界上最大规模的在线教育，为抗击疫情作出了重要贡献。总书记提到的广大教师，当然也包括我们广州大学的教师在内，我们自己可以对号入座。总书记还谈到，今年是决胜全面建成小康社会、决战脱贫攻坚之年，全国广大教师用爱心和智慧阻断贫困代际传递，点亮万千乡村孩子的人生梦想，展现了当代人民教师的高尚师德和责任担当。在这个方面，我们广州大学的老师也做了不少工作。总书记接着提出，希望广大教师不忘立德树人初心，牢记为党育人、为国育才使命，积极探索新时代教育教学方法，不断提升教书育人本领，为培养德智体美劳全面发展的社会主义建设者和接班人作出新的更大贡献。总书记为我们进一步做好工作指明了方向。事实上，我们广州大学的老师干得都很好。刚刚，我们接受表彰的这批老师就是这样的好老师。我们今年还专门增加了一项内容，表彰了一批疫情防控期间，在线上教学、管理教育工作方面表现突出的"疫情防控最美教师代表"。需要注意的是，他们是代表，因为在过去近8个月的疫情防控过程当中，我们全体教师可歌可泣的事情太多了，今天受表彰的只是其中的一些代表。

许莹冰、杨恒平、张晓苏、胡春、陈德义、李军红、喻晓雯是学校两千多专任教师的代表。他们的事迹表现在服务于学校教书育人、服务于国家抗疫大局，比如新闻学院的许莹冰老师，组织学生录制以扶贫先进人物事迹为题材的系列广播剧《高山上的银杏》，该剧在广东电台、人民日报、学习强国、喜马拉雅等平台播放，取得较大社会反响，受众人数超数十万。人文学院历史系的杨恒平老师，他的课程思政做得很好，课堂上注重以史为鉴、言传身教、思想引领，增强学生的家国情怀和文化自信。人文学院的张晓苏老师是湖北荆州人，疫情发生期间，她刚好也在荆州。广东医疗队驰援湖北荆州，但是听不懂荆州话。于是张晓苏老师及其所在的“战疫语言服务团”发挥专业优势，紧急编写《驰援湖北——普通话与荆州方言语言服务对照表》，在荆州话和普通话之间做了一个翻译手册，为医护人员提供语言服务，解决医患沟通问题，为援鄂医疗队有效开展工作提供了帮助，也非常暖心。大湾区环境研究院的胡春老师刚刚做了发言，向大家介绍了她在培育学生方面的先进事迹。还有音乐舞蹈学院的喻晓雯老师，她在教学活动中表现也非常突出。

以上述教师为代表的专任教师在整个疫情防护期间坚守教书育人岗位，不停学，不停教，全校总共开出5059门课程，组织1809名老师为三万多名学生上课，线上教学有序、保质开展。陈德义、李军红两位老师是夫妻，疫情期间广州临床用血需求量大，缺口达40%。这个时候，我们的党员老师冲锋在前，积极参与学校组织的献血活动。那个时候在校老师还不多，他们住在校内，于是夫妻俩就都来了，是学校疫情期间第一批参与无偿献血的老师。他们还参与了生活区党员值班站岗，精神非常可贵，为学校抗击疫情作出了积极贡献。我们还有一批行政管理干部，自疫情发生以来，他们始终坚守在管理服务岗位，战斗在学校疫情防控第一线，比如像以黄志凯同志为代表的学工队伍，严格落实上级防控要求，加强学校的教育管理，有序安全组织好学生返校复课工作；以金友为代表的后勤管理服务队伍，发挥专业优势，做好学校与属地和上级医疗卫生机构的联络、数据统筹汇总，起草各项防控流程、疫情处置方案、通知指引等工作，为学校疫情防控工作提供专业的医护服务；以游金山同志为代表的安保队伍，在加强校园防控，守好校门，排查安全隐患，严防疫情输入校园等方面做了大量工作；还有以两办袁渭锟同志为代表的综合管理部门的同志，每天各种材料的上报，学校各项工作的布置落实，也是需要经常加班加点干到深夜的。以上述11位为代表的全校教职工在各自岗位上为学校疫情防控，为保障师生的生命安全和身体健康都做出了非常重要的贡献，学校对他们进行表扬其实就是表扬大家在这个方面所做出的努力。立德树人守初心，教师们的奋进担当，在我们广州大学是可圈可点的。初心守得好，成绩就出得来。

我们校领导班子集体也是率先垂范，靠前指挥。自疫情发生以来，校领导每天要开一个专班会，每天处置学校疫情防控工作中的各种事情，学工、安保、后勤等有关职能部门每天都要值班，反馈和落实专班会的要求。截至目前，专班会一共开了200多次，提出各种整改建议800多条。每一条都要落实，落实情况还要督办检查，这里面有大量的工作需要全校各单位以及我们的教职工来做的。所以，我在这里建议把第四次掌声送给我们疫情防控中所有的同事们，也包括我们的校领导，感谢大家的共同努力来守护我们校园的安全。

二　潜心问道冲一流

“潜心问道”是总书记在2016年全国高校思想政治工作会议上对教师们提出来的一个要求，总书记强调，要坚持“四个相统一”，引导广大教师以德立身、以德立学、以德施教，其中就包括“潜心问道”这四个字。结合今天教师节，我们再重温这四个字做一点发挥，我们问的是什么道？我想我们至少需要问三个方面的“道”：第一个问教书育人之道，第二个问学术科研之道，第三个问尊师重教之道。那在这三个方面做得怎样呢？

第一，问教书育人之道。

刚才胡春老师的发言，我觉得讲得很好，都是她教书育人的心得，尤其是她讲到种瓜得豆的事。这实质上是对学生因材施教，有教无类。这一点我觉得我们很多老师都会有共鸣，也会有很大启发。当然我们也知道，在今年我们新入职的老师和即将荣休的老师，在教书育人方面来说，老教师做出了榜样，新教师也有了奋进目标。总书记在不同的场合多次对教师提出要求，这是我们做好工作的遵循。总书记要求广大教师担当好引路人的责任，要做学生锤炼品格的引路人，做学生学习知识的引路人，做学生创新思维的引路人，做学生奉献祖国的引路人。今天有不少年轻老师来到会场，我们有一个说法和总书记的要求大致相仿，就是希望我们的老师，尤其是新老师要做到从站上讲台，到站稳讲台，最后到站好讲台，这个时间越短越好。我们希望在第一年、第二年和第三年，年轻老师这三种站姿都能够体现出来。这既是时代的要求，也是年轻老师对自己的一种期许，更是学校对大家的期待。

问教书育人之道，还有非常重要的一条，就是每一位老师一定要秉持我们办的是社会主义大学的根本立场，扎根中国大地，始终坚持社会主义办学方向。我们在教任何一门课，做任何一件事情，面对任何一位学生的时候，我们都要想一想，现在做的这个事情，是不是能够使我们的学生学成之后，能够为人民服务，为共产党治国理政服务，为中国特色社会主义制度服务，为建设社会主义现代化国家服务，这就是我们的办学方向。这是第一问，要把这个问回答好。

第二，问学术科研之道。

教学和科研是高校两大主题。我们的老师在疫情防控期间，在学术科研和教学工作上，还得铆足劲向前冲。学校正在制定“十四五”规划，正在谋划下一阶段的蓝图。在开学初的校党委三届五次全体会议暨中层干部读书班上，明海校长也做了一个专门的规划。我们在未来的“十四五”期间，“重大基础设施安全+智慧”和“信息+智慧”两个科研创新枢纽应该怎么建，“新材料新装备新制造”“新空间新地理新环境”“生命科学与精准医疗”“数字技术与数字经济与管理”“文化艺术与科技”和“教育与信息技术”这6个交叉类学科应该怎么建，我们的新师范、新文科、新工科、新理科在守正创新上应该怎么建，这些重大的建设都和我们的学术科学研究有直接的关系。

昨天晚上，今年国家社科基金结果发布，广州大学成绩不错，今年比去年又有进步，立项28项，全国排第30名，广东位居第4，在中大、暨大和华工之后。在取得较好成绩的同时，我们要特别注意像华南理工这样的工科学校，现在的文科也上来了。这说明什么问题？我们要研究如何在“三个对接”“三个面向”上做更大、更深、更漂亮的文章，这是接下来要重点谋划的工作。我们一直主张和坚持“三个面向”，面向国际学术前沿、面向国家重大战略需求、面向国家和区域经济社会需求，这不是口号，是真正与我们每个老师现在的学术研究密切相关的，尤其是我们现在做交叉学科建设，这块有大量课题可以做。我们要把这一问回答好。我注意到总书记在昨天的寄语中也明确提到这一点。总书记希望广大教师不忘立德树人初心，牢记为党育人、为国育才的使命，积极探索新时代教学方法，不断提升教书育人本领。我们要把这些结合起来，把论文写在大地上，把论文写在课堂上，把论文写在实验室中。我想这是我们第二问需要做的地方。

第三，问尊师重教之道。

今天是一年一度的教师节。国家设立教师节，就是要利用这个节日提醒大家，在国家社会发展过程当中，有一批人在培养我们未来的建设者和接班人，他们的奉献值得尊重，他们的努力值得肯定，他们的继续前行需要致敬。总书记在不同场合以及今年的教师节寄语中强调，“各级党委和政府要满腔热情关心教师，让教师真正成为最受社会尊重和令人羡慕的职业，在全社会营造尊师重教的良好风尚。”我们自己就是老师，不管是在讲台上给同学授课的专任教师，还是在讲台下履行行政管理服务职责的管理人员，广州大学在尊师重教上都做了大量工作。但我总觉得还是做得不够，特别是在如何能够让我们的老师教得更加放心、更加开心、更加尽心上，还有很大的差距，我们一定要更加努力改善学校的教学条件。举个例子，我们想老师就餐环境好一点，就把竹苑进行了修缮，现在搞好了，环境很好，学生也来捧场，马上就人满为患，又带来新的管理问题。在这里，我给管理部门的同志提下要求，在未来的时间里，我们要为老师们可以安心从教、静心从教、舒心从教，尽其所能提供更好的支持、更好的帮助。市委、市政府对广州大学的发展非常重视，主要领导亲力亲为，到广州大学来给我们交代任务。我想强调的是，从细节做起，小事就是大事，细节最显真心。再举个例子，就是我们开学第一天，因为常态化疫情管控，教师要进校，8：30 要上课，我们就要想到，要怎样让老师快速通行，同时能够快速找到车位停车。这些问题都要提前谋划好，做实做细。

这样的事情还有很多，希望接下来我们的尊师重教在学生那里能得到最真切的反映，在学校的管理方面也能得到最真实的反映。这些问道都回答了之后，目标是什么？就是冲一流。什么样的一流？就是大学建设的一流、高水平建设的一流，尤其是我们即将提出的广州大学未来通过若干年的建设，发展成为一流创新型大学的目标。只有把这些做好了，我们提出的潜心问道，我们的这个教师节才达到了庆祝和致敬的目的。今年这个年份也很凑巧，尊师重教，今天是 2020 年 9 月 10 号。如果用现在网上青年的话来说，就叫爱你爱你就要你。这就是我们对大家教师节的祝福。谢谢各位！

下编

大学里的以文化人

大学精神与大学文化谈片*

大学精神和大学文化是个很难一概而论的事情。这好比各种不同的家庭，有的家底殷实、名门大户，拿出来的东西通常可以是琳琅满目。他们亲戚又多，交游又广，即使从后犀仓库随便抽出来的一件东西，说出来你只有发呆的份儿了。新的家庭呢，小两口新鲜劲儿过了之后，又不能啃老，真想把日子过得有滋有味、有根有底，那还得费好多经营的功夫。

最近读蒋梦麟先生早年写的《西潮》，里面有一个细节让我印象深刻。说是抗战时期，北京、南京好多大学南迁，那个搬家的难啊，比咱迁入大学城难多了，很多教授是连老婆孩子都没有办法带走的，可就有那么一个校工，因为舍不得那些澳洲牛安哥拉羊荷兰马之类的校产，居然能在那个兵荒马乱的时代领着牛啊羊啊穿过半个中国。那会儿可没有物流快运，全凭这些长着四条腿的国际朋友一步一叩首地丈量完那蜀道，等到当年的学校领导在重庆街头看到这群蓬首垢面的老相识时，忍不住与那位校工抱

* 本篇原载于《广州大学报》第128、129合期（2008年1月15日）。

头痛哭。一个学校要有文化与精神，首先是要有一群热爱这个学校的人，就像那位校工一样。其实没有人要他这样做，是他自己心甘情愿这样做的，因为他认为自己就是这个学校的人，学校就是他的家。

学校如家，家里的爷们常常是有各种各样的脾气的，脾气好的大家对他敬三分，脾气猛的大家也对他服三分。学校里那各种各样“爷们”脾气常常会把一个学校弄得五色生香风生水起。你说当年那周氏兄弟同在一城，为兄的上课虽是兼职，却可以把课讲得汪洋恣肆，叫台下的学生着迷，还从此生出了一世可圈可点的爱情。那为弟的讲课虽是全职，却总是把一堂好课讲得吞吞吐吐，像做了什么亏心事一样，叫人疑心他是不是昨夜又受了那日本媳妇的欺负。学校里那种学问好、性情真而又品德高尚的爷们最值得我们尊重，他们的言行是我们种桃树李的过程中最为珍贵的养分。比如说挨饿瘦到不足 80 斤仍然不食嗟来之食的朱自清，比如说希望自己活到 80 岁却最终在 47 岁遭了暗枪的闻一多，他们更是真正的爷们。老师所为既是学校精神与文化发展的酵母，也是学校精神与文化发展的保姆。要是爷们不努力，后生们的舌头随便抬几下，就把为师的我等给灭掉了，如果是这样，那还真不如回家做豆腐乳去。

至于“家”里的帅哥美眉，当然更是学校精神和学校文化的创造者和实践者。最近翻曾子墨的《墨迹》，里面写到她到一所美国常青藤盟校学习的时候，见识了这个学校的一个奇怪的传统，叫作“达特茅斯之夜”。白雪皑皑的冬夜里，若干同学硬是穿着睡衣出镜狂欢，最出彩的则是那些男同学，则是连睡衣都不要了，呵呵，说是要让新生们去领会那种青春蓬勃的“达特茅斯精神”，那个热闹啊，使得这个来自文明古国的东方丫头多年之后还念念不忘。我这里当然不是鼓励我们的学生也弄个什么午夜狂欢的传统出来，我想说的是，我们这些日后史称“80后”的帅哥美眉们，可以再多一点学校精神与校园文化的创造自觉。咱学校老树尤少新绿正多，正可以让大家打上青春的印记。如果大家多少年之后能够非常容易地勾勒我们青春岁月中的热点亮点，那就自然会成就一个学校的传统与辉煌了。

或者我们这样说吧，大学精神也好大学文化也罢，除开那些屋里屋外的石头风景或者墙上梁上的老虎鱼儿，剩下的全都是“人”了。校也好，家也罢，爷们宠它，美眉爱它，这就是精神所使、文化所趋。我们时常所说的广大精神，那背后藏着的不都是个“人”字么？等到咱后屋仓库升格成典藏室了，孩子大了，亲戚多了，如果大家哪一天想起要到咱家来开个沙龙吃个围餐，咱端出的好酒好菜可以叫隔壁的梅表姐钟大爷也流口水，那我们的精神与文化就全都出来了。

仪式之背后的价值*

任何一所大学每年都会有一批毕业生离开校园，广州大学也不例外。今年，广州大学毕业的本科生加上研究生大约是五千多名。与往年略有不同的是，学校为这批毕业生中获得学位的同学举行了一个隆重的学位授予仪式。在相当程度上，我们应该充分认识到学位授予仪式所蕴含的价值。

现代大学的学位制肇始于十三世纪的欧洲，我国近现代以来对大学学位的接触与接受也曾经在国家教育史上留下过微迹轻痕，不过最为显著的一个标志是在 1980 年我国通过了《中华人民共和国学位条例》，并在 1981 年开始实施，而现在获得学位的毕业生们“峨冠博带”的学位服则是依据 1994 年国务院学位委员会审定通过的。广州大学既往的做法是挑选少部分获得学位的研究生与本科生的代表在毕业典礼上进行象征性的学位授予仪式，这次则不同，学校举行了大规模的学位授予仪式，其目的是想让更多的同学能够经历这个仪式，体认这个仪式背后的价值。

---

* 本篇原载于《广州大学报》第 139、140 合期（2008 年 6 月 30 日）。

从来源上讲，博士、硕士、学士学位的获得最初是欧洲早期具有行会色彩的大学对于受教育者学习水平的一种承认，从学徒（本科生）到工匠（学士），从硕士到博士，渐次递增。不过经过近千年的发展，现代大学的学位制度的完善性与学位授予仪式的象征性及其影响力较之它的产生时已经有了巨大发展，具有更加丰富的内涵。

首先，不管你是研究生还是本科生，我们想通过这样的仪式向每一个获得学位的毕业生提示：几年的学习终于结束，你获得了相应的学位，这意味着你同时应该担当起相应的责任。我们希望每一个学位获得者都能够在自己的人生历程中可以自觉地成为人类优秀文化的传承者。

其次，这样的学位授予仪式也是在向每一个学位获得者宣示：学位的获得既标志着你人生求学求知一个阶段的结束，又意味着你追求科学真理新阶段的开始。学位授予仪式既留下你单纯而又快乐的大学生活的最后一瞥，又开启了你必须向前行走的丰富斑斓的人生大课的新的大门。我们所获得的学位在提醒我们：离开学校，每一个学位获得者应该担当起更多的社会责任，更加自觉地成为人类文明的传承者。

当然，还有一点，从一个学位获得者的母校的角度说，举行这样的学位授予仪式是学校培育大学精神与大学文化必不可少的组成部分，它想通过这样的仪式，为自己的学生送上母校最具文化意蕴的祝福，同时也坚信我们的学生能够在离开母校之后取得更多的辉煌。正如今年的一位毕业生在惠风和畅论坛中写到的那样，“当庾建设校长为我的学士帽拨穗的时候，非常兴奋，心中只有高兴。而当脱下学士服的那一瞬间，我知道，也许我跟学生生涯告别了。在这个美丽的大学城，度过了难忘的四年，留下了太多太多美好的回忆。明天拿了毕业证，我就成为一名校友，未来还有很长的路要走，我要做的就是带着四年温暖的记忆去迎接明天的太阳，让青春无悔!”毕业生是这样想的，母校何尝不是这样想的呢？愿学位授予仪式背后的价值能够成为所有同学不断前行的一种有力的精神资源。

我们的选择与制度的重量*

9月23日，学校在学术报告厅举行了一个简单而又隆重的仪式，启动了广州大学领导干部联系班级的工作，几乎与此同时启动了专任教师值班制度。这两个制度的出台是源于大学城教育存在的教、学分离的矛盾。这就是我们通常所说的教师走教、学生住学的矛盾。如何解决这个问题，基于学校的实际，我校作出了一个非常重要的选择——走进班级。从政治层面看，两个制度的出台是学校进一步解放思想，推动学校科学发展大讨论活动的一个宝贵成果；从文化层面看，两个制度的出台是一所高等学校对自己教书育人社会功能的一种自觉追求；从操作层面看，学校出台的这两个制度是已经实施的名师教授走近大一新生、干部教师全员育人、全程育人的一种完善。

选择走进班级，让我们的干部与教师有更多机会看到学生在班级中的成长；选择走进活动，让我们的干部与教师有更多的时间看到学生在活动中的思考与创造；选择走进宿舍，让我们的干

* 本篇原载于《广州大学报》第143、144合期（2008年9月28日）。

部与教师有更多的机会感受到我们的学生在生活中的苦恼与欢乐。与此同时，进班级、进活动、进宿舍也一定会让我们的学生有更多的机会享受到来自学校干部与老师的那种精神的指引、智慧的启迪以及深切的关怀。若干年后，一个学生可能不记得某些课堂上的内容，但有可能一场不足一节课时长的谈话甚至是一个不经意的关切的姿势，会在他的记忆中成为惦记母校及母校老师的一种标志。

所以我们有一个感觉，这两个制度具有一种重量，一种现代大学尤其是在刚刚开始建设的大学城中的大学所特有的一种重量。这种重量首先体现为学生对社会的一种企盼，在很多场合，我们经常可以听到一种声音，就是学生希望有更多时间和自己的老师待在一起，这种企盼逐渐成为学校发展过程中的一种不可承受之重；同时，这种重量还体现为学校的教育者与管理者的一种力量，这种力量的聚合也逐渐形成一种不可拒绝之重。制度的重量将会以一种集体的方式释放与接受。我们所有的老师与干部在释放它，我们所有的学生在接受它，它最直接的表现形式应该是一所学校逐渐形成不断积淀并能与时俱进的良好的学风、教风与校风。

领导干部联系班级和专任教师值班当然不能代替学校既有的学生工作干部队伍的工作和专任教师的课堂教学工作，它是我们教育教学工作的一种加强与延伸，这是一种大教育、大教学。为保障两项制度的顺利实施，学校党委专门出台《关于实施领导干部联系学生班级与专任教师值班工作的通知》，《通知》要求我们一要统一认识，明确职责分工；二要精心组织，保证顺利实施；三要讲求实效，形成长效机制；四要完善制度，进行科学考评；

五要加强宣传，营造良好氛围。我们应该按照《通知》要求去做，同时我们也有充分的理由相信这两个制度能够得到成功并且是富有创造的一种实施，因为站在这两个制度后面的是我们广州大学的非常优秀的干部队伍和专任教师队伍。当然，还有我们全校二万多名成长成熟中的学生。

好老师是怎样产生的*

好老师是怎样产生的？初看起来，这似乎是个不太新鲜的问题，可最近我们广州大学的学生专门就这个问题做了一件比较新鲜的事情，那就是由学生们自己投票，评选出最受学生欢迎的老师。在某种意义上，这是一次不设门槛的评选。要说标准，那也有一个，就是“最受学生欢迎”。学生投票也是完全自由的，如果你认为没有值得你欣赏的老师，你也可以选择放弃。但实际的结果还真是有点出人意料，全校两万多个学生，居然有将近一万五千名同学参与到这个投票评选活动，“追捧”他们认为最受欢迎的老师。虽然从策划的角度看，专业课与公共课，大学院和小学院产生的“最受学生欢迎的老师”的人数可能会不一样，但从学校整个面上的情况看，一共有近千名专任老师得到学生的提名，这不能不说是一件令人高兴的事情。

这次评选活动中同学们拥有完全的推评权，任何一个同学都可以说出他喜欢某位老师的理由，没有任何的框框与教条。照道

---

* 本篇原载于《广州大学报》第162期（2009年6月15日）。

理讲，各位同学的推评理由一定是五花八门的，因为是匿名，是想说啥就可以说啥的。但就同学们已经给出的理由而言，我们可以比较容易地辨认出最受同学们欢迎的老师的大致模样。

这些老师通常是一些知识比较渊博、学养比较深厚的老师。他们在学生面前经常纵横捭阖、洞天别开，所以学生的推评中就有“旁征博引、知识渊博、博学、专业、知识面广”等一类的感言。这些老师通常也是一些比较有趣味、有风度的老师，他们总是能够让学生感悟到一些对人生的真性情，对生活的真热爱，所以他们就收获了学生“翩翩君子、温文尔雅、风趣幽默、气质优雅、有型、有内涵、有个人魅力”等一类的赞评。这些老师通常又是一些比较关注学生学习发展和学习感受的老师，他们上课一般非常认真，教学方法灵活，教学效果好。所以有好多同学说他们“教学认真、上课严肃、讲课易明、精彩、负责、能够引导学生多角度思考”。只要留心一下同学们的推评，就会发现同学们在这方面是敲击键盘加以赞评最多的。同时，这些老师通常还是一些很善良、很关心同学的老师，经常能和学生聊天，比较具有亲和力，所以学生说他们“能和同学打成一片、和蔼可亲、平易近人、笑容灿烂、人好好”。我相信学生的评价都是一些真性情的评价，其中有些可能也不太全面，但是我们高度认可同学们的这种发自内心的对优秀老师的赞美。

我没有统计过这次同学们推选最受他们欢迎的老师的理由到底有多少条多少类，我相信应该还有很多理由可以说出，很多模样可以描画。不管是获得提名的多数老师，还是最后能在今年的评选活动中可以“成功晋级”的一百来位老师，我都衷心祝贺他们收获了来自全体同学的爱戴。我们希望这样的活动每年都有，甚至还可以产生出最受学生欢迎的教师年度人物。

回到文章开头的问题。好老师是怎样产生的？我想回答可以有很多种选择，其所依据的具体指标也可以多种多样。但不管怎样，来自受业生徒这方面的评价应该是选择之一。它可能不怎么全面，比较感性，但一定非常真实。只要稍微留心那些在历史岁月里被称为好老师的人，我们可以发现，他们之所以“好”，就是他们的学生在说他们好。作为一名好老师，他们受到了学生们的拥戴和欢迎。我们认为，这种来自学生的拥戴和欢迎在相当程度上比物质奖励更为珍贵。

大学故事断想[*]

我没事的时候喜欢读一些闲书，大学故事方面的书是我关注的一个内容，十多年前有几套丛书，是分学校出版的，叫《走近北大》《走近南大》《清华逸事》《南开逸事》等，当时读得比较起劲，长了不少见识。大学故事中比较私人性质的也有很多，像张中行的《负暄琐话》以及后来的“续话”与“三话”，钱穆的《八十忆双亲师友杂忆》，何兆武的《上学记》，浦江清的《清华园日记》等，另外还有一些是后来人的记录阐释，如陈平原的《老北大的故事》，谢泳的《西南联大与中国现代知识分子》等，读来都有些让人上瘾。这些都是名校、老校的大学故事，那林林总总的描述总会让后生晚辈羡慕不已。但读着读着，我又慢慢生出另一个念头，所谓大学故事，其实未必只是名校、老校的专利，一般的学校也是会有的，而且不只是过去的学校有，当下的学校也会有。比如说，前两年有一本书叫《闪开，让我歌唱八十

---

* 本篇是《我们的大学——大学生文化素质发展日志年编（2009）》（暨南大学出版社，2010 年版）的序言。

年代》，不就是一个比较典型的新大学故事的版本吗？想起来，八十年代似乎离我们并不太遥远。那更近一点的、当下的大学是否也有呢？回答应该是肯定的。

毫无疑问，正是我们所处的大学，同样在演绎着各种各样的大学故事，粉墨不施，春秋自逮。只是因为它与我们关系太近，所以我们常常并不太把它当回事。每天我们都在参与，有时还有点漫不经心。从感性的角度看，这漫不经心倒是十分自然的：所谓“故事”只是意味着“过去”，而我们正在亲历着“现在”。不过最近我在这方面的态度有了一点转变。我试图问自己一个问题：我们能不能以一种恰当的方式记录下正在发生的人物与事件，并且使其拥有“大学故事”的价值，能够在今后的历史中成为谈论当下大学各种言说行为的一个样本？如果可能，我们应该以一种什么样的方式来保证这种“可能”呢？有标准答案吗？回答当然是没有。但这并不排除我们可以就此进行一番探究。

我想，首先这样的大学故事应该具有个案性。词典上的所谓个案，意即个别的、特殊的案件或事例。案件我们就不说了，把大学故事弄成安全教育手册或者侦破故事集没意思，剩下的那“个别的、特殊的事例”，应该是大学故事比较显著的特征。说个案，并不排斥群体，但如果把这个群体仅仅弄成一个学校大型活动展览，那也会失去大学故事的味道。即使是一个活动，作为大学故事，我们侧重考虑的应该是它里面那些耐人寻味的场景，最好能知晓它的来龙去脉。其次，作为大学故事，还应该有角色。这角色大致有两个，一个是老师，另一个则是学生。通常人们有种误解，以为大学故事是文科师生才有才说的故事，其实不然。先说几个比较有名的故事片段。老师方面，比如说钱穆是教历史的，他可以与学生一起把酒踏青，醉眼看花；梁思成是教建筑的，他可以一个学期高徒满堂，临期末考试时才发现全都是蹭课旁听的；丁文江是教地质学的，为了一个被土匪打死的学生，四处募捐，并将学生的孩子视为己出；马约翰是教体育的，早上碰到学生，常常要检查学生是否刷牙。学生方面的情形也大抵差不多。傅斯年当学生，因为在课堂上大胆臧否人物，这才和胡适结下终身的交情；潘光旦当学生，因一心想文武双全，练跳高终于练坏了一条腿，险些误了出国；闻一多当学生，因为赶不上城里的“五四”游行，便在饭堂门板上连夜手书岳飞的《满江红》以表心迹；丁声树做学生，看到先生有点入不敷出，就主动承担本不应有的经济责任；等等。翻开中国高等教育发展的历史，这样的大学故事多得很。再说当下的学校，同样会产生各种各样的大学故事，那些大校、名校暂且按下不表，就以我所在的这所学校而言，也同样如此。去年，广州大学的学生们自己搞了个活动，题目是“最受学生欢迎的老师”，大家海选，网上自由评说，就有不少老师大受学生追捧。其中，风流倜傥机锋屡至者有之，诲人不倦爱生若子者有之，逢课必早神聊学生者亦有之，学识渊博识断高明者更有之，一时之间校园之内蔚为大观。至于有些不太被认可的老师，大家网上海选时也可以将其调侃一下。学生方面呢，可圈可点的事情也是经常上演。比如说某月某日，一群学生会在汶川地震发生一周年的那个夜晚，自发地点亮风中的蜡烛，去纪念那些永远不再醒来的同胞。又比如说某月某日，一位学音乐的同学虽然家庭贫穷，在获得“十佳”学生奖励的当日，就主动捐出两千元奖金回报社会曾经给她的关爱。还比如说某月某日，一个学机械的同学，他的音乐作品居然在第七届金钟节上拿了奖，一个学化学的同学不但在英国皇家化学学刊上发表了高质量的学术论文，还从北京拿了“挑战杯”的全国一等奖回来，诸如此类，很多很多。当然，在这个群体中，有时也有令我们感到难过与忧伤的事情，但作为大学故事，它也有价值赫然在列，以引起现在的我们和今后的他们来反思。

说到这里，大家也许能够猜到这本《我们的大学》出现的原因了。如果它能够称得上是“书”的话，那它真正的作者应该是我所在的这所大学的学生，以及站在这些学生身后的老师们。我和我的同事们所做的工作，不过是收集些素材，逐日逐月地将它们连缀起来。在做这个工作的时候，我常常在思考两个问题，一是我们的大学应该是什么样子，它可以有些什么样的故事？二是我们的大学实际是什么样子，它正发生着一些什么样的故事？

关于第一个问题，实际上是没有定解的。亚里士多德在谈到教育问题时说，人的教育有两个东西特别重要，一个是闲暇，一个是自由学科。闲暇就会有故事，据说英语中“学校”这个词的原义就是闲暇。现代大学已经被各种严密的学科课程规划得十分齐整了，所谓闲暇，多半只能在课外实现，只不过这种闲暇不应该是无所事事百无聊赖，饱食终日，它同样也有着一些坐言起行的活动。在中国，“大学”这个词老早就有了，《礼记》中说“大学在郊，天子曰辟雍，诸侯曰泮宫”。我不知道这个大学里面是否会产生大学故事，大概会有吧。可巧的是，这大学在郊的描述，倒是与《我们的大学》的记录所在比较相似，辟雍与泮宫都是周边有水的岛地，正是吾地之象。不管怎样，人要有教育发展是古今一律的，“新人”这个词也不是现在才有的概念。有的时候，我们比较羡慕那种没有拘束的学习生活。以亚翁而论，他那个时代并没有现代意义的大学，所谓闲暇，应该是他和他的学生在林荫小道上一边散步一边讨论着各种问题。孔老夫子带学生，有时候也可以大家一起去游游泳、吹吹风，还可以唱唱歌，驾着马车到处跑，也算是一种社会实践吧，综合素质要好，不然就不是一个合格的学生。西方现代意义的大学在其发端也有一个非常显著的特征，那就是学生可以到处游学，集会演讲，道同则聚，道异则去。当然，那主要是因为宗教的原因，与今日的情况并不相同。关于第二个问题，它同样也没有定解。谁能告诉我，我们的大学到底是一个什么样子呢，不管是来自学校的各种文件与制度方案，还是来自同学的各种记忆与描述，我们所能看到的，都只是我们的大学的一部分。现在网络世界如此发达，我也很关注网络上关于大学形象大学故事的描述和记录，比如说搜狐与网易，都在教育板块中辟有大学的专门栏目与社区。但我们单独想从这个窗口去了解我们的大学，那几乎也是徒劳的，除非你有无穷的精力去“人肉”你的大学，或者你有一个超强的软件，能够将我们的大学瞬间一网打尽并且非常完美地呈现在你面前。实际上，这几乎也是不可能的。即使这个超强软件能够把所有信息都提供给你，你又如何能够阅读这海量信息呢？做云计算吗？况且，我们还有很多事情没有上网，你又如何能得到呢。禅宗说一沙一世界，一花一菩提，即使是面对同一个故事，你的所见与我的所感又如何能够达到一致呢。近代西哲关于这个问题，有着“他人即地狱”这个说法，也给我们出了一个天大的难题。

不过，即使这样，我们还是尽我们的力量编辑出版了这本《我们的大学》。据我们有限的了解，目前似乎还没有发现有类似的记录方式。截取一个年段来做记录，看我们的各路人物水凉血热、仗剑抱书、聚散因势、上下求索，一定是有价值可探究有味道可品鉴。我们有信心将这个东西拿出来，是因为我们相信它具有以下三点价值。第一，这里面所有的个案都具有原生态的性质。我们所做的，就是想保留一所大学中的学生从这一年的一月一号开始到这一年的十二月三十一号结束各种集体的或者个人的记忆。每一天他们都做了一些什么事情，他们在这个大学里发生了什么？留下了什么？在社会成功人士看来，他们现在都是小人物，今后也未必都能成得了大人物，但我们认为，他们在这个校园中所能产生的这一年的故事，是任何一个大人物都无法复制的。毕竟我们所在的大学不是“楚门的世界”，没有那种可供操纵的场景与角色，即使楚门的世界再现，我们所面对的也不是一个楚门，而是数以万计的当代真人。他们所进行的，是一段不可以复制的历史，我们所做的，就是将他们比较完整地记录下来了。第二，我们记录的焦点是学生。用现在通行的话来讲，这是一种“以生为本”的记录。我们想显示的，是在大学中的“这一群”在这一年中经历了一些什么样的故事，他们的晚会、他们的竞赛、他们的讲座、他们的志愿者、他们的文化节、他们的集会、他们的成功。大学的老师、大学的领导者与管理者在《我们的大学》中只是作为一种背景，他们的故事在这本书中并没有得到充分展现，或许这是一种遗憾。这并非是说我们大学的老师、领导者与管理者不重要，是因角度所限。带领好我们校园中的这些学生是我们这些人的天职。第三，我们确实想通过努力能够形成本文开头之所企：以一种恰当的方式记录下正在发生的人物与事件，并且使他拥有“大学故事”的价值。我们非常希望能够通过这样的方式，为我们观察研究当代中国大学生的校园生态环境与素质养成过程提供一个样本，这个样本不但可爱，而且清晰。当然，这种可爱与清晰只是相对的，实际好些素材样本在我们的编辑过程中都放弃了。未被记录者并不等于就没有价值。还有少数日子我们没有记录下它所发生的大学故事，但这并不意味着这些天就没有故事，只是那故事我们还没有看到。我们的大学应该是一个进行着充分的素质实验与素质养成的所在，它包含着各种可能的开始与结局。出版并非我们最终的目的，也说不定那些未被刊出的素材更有价值，我们的学生会拥有这份价值的清单并可以将它保存好，以作为一种历史的印证。附带说一句，这本书可能还会有一个作用，对于那些刚刚踏进大学校园的同学而言，如果他们碰巧见到这本书，要想了解一所大学在某年某月通常会发生什么事，这里的记录大概可以作为一种参考，虽然够不上全面，但毕竟可以大致把握。

当然，所谓大学故事，也可能在今后的描述中被言说者添油加醋。这并不奇怪，或者我们需要的只是里面的那种味道与精神。从某种意义上讲，大学故事的真正流传，正是通过各种各样的变形才得以完成的。希望这本《我们的大学》能够成为今后关于这所学校 2009 年大学故事的一个凭证，我相信它是有这个资格的。

从大学的人才培养功能说起*

中国现代大学制度的建立到现在有一百多年的历史了，如何培养学生是任何一所大学都必须面对的问题。我们讲大学的三大功能：科学研究、培养人才、服务社会。培养人才应该是这三个功能中最具标识性的。在现代社会一般公众的眼中，谈起某所大学，浮现在脑海中的一定是这所大学培养出来的或正在培养着的学生群体。近些年来，对大学生培养的基本标准已逐渐形成了共识，那就是我们通常所说的厚基础、宽口径、强能力、高素质。这几句话大家虽然都是这样说，但是围绕它进行的各类教育教学实践却不是一语可以道尽的。它既可以上升到一个学校的办学理念层面进行设计，也可以在学校的人才培养方案中得到扩展体现；它既可以在一个学科专业的建设中得以实践，也可以在学校的校园文化活动中得到落实；它既可以进入课堂、实验室加以融会，也可以走出书斋、研究所得到贯通。这里面各个层面与环节

---

* 本篇是《科学与人文教育读本——广州大学博学讲坛之院长系列精粹》（华南理工大学出版社，2009年版）的序言。

的侧重点可能有所不同，但从人才培养的整体目标来看，如何使我们的人才培养过程能够文理渗透、专通相融，确实是要我们做出相应的选择与回答的。

2007 年 9~10 月，广州大学依托“博学讲坛”这个平台进行了一次有益的尝试，这次尝试可以概括为两个关键词：人文素质与科学精神。在近两个月的时间里，主持者邀请了学校 22 个学院的院长、副院长各给同学们做一次讲座，在讲座之前大家有一个约定，请理工科的院长给文科学院的学生做讲座，文科学院的院长给理工科的学生做讲座，彼此结成对子，各自疑义相析。院长系列活动得到了各个学院的热烈响应，这个集子就是各位院长、副院长讲座原汁原味的录音。从实际效果来看，这次活动可以称得上是广大学子难得的一次精神大餐，是学校进行专通相融人才培养的一次校园文化活动实践。来自各个学院的领导都是“术业有专攻”的专家，他们站在各自独有的某个精神高地向同学们娓娓谈来，妙论时出。只要我们翻阅一下这本书的目录，就可以看到这次院长系列的讲座所涉猎的范围之广，真可谓“横看成岭侧成峰，远近高低各不同”了。因此我们有充分的理由相信这样的系列讲座能够使相关的听者与读者得到教益。用不同的眼光看世界，会使我们的人生更有品位，使我们的认识更加深刻，使我们的精神世界更加充实，使我们的研学之路更加开阔。这样我们才不至于变成一个单向度的人。

许多有大成就的人，他们的修养常常是多方面的。爱因斯坦的小提琴拉得很好，是一个懂得艺术的科学家。著名的数学家陈省身，执国际数学界微分几何之牛耳，他在晚年回到祖国后与著名国画大师范曾成了莫逆之交，最后离开人世时还拉着范曾的手。文科也有这方面的人物，如著名的语言学家赵元任，这位曾经担任过美国语言学会会长的先生最初学的是物理学，接着拿了哲学博士学位，第一份教职是接受美国康奈尔大学的邀请去教授物理，可最终谁又能想到他会在语言学方面成就更大的事业呢？同时他还可以称得上是一位音乐家，当年西南联大师生长途跋涉到达云南昆明的时候，就是赵元任先生带着他的几个孩子与几位同事的家属一起唱着由他谱曲的《遥遥长路到联合大学》的歌来迎接的。当然，他们都是已经故去的大师了，但我们认为这绝不应该只是一种过去的风景。在学科专业划分不断精细化的今天，如何能够成为一个思想通达、人格健全的人是我们不能回避的问题。否则，人如果越来越不能掌控自己的命运，最终就会被自己所创造的现代文明异化掉，那就谈不上真正的人的解放了。

最近碰到一件比较有趣的事情，意大利帕多瓦大学的副校长戴利乌先生访问广州大学，他要到北京与孔子学院总部签订建立孔子学院的协议，在广州逗留的时候，学校宴请他，宾主尽欢，次日他居然写了一首抒怀的诗。要知道，这位戴老先生的本职是心脏外科专家，几乎是望七的人了，谁知道他还有这样的雅兴呢？同时他到广州还有个特别的目的，就是他从世界美食地图上得知，广州有一个泮溪酒家，他坐了十几个小时的飞机，从欧洲飞过来，除开公务之外，一个很重要的目的就是要到泮溪酒家去“叹”一次早茶。

如果可以以此为喻，那我们所培养的人才，应该是一种会在世界上寻找各类知识美食做成精神大餐的人。大千世界佳味多多，就看我们舍不舍得花工夫去寻找、去品尝，找到了，远的也可以坐上飞机去叹叹早茶，近的走几步路就行了。比如我们这一集广州大学各学院院长、副院长的讲座精粹，就可以说是二十多道美点，开卷可尝，个中三昧，各位读后便知。

大学存在的理由*

美国伯克利加州大学的前校长克拉克·克尔有一本书，英文名叫 *The Uses of the University*，我们将其翻译成《大学之用》（高铦等译，北京大学出版社 2008），书不厚，但涵括了这位教育家从 20 世纪 60 年代到 21 世纪近 40 年对大学建设与大学发展的思考，虽然他所针对的是美国的大学，但很多问题具有共性，使得我们也不得不为他对大学发展所做的判断与预测所折服。就在《大学之用》的最后一篇文章中，克拉克·克尔谈到 21 世纪中大学一些确定无疑的新事物，排在第一的就是“更广泛和更有效地使用信息技术”，提出“有了互动技术，人们可以在相当遥远的情况下，得到相当满意的人际接触”。今年是 2011 年，较之克氏当年的议论又过去了十年，克氏之所谓互动，现在更是以 Facebook、人人网、QQ、飞信、微博等各种形式发挥得淋漓尽致，即使是以课堂作为主要表现形式的知识传授，随着网络技术

---

* 本篇是《我们的大学—大学生文化素质发展日志年编（2010）》（暨南大学出版社，2011 年版）的序言。

的发展，远程教育和“虚拟大学”已经完全冲破了技术以及资源方面的障碍。即使在家里或者宿舍中，我们也都可以下载或者收看世界上诸多学校的一些知名课程。

从这样的情景描述看，我想得出这么一个结论似乎并不奇怪，那就是，几乎所有的知识都可以从网上获得。随之而来，我们也就会提出一个疑问，既然如此，那么大学还有什么存在的理由？

大学当然有其存在的理由，只是这个题目比较庞大，我们不可能在一篇一两千字的短文中将它说得一清二楚。这里只想选取大学生活这个角度来谈一谈大学存在的理由。

大学是以创造知识、传播知识作为其主要功能的，这个功能不管是过去还是现在或是未来都将存在，从这个意义上讲，大学的存在有其不可替代的理由。有人曾经对西方世界超过450年存在历史的机构进行过统计，总共有85个，除开15个是教会、议会等机构与实体外，剩下的70个全部是大学，它们有着不间断的形式、不间断的历史和不间断的功能。现今的教授和学生的生活样态与几百年前他们的先人的生活样态并无实质上的差别。一样的创造知识，一样的传授知识，一样的服务社会。不错，当今知识的产生可以有多种源头，但是无可否认的事实是，大学是一个知识可以集束式产生和集束式爆发的所在，是大部分新知识产生的“原点”。何以如此，因为大学拥有最为集中同时又最为经济的人类智力资源：老师与学生。当然还有大量的学科院系与科学实验室，这些不是网络世界所能全部替代得了的。克拉克·克尔也是持这样的观点，他说，“我期望电子技术也将是补充而不是低成本地全部取代实践性教育”“教育不仅是要传递实际的知识，而且是要学习与别人一起得出结论”。这可以看成是大学存在的第一个理由。

大学存在的第二个理由，在某种意义上我觉得更重要、更具有不可替代性，那就是在这个园区中的由成千上万的学生构成的这种群聚式的生活。即使我们假定所有的知识都可以从虚拟世界中获得，但我们仍然有一个问题在网络世界不能得到解决，那就是我们心智训练、人格养成、社会参与能力的锻炼、道德推理能力的实践等，还有好多。这一切不可能在虚拟世界中完成，我们都需要一个实验与养护的场所，需要一种彼此之间的朝夕相处、彼此之间的切实砥砺，而大学就是这样一个所在。在这样的一个学习与生活之园里，同学们彼此之间较少有一种功利上的追求与冲突，大家都在一个相对单纯的环境中完善着自己、发展着自己，彼此之间互相启发、互相学习，当然也少不了一种良性的互相竞争，这种学习与竞争是我们进入社会之前的一种必要的训练，就像我们看动物世界一样，动物幼崽会在母亲的引导下互相嬉戏，慢慢熟悉着它们周边的世界，掌握着最基本的生存技能，身躯健了，翅膀硬了，胆识壮了，才可远走高飞。正因为如此，我们应该对我们所赖以生长发展的校园给予足够的珍惜与重视，因为她所发生的一切关乎着我们的未来。

《我们的大学——大学生文化素质发展日志年编（2010）》继续按照前一册日志年编的思路进行编辑，仍然想比较全面地展示一所大学的学生在一年的365天之间所发生的各种大学故事，他们在这一年的大学生活中碰到了什么、听到了什么、学到了什么、参与了什么、奉献了什么、发现了什么、收获了什么。这里我要专门针对大学存在的各种社团活动说上几句，正因为有各式各样的大学社团的存在，才使得我们的“大学经历”杜绝了千篇一律的可能性。每个人由不同的道路走过大学，不仅是因为选择了不同的学科、老师、学院、日常友伴，也是因为对学业之外的不同活动投入了大量的思想和感情。当然，它有时候也会让我们疲于奔命。其实这几句话的版权不是我，是剑桥大学的一个叫艾伦·麦克法兰的人类学教授说的，只不过他说的是剑桥大学，而我只是将其引来略加改换，用于描述我们今日的大学生活。

日志年编总目加起来总共有 2050 则，实际入选的有 574 则。不管是附目还是入选，我相信它都不是一年大学生活的全部，但它一定可以称得上是这所大学这一群学生一年素质发展的象征。若干年后，当我们以一种亲历者的身份再捧起这薄薄一册的时候，我们会觉得它变得有些厚重，我们或者会怀念并感谢今天所发生的一切。为什么？因为它记录了我们在大学的生活，并且在一定程度上可以回答本文标题所提出的“大学存在的理由”这一重要问题。

《大学》之道与大学通识

古之大学之道在明明德，在亲民，在止于至善。今天的大学之道，大学所要追求的核心价值是什么？很多当代教育家会很自然地将来自《礼记》中的大学第一章作为解决今日大学之道的钥匙与基础，如杨叔子，如金耀基。没错，古之《大学》首章所言确实与今之大学育人宗旨有相当的契合之处，在某种程度上，甚至可以说是巧合。为什么？

今之所谓大学，是一种源自西方的高等教育制度，是一种学制，它的英文名叫作“University”，我们将其翻译成大学；古之所谓大学，是一种源自传统的文化综集，是一种学问。如果从名实论的角度看，两者原本所指是各不相同的。那么，我们为什么又将其联系起来？在于“道”，在于大学之道的“道”。

首先将传统文化框架中的“大学”嫁接在欧美舶入的教育学制框架中的“大学”始于何时？至少可以推至 1898 年，康有为在《应诏统筹全局折》中提出“自京师立大学”的主张。康有为在这个折子里将大学与中学、小学并举，说是“自京师立大学，各省立高等中学，府县立中小学”。这应该是较早使用“大学”

这个词指称这种学制序列的高阶类型。但需要指明的是，康有为所说的大学似乎并不直接与《礼记》或四书中的“大学”衔接。如果没有弄错的话，它的直接出处可能还是由“大学堂”的减缩而成。因为早康有为两年，刑部左侍郎李端棻曾经给朝廷上了一个折子，第一次正式向光绪皇帝提出设立“京师大学堂”的主张，也有人说折子出自梁启超之手。1902 年，管学大臣张百熙拟出的《钦定学堂章程》（壬寅学制）中的学校系统的最高端就是“大学堂”（三年）和“大学院”（年限不定），次年（1903）张百熙又与张之洞等合拟了《奏定学堂章程》（癸卯学制）仍是说的“大学堂”，只是大学堂之上不再叫大学院，而叫通儒院了。通过命名将“大学堂”和“通儒院”放在同一个框架中，或者从一个侧面可以看出我们现代教育制度的设计者们从一开始就没有拒绝将舶来的制度与我们固有的文化传统之间进行衔接，这也正是所谓的“中学为体，西学为用”的表现。真正将“大学”作为大学堂的正式名称立于世人面前的，或者应该从京师大学堂改为北京大学校开始，京师大学堂是 1898 年成立的，但就在辛亥革命次年，北京政府批准教育部呈请，改京师大学堂为北京大学，这是 1912 年 5 月 3 日的事情。同月 15 号，蔡元培参加北京大学开学典礼发表演讲说“大学为研究高深学问之地”，显然这里的大学只有一个唯一的所指，就是指北京大学，因为它当时是“唯一国立大学之机关”，蔡元培当时的身份是教育总长。

“大学”就这样通过“大学堂”“大学校”，尤其是“北京大学校”“北京大学”这样的嫁接轨迹接通了中西，也接通了古今。现在通过这样的接通我们来思考大学中的“大学之道”就别有一番风味。

我们在这里是想把这个“道”置于现在大学制度中的通识教育的框架中来进行审视和解读，大抵上只想说明一个道理：大学之道，古今相通，通识之理，中西相容。为什么这样讲呢？

先说大学之道古今相通。我们知道，当代世界的大学制度发源于中世纪欧洲，从传统经典意义的大学构成来看，有三个板块特别重要，一个是神学，一个是法学，一个是医学。比如说意大利与法国（大学萌芽之地），最早的大学医学教育的萌芽在萨莱诺，最早的大学法学教育的萌芽在博洛尼亚，最早的大学神学教育的萌芽在巴黎。医学解决的是人与自身身体的关系问题，法学解决的是人与社会国家的关系问题，神学解决的是人与自己的精神世界的关系问题。换句话说，从西方大学的发源之所来看，大学所要解决的最重要的问题应该是三重世界的问题：人与生理世界、人与社会世界和人与精神世界的问题。

撇开大学的医学追求暂且不论，西方大学传统中对于社会世界和精神世界的关注在我国古代经典“四书”的《大学》章里也作出过非常精辟的前应，《大学》章中说“古之欲明明德于天下者，先治其国，欲治其国者，先齐其家”，又说“家齐而后国治，国治而后天下平”。这种对于“欲明明德”者的家国天下的意识与追求，就是在进行一种人与国家社会的关系定位，这种定位——不但对先启于欧洲的大学之涉，即使对当代的大学使命包括大学的育人使命——都有着非常直接的启示意义。以当代中国而论，我们强调的社会主义核心价值体系中基于优秀传统文化继承的爱国主义，正是当代大学特别需要的一种精神，用胡锦涛总书记在清华大学百年校庆上的话来讲，就是要使学生“立为国奉献之志，立为民服务之志，牢牢把握人生正确航向，把个人成长成才融入祖国和人民的伟大事业之中”。虽然随着历史的演进，古今中外对于这种家国意识的具体阐释有所不同，但基本的价值取向却是一致的，值得我们珍惜、尊重并发扬光大。

上面说的是从人与社会世界的角度来看《大学》，从人与精神世界的角度来看《大学》，同样可以从经典中获取丰富的营养与强大的启迪。在某种程度上，这种对精神世界的关注比欧洲中世纪对宗教神学精神的膜拜更具有开放性和包容性，更值得今天的我们借鉴。《大学》中说“欲齐其家者，先修其身；欲修其身者，先正其心；欲正其心者，先诚其意”，又说“意诚而后心正，心正而后身修”。这里的诚意、正心、修身，用今天的话来说，不外乎就是要强调品德修养，强调立德树人，强调砥砺品行。当年（1917 年 1 月 9 日）蔡元培发表就任北京大学校长的演说，对学生提出三点要求：一曰抱定宗旨，二曰砥砺德行，三曰敬爱师长。这砥砺德行，就是强调正心修身，不但要知，更要行。当年蔡先生要求学生不得于学校以外寻求不正当消遣的情况，倡导成立了各种体育会、画法研究会、书法研究会、演剧会等，培养学生的正当兴趣。大体上可以分成三个层次或类型，一个是基于兴趣的各种组织，如书法研究会、音乐研究会，注重涵养性情与修养私德；一个是基于服务与实践的各种组织，如《新潮》杂志社、平民教育团，注重充实知性与服务社会；一个是基于科学研究的各种组织，如化学会、史学会，每个层级都有着健康积极的德行价值与科学价值的取向，尤其是德行取向的各种社团可以说是与《大学》精神一脉相承。蔡元培强调砥砺德行、推动学生发展的目的是再造北大学生文化，同时也是今日大学不可或缺的东西。当下物欲四流，功利漫天，大学建设有可能会在一种浮躁的社会氛围中迷失自我，大学中人的正心修身砥砺德行就显得特别重要。

换个角度，谈一下前面提出的通识之理中西相容。西方大学教育传统中一直比较重视自由教育，后来发展成博雅教育，再到后来逐渐演变成通识教育。猛一想，似乎把我们“四书”中的《大学》之道与西方大学通识拉在一起有些牵强，但稍微细想一下，它们之间还真有非常密切的联系。举个例子，哈佛的第一任校长邓斯特1642年在哈佛开了十二门课程，涉及语言（希腊文、阿拉伯文、叙利亚文）、逻辑、修辞、历史、宗教、天文、数学、植物学、伦理与政治等，拿现在的眼光来看，可以说是很好地反映了一种通识追求，因为里面比较全面地反映了人文、社会、自然人类这三大基本知识范畴，构筑了一个比较全面的知识谱系。那我们调转眼光看“四书”经典《大学》对这个问题是怎么看的呢？很简单，也很精辟，叫格物致知，“致知在格物，物格而后知至”。这个格物，强调的是对世界的研究体认。这个世界，应该既包括主观世界也包括客观世界。到了明代的王阳明，格物致知要达到的目的甚至是要天人合一。当然，如果从通识的角度看，《大学》之中的这个格物致知，更应该看到的是它在强调通过学习与探究建立一种关于世界的知识谱系。这中间一个非常重要的衔接就是，西方欧美大学的通识教育与其古代的教育传统中的“七艺”（文法、逻辑、修辞、几何、天文、算术、音乐）有着千丝万缕的联系，我国古代之“大学”，是一种大人之学，与之相对的还有一个“小学”，小学有“六艺”，就是“礼、乐、射、御、书、数”，可以看出这些与西方教育传统几乎有着一种奇妙的对应，尤其是“书、数、乐”三个板块。这种组合和对应在相当程度上反映出中西人类教育对构建世界知识谱系的一种共同的追求。通识之理，中西相容。当然，西方大学的通识教育也在不断发展，按照有关专家的介绍，即使就美国的通识教育而言，前后也有超过六次蕴含不同重点与主题的通识教育运动。与之相比，发源于“四书”《大学》经典中的格物致知的通识追求应该与现代大学的通识教育体系有着很大的差异，但是这中间蕴含的关于世界知识建构的基本取向却是值得我们加以吸收的，在当代大学学科门类越分越细的知识碎片化的时代，如果能够从通识的角度回归根本，通过大学教育，能够使大学生构建起一个比较完整的世界知识谱系与人类文化地图，将是人的全面发展的一个重要基础。

最后我想说的是，“四书”《大学》所传达的大学之道是一个完整的整体，从世界知识谱系的建立到正心修身、砥砺德行，从正心修身、砥砺德行再到齐家治国平天下以实现一个人的家国社会责任，具有非常明确的进阶特征与内在逻辑，“物格而后知至，知至而后意诚，意诚而后心正，心正而后身修，身修而后家齐，家齐而后国治，国治而后天下平”。这样的大学之道，虽不是今天的学制之始，但它所提出的人的教育发展理念，则完全引领得起今日大学的所作所为，这也要感谢我们那些前贤先哲们使“大学”这个词在我国的文化教育的传承中二身融为一体。“四书”《大学》之所言，也同样与西方大学之所求形成奇妙的呼应，这同样要感谢我们那些更为古老的前贤先哲，因为有了他们的思考与发微实践，才会有今日世界大学中文化教育的扬弃传承，不管风云如何变幻，其核心价值应该是今日的大学所要知晓坚持的。用《大学》里面的话来说：“物有本末，事有始终。知所先后，则近道矣。”这应该成为我们今天的所知所持。

大学建设中的文化自信问题*

最近读云杉《文化自觉 文化自信 文化自强——对繁荣发展中国特色社会主义文化的思考》，受到一些启发。这篇文章虽然不是直接针对教育界包括大学高等教育来说的，但里面的一些思考对当下中国大学的建设与发展不无启发与借鉴。不管是文化自觉、文化自信，还是文化自强，都可以为我们提供新的思考视角。“文化自觉”这个概念是费孝通先生1997年提出来的，此后逐渐从社会学界到文化学界，从学术界到政治界，概念不断转徙漂移，引起了国人的普遍关注与讨论。云杉关于文化自觉的讨论自然也不是空穴来风，或许正是该概念从学术界到文化界、政治界漂移建设的有力例证。近年来将文化自觉与大学建设关联起来加以讨论的不在少数，如甘阳（2005），胡显章、袁本涛（2007），王卓君（2010），张楚廷（2010）等，均有专门论述，涉及的问题也是方方面面，应该说会对我国的大学建设起到积极的作用。

---

* 本篇是2011年参加商务印书馆组织的“关于繁荣发展中国特色社会主义文化笔谈”的发言。

同样逻辑，我们也应该有充分理由相信云杉关于“文化自信”与“文化自强”的论述也能对学界包括对文化与教育界产生一种概念“漂移”启发的影响。这里仅立一角，就大学建设中文化自信应该有什么样的表现与追求做一些思考。

大学文化本身内涵比较复杂，就本次讨论所关注的要素而言，至少有三个方面不能回避，一是大学的历史，二是大学的行政，三是大学的学术。我国大学在这些方面所展现的姿态和所做的事情在很大程度上都可以从文化自信的角度作出观察与分析。

第一，大学的历史自信问题。毫无疑问，我国现代大学制度的建立只有一百多年的历史，相比欧洲乃至美加地区的大学历史而言，实在算不上长。在有些人心里，历史短意味着辈分低，自然底气不足。从一定意义上讲，这种虚卑也不是没有道理。但如果从大学建立之本来讲，我们的大学建设还需要建立一种历史自信。不错，西方大学（University）的建立到现在有将近900年的历史，但是不要忘记，我们说“大学之道，在明明德，在亲民，在止于至善”到现在也有两千多年的历史了。这里的“大学”固然不是指University，但我们同时也要想想，近世以来引进西方大学（University）体制，又将“大学堂”演变成“大学”的时候，难道就不存在一种与“大学之道”的衔接吗？况且，以教育机构而论，且不说“大学在郊”时代的辟雍与泮宫，从汉时立太学，到现在也有两千多年的历史了。它们与欧洲中世纪大学的不同只不过在于一个是与朝廷皇室有着更密切的关系，另一个则是与宗教有着更密切的联系而已。再往后看，欧洲中世纪以降源于照顾家庭经济困难学生而产生的寄宿制学院（College），其对人才培养的妙处早已为大家津津乐道，可是我们有没有想过源自本土的书院传统应该在当下大学获得一种什么样的评价？处于一种什么样的位置？具有一种什么样的效能呢？并且是否就此加以礼敬自豪并有切实的实践与发扬光大呢？当然，在这里我完全没有做翻案文章的意思，不是要将中国的大学生拉硬扯出几千年的历史。我想说的是，我国之教育在历史上也有其魂，有我们优秀的传统文化，大学建设不可忘了这里面所储备的经典与精神。再则，难道后出的就一定落后吗？九十多年前，当蔡元培于国家民族困顿之时出掌北京大学，在北京大学成立二十周年的纪念会上，就为中国应该有世界一流的大学做过一个有力的论证。他的证明方式很简单，就是进化论，愈后而速率愈增，他说这应该是大学发展的必然。蔡先生是从德国学了四年回来的，就拿德国作例子，按他当时的时间计算，说德国的柏林大学只有莱比锡大学五分之一的历史，但柏林大学却已经超过了莱比锡大学，同理，北京大学的历史只有柏林大学历史的五分之一，因此北京大学完全没有必要因为时间过短而不自信，一定可以后来居上，通过建设，使北大如同柏林、巴黎、剑桥大学一样，在世界尽一流大学的责任（参见王学珍等，1998；吴家莹，2010）。当然，蔡先生的说法与推论现在看来可能有一点逻辑言语上的机巧，但理应该是那个理。蔡先生在北大做得不容易，环境比我们现在很多大学要复杂艰苦得多，通过他的五年有半而有七次之多的辞职经历就可以看得出来，但最后他毕竟还是撑下来了，不但撑了下来，而且为北大的发展乃至中国现代大学的发展做出了一个良好的坯模。他那会儿都有一种大学历史的自信，实在值得我们深思。

第二，大学的行政自信问题。从文化分层来看，行政当属于文化类型中的制度文化层面。目前我们高等教育在行政层面有一个很有趣的现象，一方面似乎是学校觉得自己的权力太小，没有办学自主权，一方面又是很多人认为学校行政权力过大，于是就提出去行政化的命题。对于这个问题应该如何看？如果是“行政化”等于“官僚化”，那自然一定是要“去”的。但大学需要一种必要的行政自信。前不久，中山大学校长黄达人在其任满不再担任学校校长发表感言时说过一段话，大意是中国大学校长目前还是有足够的舞台去实现自己的抱负，有很大的权力，能干成很多事的。这在某种程度上反映了我国大学行政管理层面的一种状态，我认为这并非是坏事，一批有职有权又有办学理念的大学领导者应该带领高校充分展示其作为一种学人团体的自信，而不是反其道而行之。说学校去行政化，一个很重要的参照就是西方大学办学的成功经验。关于这类问题，诚如云杉所言，当然要有一个辩证取舍，要有转化再造的能力，不能盲目。观察欧美中世纪以来的大学发展历程，大体上可以发现一个规律，就是大学治理表现出的是一个不断上行的路向。一般认为的第一所大学意大利博洛尼亚大学，那会儿对学校事务的管理，学生最具有发言权，他们如果不满意，随时可以叫老师下课，老师是弱势群体。到了法国巴黎大学时期，老师们团结起来了，教师行会发展成熟起来，这一方面带来西方学位制度的完善，另一方面也带来教师主导学校的时代。再往后来，大抵应该是以德国大学为代表，在学校与皇室关系的不断冲突与调整之中，大学逐渐进入了一个由教师中的教授群体主导学校重要事务的时代（参见张磊，2010）。当年，蔡元培先生从德国回来就是带着这样的理想回来的。但是西方的大学治理模式随着时间的推移又发生新的变化，那就是进入校长（当然背后还有董事会之类）主导学校各项事务的时代，这主要以美国的大学治理为表现。实际上即使是蔡元培先生，在他离开北大之后，继任者的主要治校思路也是逐渐演变成以美国理念为主了。其实还不止这样，美国的高等教育还在发展，最近看到一本谈美国哈佛大学的书，里面写到大家最应该注意的是校长身边的那些沉默着言语不多的人，他们才是学校权力运行的真正拥有者，这大概就是他们的一种行政化倾向吧（参见理查德·布瑞德利，2009）。这一路的变化叫人眼花缭乱，我们如何取舍借鉴并建立自己大学的行政自信显得特别重要。很显然，一味照搬与追随是不行的。我们的高校治理自然也应该有中国特色，也要有中国气派，政校分开，管理权与办学权分离，行政权与学术权分离，应该建设具有中国特色适合中国国家与社会发展的高校行政自信，而不是简单地摈弃高校行政。可以去官僚化，但不可去高校行政化。

第三，大学的学术自信问题。云杉说，尽管受各种因素影响，中国要真正成为世界上的文化强国，还有很长的路要走，但中华文化兴盛的势头不可阻挡。只要我们把文化建设放在世界发展大背景下审视和推进，牢牢把握世界发展大势，不断展示新优势、创造新天地，就一定能够使中国文化产生更为广泛的影响，为世界文化发展做出自己的贡献。这于中国整个的文化大势来说固然是种科学研判，拿来观照我们大学的学术文化的建设，同样具有启迪作用。除开从文化自觉的层面进行大学学术建设，还应该从文化自信的层面进行大学学术建设。有人曾经将大学比喻成一张桌子，有四条腿，通过研究以推进知识，通过教学以传授知识，通过学者著作以保存知识，通过出版以传播知识（参见雅罗斯拉夫·帕利坎，2008）。以现代大学建设不断逼近社会中心圈的发展态势而言，研究并创造知识这一方面应该是大学得以证明自己存在价值的核心所在。也恰恰在这个问题上，我国大学从整体而言还缺少一种学术自信，固然，这一方面与我们同发达国家大学学术发展缺少更加紧密的对话与交流有关，但更重要的是我们同时还缺少一种全面建立大学学术的自信。我们还没有像芝加哥大学形成芝加哥学派那样的气度与努力。一种情况是，如果有人在做这方面努力探索的时候，常常会引来这样或那样的疑问甚至质疑。发出质疑时，我们大体上有一个潜意识，那就是认为中国大学的学术建设是我不如人。放在早些年，我们的这个判断可能会有比较充分的理由。但现在我们必须清楚地看到，随着国家实力包括国家软实力的提升，大学的学术建设在相当程度上应该达到建立我们的学术流派与学术制高点的时候了，唯其这样，才能把握未来，这是我们建立大学学术自信最重要的时代背景。判定大学是否具有这种学术自信的一个标准，就是是否有能力在世界大学格局中具有话语权，更准确地说，是否具有设置话题的权力。我们虽然不能全面开花，但在部分领域占有一席之地是完全必要的。大学对社会的发展反应最为敏感、最为深刻、最为精到，当代中国所处的时代正是一个波澜壮阔的时代，世界正在把越来越多的目光投向中国，如果大学在这样一个既多元互动又多元蓬勃的格局中，不能更加有为，不能提出更多的学术话题供世界思考，不能以更加优秀的知识创新与学术建设回应这个时代并丰富全世界的学术文化，实在有违时代赋予中国大学的使命，也难以迎接更加灿烂的未来。只有建立起必要的学术建设自信，才有可能描绘出中国大学的学术地图，形成具有中国气度的学术流派。这是我们这个时代文化自信的一种必然要求。

大学是一个什么样的所在*

我常常在思考一个问题：大学应该是一个什么样的所在？对这个问题能够做出的回答会有很多，实际上很多著述都讨论过这个问题，也都有过很精辟的见解与意见。那我为什么经常还被这个问题吸引呢？主要有两个原因。

第一个原因是由我们的大学生求学的职业追求心态引发的。纵观我们的教育，从基础教育到高等教育，学生的成长发展似乎体现着一种职业选择不断明晰的趋势，在很多大学生那里，职业选择几乎成为其进出大学的唯一目的。在基础教育阶段，基于国家国民教育阶段的制度要求，尤其是义务教育阶段的制度性要求，我们的课程开设都有着明确的科目要求，这种科目的设计和学生成为一个完整的社会人所需要的一些最基本的知识素养有着密切的关系。但是经过高中的文理分科，再经过高考进入大学，我们的学生来自学业成绩的压力逐渐会被一个新的问题代替，那就是他们的职业选择，一方面来自家庭，另一方面也来自社会现

---

* 本篇是广州大学《博学讲坛》文集的序言。

实。于是，学生们的学习动力就由一种对学业成绩的追求逐渐变成一种对未来职业选择的追求。除此之外，很多同学可以说是心无旁骛。我相信，这是我们很多同学进入大学的一个最主要的驱动力，尤其是面对现在所谓大学生就业难的恐惧。从人的生存发展的基本需求而言，这种基于人生职业成功的设计与追求可以说是无可厚非的，除了一般的大学生及家长会这样想，就是我们的政府在谈及大学生的学习和成长时，也把这个选择放在十分重要的位置。不管从哪个角度看，这种职业追求心态有着它存在的理由，但是问题也随之而来。我们大学的办学使命，大学的学习者们的学习发展使命难道就真的可以这样单纯吗？所谓职业，恐怕也只是大学生们离开大学之后融入社会的一个管道，如果把这个管道看成是他们参与社会并且推动社会发展的全部，那就有些问题了。作为大学，应该在大学生们进入社会之前，除了为他们进行充分而必要的职业储备外，还应该为他们职业之外的各种发展可能提供基础，至少能够使他们在遇到职业之外的各种问题时，有足够多的坐标能够帮助他们做出判断与选择。大学有责任为大学生们建立起响应的各种坐标。基于此，大学之中的各类讲坛、论坛、讲座、学术会议、社团活动、社会实践等在相当程度上就能起各种坐标建设的作用。有句俗话说“有心栽花花不发，无心插柳柳成荫”。作为大学，我看既要做好那些“有心栽花”的事情，也要做那些“无心插柳”的事情。有些事情貌似无心，实则是有意的。讲坛之类，大体就应该属于这种“无心插柳”的事情，因为听者并不是因为有专门课程设计才来听讲的，但是谁又能想到，会不会某个讲座能够成为某一个听讲者在日后各种选择的一个参照与坐标？

第二个原因是由我们大学教师所拥有的专业分割现状引发的。我们都知道，专业细分，教师队伍的学科专业化是学科发展和大学发展的一种必然趋势，所以我们才有那种“隔行如隔山”的感叹。作为一种专业分布的样态，这种隔行如隔山老死不往来的状况有它存在的必然性，但是如果把这种态势完整地投射到学生的身上就会有些问题，因为这有违大学系科设置的初衷。系科设置最初的目的之一并不是为了在大学内部形成壁垒，而是为了在大学内部构筑比较完整的世界知识谱系，从而使学生能够在大学之中进行世界知识的整合，而不是世界知识的分割。作为专业老师，术业有专攻，有所分割是必然的，但作为学生，他们大部分是要作为一个“全面发展”的人进入社会中去的，那么这里的全面发展就应该包含对世界知识的比较全面的了解，这样才会是个比较完整的人。要达到这个目的，大学就一定要搭建各种平台能够使学生在离开学校之后，有能力悠游于世界之中。只有拥有相对完整的世界知识，才会拥有相对完整的世界眼光，最终也才有能力面对一个完整的世界。固然，在我们现在的这个年代，产生像历史上那种通才式的大人物几乎是不太可能的，比如说达·芬奇，因为蒙娜丽莎的微笑，我们现在大都只知道达·芬奇是意大利文艺复兴时期的伟大画家，可是只要稍微多了解一下，我们就会知道，在他所处的那个时代，他可以说是面对世界做出了比较全面的思考与回应的人。除开画家身份之外，达·芬奇还是一个才华横溢的音乐家、几何学家、解剖学家、建筑家和发明家。这样的通才现在的我们通常是做不到了（相信即使在达·芬奇时代这样的通才也不是一个常态），但也不能就此否认“完整的人”的追求就不再有必要。所以，我们应该有一种“通”的设计才行。大学的通识教育之类就是基于这方面的考虑才出现的。当然，光有课程意义上的通识教育可能还是不足的，不在正式课程之列的学问和知识的授受同样不可缺失，通过讲坛之类的平台请来大学内外的各路教师和专家来给大家讲各种问题，也正是出于这种整合世界以求一“通”的需要。

“博学讲坛”是广州大学校园文化活动中一个比较有影响的品牌，举办将近十年了，先后出的集稿也有了好几本。就这本集稿而言，精彩的内容着实有不少，其中有几讲我是躬逢叨陪了的。例如黄坤锦先生的讲座，我在台湾中原大学参加一个学术活动时见到他，邀请他来广州大学做一次学术演讲，过后不久黄先生如约来到广州大学做了两次学术演讲，分别从通识教育和教育哲学的角度谈大学教育问题。我邀请黄坤锦先生之前，曾经读过他的《美国大学的通识教育——美国心灵的攀登》一书，听他的演讲，果然叫人大开眼界。葛剑雄先生的《从历史地理看科学发展观》，我也有很深的印象，那次讲座时，剑雄先生的 PPT 其实只有一个大纲，但他一展开来，讲历史地理与国家发展，史实勾连、纵横捭阖，确实是见解独到，很是大气。国家语委副主任、教育部语言文字信息管理司司长李宇明教授关于语言资源问题的讲座也是令我印象深刻的一次学术演讲，我们通常说语言是交际与思维的工具，很少从资源的角度来看语言的功能，一经李宇明教授点破，我们可以发现语言作为一种资源，其在文化上甚至国家战略上的意义与价值就真叫人不可小觑。这样的洞见世界各种问题的讲座还有很多，有的讲座我没有机会现场聆听，但我知道不少也是能启我智慧长我见识的。比如说北京大学中文系陈平原教授的《传播文明“三利器”新解》，就肯定能叫人大快朵颐。

陈平原教授是现当代文学研究名家，近年来对大学精神有诸多高论，现在还担任北京大学中文系主任。讲座后不久，广州大学的本科生想跑到北京大学去旁听一些课，增加一些第二校园的访学经历，找到他，他也是很爽快地将北京大学中文系的相关课程向广州大学的学生开放，给这批来自南国的学生留下了难得的访学经历，我相信他们也会是终身难忘的。陈平原教授这样的人，就正是那种愿意为学生成为一个“完整的人”而喷珠吐玉的人。正因为有一批这样的教者师者的存在，才会有我们这样的博学讲坛的存在，大学也才有可能成为一个靠近大学真正使命的所在。谢谢他们！

大学与城市关系三思*

今天是广州新观察第十五期学术圆桌会议，感谢市社科联的邀请让我做个发言，我想围绕“大学与城市关系”讲三句话作一个发言向大家讨教。

第一句话，城市发展是大学发展的第一动力。现在各个学校都经历过大学评估，在评估中免不了细数家底。判断一个学校是不是有底气，大学是不是有历史，有三个学院或者说三个学科是一些大学经常提及的，首先是医学院，再就是法学院，第三就是关于宗教、社会方面研究的学院，早期则是关于神学、宗教研究的学院。为什么是这样的呢？仔细再往前看，其实最初的几所大学就是干这样的活。第一所医科大学大约是在 11 世纪、12 世纪产生的，在意大利萨莱诺，当时它有温泉，有一些人在那儿疗养，产生了一批医师，在这个基础上他们就有了进行学术研究的需求，学生和医生合作来办一个机构，于是世界上第一所医学院

---

* 本篇是在暨南大学召开的广州新观察第十五期学术圆桌会议上的发言，刊载于《广州大学报》第 345、346 期（2017 年 3 月 5 日）。

校诞生了。而在意大利博洛尼亚，人们经常去那里做生意，发生纠纷以后就要寻求解决的办法，有了法的需求，便拿罗马法来研究，于是第一所以法学研究为主的大学诞生了，这就是今天的博洛尼亚大学。而在法国巴黎，中世纪期间宗教很厉害，学校专门培养宗教神职人员，七弄八弄，于是在 12 世纪、13 世纪诞生了巴黎大学的前身。这三所大学都是因为先有城市的存在，然后才依托城市诞生了大学，从这个意义来说城市发展是大学发展的第一动力。这几所大学解决的是人类生存发展的几个根本性问题：一个是人与自身，身体的问题要解决好；第二是人与人的社会关系，这个问题要解决好；第三是人与灵魂、人与思想，精神信仰问题要解决好。

但随着上述几类大学进入象牙塔中，而历史仍在不断发展，似乎城市对大学的发展提出了新的需求。19 世纪初的威廉·冯·洪堡在当了 18 个月普鲁士文化教育司的司长后，干了一件事——改革德国的大学，想要使大学成为研究中心，研究如何使大学能够为城市及社会发展服务，这就是一种需求响应。当时的一个迫切需求就是要以来自世俗的科学的力量破解源于宗教神权的传统，于是形成了新的大学前进的驱动力，由象牙塔之边缘向社会中心逐渐前进。这样的情况也同样是城市发展对大学的需求。这种需求从德国大学开始，后来蔓延到美国大学的各种发展模式，由象牙塔向社会中心的转移就更加明显。所谓美国维斯康辛大学理念，也是基于这样的背景衍生出来的。

第二句话，大学应该具有引领城市发展、服务城市发展的使命和能力。广州地区的大学发展或者就体现了这样的特点。广州市城市规划有几条中轴，第一条中轴是以越秀山为起点，下面是中山纪念堂、北京路，过江，一直往南延伸。第二条中轴是以白云山为起点，下面是中信大厦、花城广场，然后向南延伸。第三条中轴，据说现在在讨论中，有种意见认为是以帽峰山为起点，通过白云区，然后向番禺、南沙，一直延伸到海边。再看广州的大学，在城市发展过程中似乎总是离中轴向东偏一点。我们看广州，第一条中轴下来之后，偏东的地方有一个很著名的大学，中山大学。第二条中轴下来往南走，偏东的地方出现了一批大学，暨南大学、华南师范大学、华南农业大学、华南理工大学。第三条中轴下来，再往东偏一点，又有一个大学群出来，最典型的就是广州大学城。大学这种与城市之间若即若离的关系非常有意思。

整体上看，我认为大学发展有时还得和城市保持一点距离。从空间来说，城市里有大学发展的空间，但实际形成的效果，空间距离保持下来之后，它可以比较冷静、客观地思考这座城市从何处来、向何处去，能够为这个城市干一些什么，从某种意义上来说也是支援城市和引领服务城市发展的需要。以中山大学为例，中山大学当年最有名的学科是文史哲，对广州历史文化名城既有支撑，也有服务，医学方面对广州人民健康方面做出了很大贡献，并且成为中山大学最强势学科组合。石牌地区、五山地区培养出来的工程师、教师、农业专家乃至华侨人才对整个广州城市乃至更大区域的发展，不管是支持力度还是人才贡献都十分巨大。大学城校区有十几万大学生，若干个高端发展的学科群，他们所培养的学生及其研究成果对城市发展贡献前途未可限量，这样的情况可能也是广州作为国家中心城市在历史发展过程中自然形成的大学对城市发展的天然布局，这种天然布局非常好地印证了城市与大学之间的同生共生属性。我们作为广州地区高校的一分子，感到特别欣慰。如果城市再继续发展，按照趋势来说会不会有第四条中轴出现？现在还不好说。我们的大学能够在更大布局中作贡献，应该是一种历史的必然。

第三句话，大学要在城市中立足当下、面向未来。市里给广州大学高水平的建设很多支持，实际上市里对广州地区其他的高校也是多有支持、多有倚重。城市发展要面对未来，广州大学与广州地区的大学为这个城市的发展可以做哪些事情呢？以目前广州城市发展当中的一个亮点花城广场为例，大学或者可以做些事。首先是围绕城市发展广州市整个地下空间的学科建设。花城广场下面有花城汇，花城汇是广州城市地下空间规划建设的一个非常好的例子，涉及地理学、地质学、土壤学、环境学、城市规划学，还涉及工商管理等。其次，花城广场有很多棵树，而且还有珠江，水不能污染，那么城市可持续发展环境问题、城市管理问题就关系到我们的环境科学、环境工程、城市管理、市政工程等学科专业。接着，广州城市“三中心一体系”中的“一体系”是现代金融体系，现代金融体系在这个广场上的体现是两座最高的楼，西塔、东塔，西塔是国际金融中心，东塔是周大福金融中心，都和金融有关，大学就应有做现代金融研究的学科。花城广场还有博物馆、大剧院和图书馆，大学就应考虑研究城市发展的历史、城市发展中的艺术，包括广府文化、岭南艺术领域，包括广州大典的研究等方面，力争做出不负这座城市的事情来。同时，一江之隔的对岸还有代表现代高新技术的广州塔及其周边的琶洲地区，那里涉及信息技术、移动数据与科学，世界发展在新一代信息技术方面前途未可估量，这里有琶洲互联网集聚区，在互联网时代的虚拟世界，大学功能应对未来的影响可能会进一步凸显，必定应该在这方面有所作为以支撑城市的发展。再者，广场上还有很多人，作为大学不管是生命科学研究还是人类行为研究，或是社会学的研究，都得做出贡献。对城市的发展能考虑这些问题并进行相关研究，才不负一所大学的使命。广州是国家中心城市和国际性大都市，大学发展要对接地方经济、社会发展，对接国家重大战略需求，对接世界学术前沿。很多世界城市和大学的关系十分密切，凡是以著名城市命名的大学往往是好大学。以中国情形而论，北京有北京大学，南京有南京大学，武汉有武汉大学，广州目前有广州大学，但是广州大学与其他很多以城市命名的大学来比，差距还很大，好在广州地区的大学和城市的因缘相关程度很深，都能为城市发展服务，可以做很多事情。要把事情做好，我们也需要继续努力。

具有家国情怀的人值得我们永远尊敬*

非常感谢何世柱先生及何氏家族的各位朋友、嘉宾，每年一度、风雨不改来到广州大学看望我们的学生。

在学校最近召开的人才培养工作会议上，对到底要培养什么样的学生，我们统一了认识、形成了共识，一共六句话，叫“德才兼备，家国情怀，视野开阔，爱体育、懂艺术，能力发展性强”。其中，“家国情怀”和今天助学金颁发仪式的主题高度契合。如果要对“家国情怀”做个比较形象的阐释和注解的话，从何耀光老先生到何世柱先生、何世铿先生，以及他们十姊妹的表现看，就是最好的诠释。从他们身上，我们能够充分看到作为华夏儿女的家国情怀。在此，我谨代表学校全体师生向何氏家族全体成员表示最崇高的敬意和最衷心的感谢！

广州大学现有两个校区，一个是桂花岗校区，另一个是大学

---

* 本篇是在“何耀光助学金”颁发仪式（2017 年 4 月 1 日）上的致辞，根据录音整理，这里略有修订。

城校区。桂花岗校区分南区和北区，北区最有名的一座建筑是广州大学学术交流中心，原来叫广州师范学院学术交流中心。学术交流中心的三楼有一个厅，叫“耀光厅”，它是世柱先生、世铿先生的老父亲何耀光先生于1996年向原广州师范学院捐款100万元建成的，当时是全国最好的学术交流中心之一。从1999年开始，何耀光先生又在学校设立了“何耀光助学金”。大学城校区的图书馆有两套镇馆之宝，分别是2014年何世柱先生捐赠的《四部丛刊》和何世铿先生捐赠的《古本小说丛刊》，两部文献十分珍贵。另外，今天没到现场的何世杰先生，也和我是多年老友，曾经在广州市政协会议上多次见面。何世杰先生于2012年向学校捐赠了人民币1000万元设立“何世杰教育发展基金”，大学城校区的体育馆于2013年冠名“何世杰体育馆”。

众所周知，何耀光老先生在建筑工程领域以实干精神，从基层一步一步做起来，最后成为香港著名的实业家。事业成功后，他扶贫济困、助学重教，积极回馈家乡，这种“家国情怀”无论什么时候都不能忘怀，值得我们永远尊敬。

今天受助的同学大部分是1996年以后出生的，作为学校的党委书记，我觉得很有必要把这段历史讲给大家听。刚才，听世柱先生说，广州市领导称赞广州大学发展得好。大家要知道，市委、市政府的支持是我们前进的动力，但更加不能忘记，在学校发展各个阶段，尤其是比较艰苦的时期，得到的来自社会各界的支持。

同学们今后进入社会，一定要拥有像何耀光老先生、像何氏家族那种团结一心助学重教的“家国情怀”。因为只有这样，我们的学校才有希望，我们的民族才有希望，我们的国家才有希望。“何耀光助学金”给予同学们的，除了物质上的帮助，还有对大家成长成才的期盼，这更是我们要汲取的精神力量。助学金从原来的10万港元到15万港元、20万港元、22万港元，再到今年增至25万港元。刚才，世柱先生说钱虽然不多，但对我们是非常绵长的一种捐赠。同学们要从中感受到何耀光老先生和何氏家族对我们的殷切寄望，学习像何氏家族一样的精神品质，勤奋、慈善、关心教育，为国家的发展作贡献。从这一点来说，我们的同学在这里接受捐助，不仅是要解决学习上的困难，更要学习何老先生以及何氏家族对国家的爱、对家乡的情。

最后，我也代表学校，代表同学们向何氏家族表个态，我们一定会把受助的同学们教育好，把“何世杰教育发展基金”管理好、使用好，使广州大学不辜负社会各界，包括何氏家族的厚望，不辜负市委、市政府的厚望，努力办成国内一流、世界知名的好大学。

中华经典教育也需要协同创新*

目前，我国各级各类学校都在大力加强中华优秀传统文化教育，但是，毋庸讳言，当下的中华优秀传统文化教育实践还存在不少问题，主要表现为：大中小学各自为政，缺乏互动关联；中华经典教育的理论研究和实践活动彼此脱节；经典教育的内容缺乏与时俱进的时代感；经典教育形式单调、实效性有限，等等。

经典教育应有效衔接

有鉴于此，笔者认为，大中小学各级学校应该突破各自局限，实施“三联动·两结合·多样态”的经典教育协同，共同创新中华经典教育的实践体系与模式。

所谓“三联动”，指的是将大中小学的中华经典教育有效地衔接起来，使之形成良性互动，构建一体化、阶梯式的实践教育体系。《关于实施中华优秀传统文化传承发展工程的意见》明确

---

* 本篇原载于《光明日报》（2017 年 06 月 08 日 14 版）。

指出，要把中华优秀传统文化的传承发展贯穿国民教育的始终，遵循学生认知规律和教育教学规律，按照一体化、分学段、有序推进的原则，实施中华经典教育工程。这便为我们构筑大中小学“三联动”中华经典教育的实践体系，提供了强有力的支撑。

针对当前大中小学中华经典教育实践各自为政、彼此脱节的弊端，我们应该在尊重大中小学学生心理、个性差异的基础上，有梯度地构建大中小学中华经典教育实践体系，努力实现大中小学中华经典教育实践的有效衔接与良性互动。近年来，广州市就以高校中华经典教育作为引领，通过中华经典进入大学课程与教学体系，进入中小学校园，有效地将中华经典教育逐步落实、贯穿到广州地区的大中小学校当中，形成了“三联动”的中华经典教育体系，开展了形形色色的中华经典教育实践活动。

所谓“两结合”，主要包括两个方面：一方面，是基于当前中华经典教育理论研究和实践活动彼此脱节的弊端，提出理论研究与实践活动的有机结合。对此，我们主要从两个方面进行了积极的探索：第一，以中华经典教育的理论构建为突破口，以高校作为行动主体进行示范牵引，采用不同类型和学段的学校联合攻关、不同专业优势互补的工程学方式，努力在理论上探讨中华经典教育的若干基本问题，如中华经典的概念、中华经典教育的内涵与外延、中华经典教育的价值目标、有效实施路径等。第二，从事中华经典教育理论探索的学者、专家亲自参与中华经典教育实践活动，将其理论研究成果真正融入大中小学校的中华经典教育实践，形成理论与实践的良性互动。另一方面，是在教育内容上注重“两结合”，即从中华经典的历史性与现实性特点出发，注重传统经典与红色经典的结合，在历史/现实的维度中建立一种精神平衡，并自觉地利用丰富多彩的党建活动推行中华红色经典教育，使红色经典的种子在青少年学生中生根发芽。

所谓“多样态”，指的是为了适应新媒体时代大中学生媒介接触与阅读方式的变化，开发“多样态”的实践路径，创新中华经典教育的方式方法。我们在开展中华经典阅读活动时，就不仅实施了“素读”法，提倡通过对文本的反复诵读来理解和记忆文本；同时，还以微学习理论为指导，遵循“微型化”“多样化”“交互性”“情境化”等原则，实施“微悦读”“移动读”“泛在读”。

协同创新激活经典教育

中华经典教育内容的开发与资源共享，是各级各类学校协同创新中华经典教育的重要支撑。目前，广州大学颁布了《广州大学“经典百书”阅读推广活动实施方案》，根据“经典百书”阅读推广活动的需要，开发了系列经典导读类通识核心课程，通过共享和购置等方式引入了高质量的经典导读在线开放课程（慕课）；同时，我们还设计开发了中华经典学习网站，面向广大学生推送了“诵读角”“专家讲坛”“诵读考试”“经典 100 篇”“经典拓展”“诗书音画”“交流园地”等七个学习模块；并利用手机客户端，开发微信公众号，使中华经典的学习可以随时随地、灵活多样地进行。另外，为了激发大学生对于中华经典的学习动力，我们还把经典教育作为考试科目，使之制度化、常态化，并将高校的经典教育延伸进中小学，开展“人文经典进校园”活动，配合传统节日开展丰富多彩的经典诵读活动，定期举办大中小学经典诵读大赛，激发了大中小学学生广泛参与的积极性。

实践证明，“三联动·两结合·多样态”协同开展中华经典教育是行之有效的。目前，广州大学作为教育部、国家语委共同组织的“中华诵·中华经典诵读行动”试点高校，获得了中华经典教育实践“特别贡献奖”。经典教育的溢出效应也逐渐显现：近年来，广州大学先后与台湾屏东大学研习团举办经典文化分享会，在广州成功举办以中华经典教育为主题的穗台大中小学校长论坛，多次指导广州大学开办的几所孔子学院举办诗词文化系列活动，在广州大学承办的新疆班学生群体中开设中华经典诵读学习效果显著。下一步，广州大学还将渐次开展“五个一百”活动，即一百篇经典诗文、一百部校园经典、一百场诵写活动、一百次经典讲坛、一百种经典研究及相关论著作品的出版，以期更好地在学校教育实践活动中传承发展中华优秀传统文化。

重温学校办学历史，体认大学办学使命*

今天来到研讨会现场的各位，都是老领导、专家，也都是我们的老朋友。刚刚何大进院长说，今天的研讨会可能在广州大学办学历史上是一次非常重要的会议，也确实是这样。事实上，我们今年是有机会搞建校九十周年大型活动庆祝的，但当初在讨论方案时，是想把这个辉煌留到十年后，等广州大学建校百年时再来做。这是我们当时的一个思考。学校的事业是一代代做下来的，但也要通过今天这种方式让后人知道我们这代人在建校九十周年时的思考，现在要先做事。于是采用研讨会这种方式把广州大学的昨天、今天和明天有机地衔接起来。

我们都知道，现代大学的发展与中国现代化的进程是密切相关的。刚刚，各位领导都从史这个角度作了非常系统和精要的阐述。纵观广州大学的办学发展历程，同样和国家与时代大潮紧密

---

* 本篇是在“纪念广州大学建校90周年学术研讨会”闭幕式（2017年6月17日）上的讲话，根据录音整理。

相连，不管是民国时期的广州大学还是新中国成立之后、合并之前的广州大学，还包括新广州大学合并组建前的其他几个学校，它们的发展历程无不印证着一个学校的发展与国家、与民族同呼吸、共命运的基本特质。刚才几位专家也说，广州大学的发展一定是一代一代的老师、一代一代的学人、一代一代的学生，共同努力、共同营造的结果，不断努力才会发展成为今天我们的广州大学。张磊院长说，在写广州大学校史时要多些故事；张荣芳老师说，要讲好广州大学的故事。这些故事本身一定是非常丰富的。过去九十年是这样，未来九十年同样如此。所以，刚刚张人杰老师说未来九十年，我们要想想做些什么。我们现在正在做一个事，编一本书叫《我们的大学》，每年一本。这本书要做什么事情呢？就是把广州大学的学生在一年 365 天中，每天发生的有趣和有意义的事情记录下来，已经连续编了 7 年。这在全国其他大学是很少见的。它想以一种生动的方式，把学生成长、成才过程中的事情记录下来。从今年开始，我们还要推出教师版，就是广州大学的教师从 1 月 1 号到 12 月 31 号做了什么，包括我们今天这个会，一定会记入《我们的大学》教师版，我们就是以这样一种方式见证广州大学的发展。

话又说回来，学校总得有一个在不同历史时期需要思考的命题。大体上每一任校领导，每一任老师都会想到的，不管是新中国成立前民国时期，还是新中国成立后，有关学校人才培养的规格、办学特色、与政府和国际的关系等，对这些方面的思考，无论在学校发展的任何一个时期都需要回答。广州大学的创办人陈炳权先生曾经写过一本回忆录叫《大学教育五十年》，这本书当初由陈炳权先生的后人送了一本给学校，吴小强馆长不舍得给我，只复印了一份给我，也挺好！陈炳权先生在创立广州大学时，讲过一段话，涉及有关广州大学办学六个方面的事情。现在重温这段话，对照我们现在的工作，我觉得仍然很有启发意义。

广州大学最初的创立是因为广东大学要变成中山大学，它里面的专修学院没人要了。没人要之后怎么办呢？当初，陈炳权先生在专修学院，有人就对他说，陈炳权你当初在美国的时候不是说过要回国办个很好的学校吗？那现在机会来了，你就办吧！广州大学就是这个时候由陈炳权先生开办的，借了500块钱、两间房子就开始办起来的，并且办出了水平。现在来看，陈炳权先生在办学之初，就较好地回答了大学的办学使命、大学的人才培养、大学的生源选择、大学的政府资源、大学的区域特色、大学的国际视野等大学办学六个方面的十分重要的问题。在他的回忆录里讲过六段话就涉及上述这六个方面的问题。下面，我把这六段话的大致意思说一说。

陈炳权先生的第一段话，是关于广州大学的设立和办学的。在当时广东大学专修学院没人要的时候，陈炳权先生说“百余学子失学彷徨，群请另设大学以收容之，扩充学额招收青年优秀之学子”。最后他得出结论“故广州大学之设立乃适应中华民国之时之需求者”。从这里可以看到，广州大学的创办首先是国家利益的需要，是顺应国家和时代的需要。现在的广州大学，也同样如此。最近，习近平总书记在全国高校思想教育工作会议上谈到中国大学的办学要“扎根中国、融通中外、立足时代、面向未来”。这“扎根中国”和“立足时代”同样是对我们当下大学办学使命的要求。大学的办学首先要体现国家利益的要求。

陈炳权先生的第二段话，是关于广州大学到底要培养什么样的人。对于这个问题，陈炳权先生有个观点叫“专通相融”。他在《大学教育五十年》中谈论了通才教育，也谈到了美国的通才教育和教师的关系。关于专才，陈炳权先生在他的第二段话中特别加以强调。陈炳权先生说“百废待兴，需才孔亟。新的事业更需新人才以经营，非以设法培养专才不可”。就是说广州大学是要培养社会发展的专才，这是广州大学成立之始的人才培养目标和定位。张国扬院长刚才说 1978 年恢复高考的时候大学要培养应用型人才，现在广州大学人才培养的规格也是高素质应用型人才。最近我们进行充分讨论，在这个表述基础上形成了 24 个字，叫“德才兼备，家国情怀，视野开阔，爱体育、懂艺术，能力发展性强”，把人才培养目标做了一个应时代需求在规格内容上的完善和扩充。我觉得这和当年广州大学创办时候的人才培养目标在精神气质的追求上是一致的。

陈炳权先生的第三段话，是关于广州大学的生源选择。“得天下英才而育之”是所有教育家的梦想。对于广州大学来说，优秀学生的来源同样是必须加以考量的。陈炳权先生说“广州大学之设立，乃是以一般清贫有志优秀青年研求高等教育之需求者”。他对广州大学学生的定义，第一是家里比较穷的，第二是要有志向的，第三是十分优秀的，第四是要有研求高等教育需求的，符合上述四个方面要求的才可以到广州大学来深造。再来看我们的现在，不也是在做这个事吗？今天正好是学校开放日，校园内人头攒动，有来参观校园的，有来咨询报考的，热闹非凡。“选择广大的现在，拥有广大的未来”的标语还挂在那里，这两句话是我们今年提出来的。在学生的选择方面，我们与陈炳权先生当年的提倡是一气相通、一脉相承的。

陈炳权先生的第四段话，是关于广州大学的办学支持问题。大学的办学由谁来支持，由谁来把大学办好？陈炳权先生是这样回答的，“广州大学之成立，即获得国民政府准予立案，广东省政府并给予补助费以资助之；社会贤达又各竭诚奉公，尽种种提倡之责”。一个大学的发展，第一个方面一定是政府要同意，另一方面也要得到社会支持，各类贤达要捧场。当年如此，现在也如此。现在办高水平大学，去年广州市给我们的预算经费是十多个亿，今年超过二十个亿，干什么呢？就是想把广州大学办得更好。刚刚，张国扬院长说学校要补短板，也是事实。当年老广州大学急需的是商科人才，我们现在的短板是缺工科人才。未来几年通过工科大平台的建设，将会有比较大的提升，较好地补齐这个短板，也需要来自政府、社会、学界和业界的支持。

陈炳权先生的第五段话，是关于广州大学的办学特色问题。大学发展、大学的人才培养，一定要回答特色是什么。刚才几位领导、几位专家也谈到，广州大学要办成和中大、华工不一样的大学，要有自己的特色，尤其要与以广州这个城市命名的大学相匹配。关于这个问题，当年陈炳权先生是这样说的，“广东人才，富于冒险性，与外国接触最早，又为革命之策源地”“广州大学能成立于广东，其根源于民族性质，自然不可忽视者”。谈到广州大学的成立和广州所在区域的民族特征和文化特征的关系。现在谈广州大学的发展，同样也要和这个城市相匹配。市委主要领导对广州大学的发展有个要求，“要把广州大学办成叫得响，与城市地位相匹配的大学”。最近，我们在市委述职，得分 92 点多，效果比较理想。市里最后提了一个意见，就是要把广州大学办成与广州城市地位相匹配的一流大学。一流大学，我们不可能全方位一流，但是和这个城市相匹配的若干个对接点一定要一流！刚提到我们在布局的七大学科平台，其中就包含了现代金融研究、城市地下空间开发、人工智能、移动数据与科学工程等，几个方面都是广州市目前特别想做的事情。当然，还包括像网络空间安全、精准基因编辑这些领域，目前我们都在努力去做。

陈炳权先生的第六段话，是关于广州大学的国际视野。陈炳权先生办这个学校是因为在赴美留学时“目睹及亲身参与美国各大学之推广部之遍设，利便于学生于晚间上课，接受大学教育以推行自由民主之精神”。陈炳权先生当初办的广东大学专修学院，最初是夜校。为什么办夜校？就是要供白天因工作没时间上学的人来念书，广州大学因时因地，为城市发展提供了最好的服务，并且这种办学模式与国际接轨，是一种国际化视野下的革新，并非一时权宜之计。我们现在同样也有这样一个命题。广州大学要开放办学，构建开放型国际化教育发展新格局。我们正在大力建设“一带一路”国际书院，倡议成立“广州友城大学联盟”，涉及大概七十多个城市，我们要把这个大学联盟建立起来，不也是想把陈炳权先生办学注重国际视野的精神在现代拓展和传承下去吗？从这个意义说，广州大学的广大精神不是凭空来的，一定是渊源有自的。可能它在每个时段的表述不一样，但精神内核是一脉相承的。我们的校训是“博学笃行、与时俱进”。“博学笃行”是从陈炳权先生创办广州大学的时候提出来的。“与时俱进”至少是当年广州师范学院的老院长陈一百先生为1982届毕业生题词的时候提出来的。当年陈老在为毕业生题词时，讲了三句话：第一句“创新局，自强不息，与时俱进”；第二句“勤厥职，以身作则，教书育人”；第三句话“永不渝，许身孺子，赤胆丹心”。

他用这三句话，勉励当年的师范毕业生。我们看到第一句就是用了“与时俱进”。自强不息、克难求进、与时代同发展就是广大精神的一种表现！

属于广州大学的九十年刚刚过去，未来的九十年刚刚才起步，我们要做的事还有很多。陈炳权先生在回忆录中还讲过，“凡一事之成也，作始也简，将毕也巨”。陈炳权先生所言也是渊源有自，这句话我在几次会议上也都讲过。“作始也简”就是说一个事当它开始做的时候条件比较简陋，就像广州大学的创办一样，从 500 块钱、两间房子起步。“将毕也巨”就是说要把它做成，一定要有巨大的投入、巨大的竞争和巨大的贡献在后面。现在的广州大学，包括在座的诸位老领导，就是在广州大学办学发展进程当中“将毕也巨”的最重要的组成部分。所以，在这里，我们是接班人，让我们一起把这个事情推动下去，使广州大学的高水平大学建设在未来的十年可以做得更好，使我们广州大学的校史能够真正在宏大激荡的建设过程中落到实处，不忘初心，立足当下，创造未来！

进一步提高战略执行力
全面推进高水平大学建设*

关于这次会议，在研讨方案的时候，我跟明海校长及班子成员商量，最后由我做一个大会总结。从学校的角度来思考，今天我总结的题目是进一步提高战略执行力，全面推进高水平大学建设。这次会议，如果从操作层面说，整体思路就八个字，即“问题导向、目标意识”。就是把问题放到这个地方，然后朝这个目标去做。因此，从问题导向这个角度说，今天的总结主要谈三个方面的内容，一是全面从严治党如何落实；二是高水平大学的建设如何推进；三是大学文化如何涵养。

一　全面从严治党如何落实

关于全面从严治党如何在广州大学落实，我在这里讲三句

---

* 本篇是在校党委二届十四次全体会议暨 2017 年暑期领导干部学习读书班（2017 年 8 月 28 日）上的总结讲话，根据录音整理。

话。这三句话引自习近平总书记在听取中央巡视办对31所中管高校党委巡视专题报告后的讲话。第一句话，办好中国特色社会主义高等教育必须旗帜鲜明地坚持党对高校工作的领导；第二句话，要以巡视整改为契机，严肃党内政治生活，加强高校领导班子建设，切实防范廉洁风险，营造风清气正的教书育人环境；第三句话，要坚持问题导向，把深化高校改革和全面从严治党结合起来，明晰责任、完善制度、堵塞漏洞，确保高等教育事业始终沿着正确方向健康发展，为实现“两个一百年”奋斗目标和中华民族伟大复兴的中国梦提供人才保障和智力支持。

我领会总书记的讲话精神，全面从严治党和高等教育的事业要紧密结合，而不是搞两张皮。我们的目标只有一个，就是中华民族伟大复兴。高校就是要做这件事——培养建设者和接班人。总书记这些话是在中共中央政治局审议《关于巡视31所中管高校党委情况的专题报告》的会议上说的，和我们有没有关系？当然有。因为，有些毛病和问题，不仅在中管高校存在，地方高校也同样存在。我这里有两份清单，一份清单是中央巡视31所中管高校存在的主要问题，一共七个方面：一是在坚持社会主义办学方向上存在差距，贯彻中央八项规定精神不坚决，因公出国（境）存在违规问题；二是用中央精神指导办学治校不够，马克思主义在学科建设和人才培养中的指导地位弱化；三是党委议大事、谋大事不够，有的领导干部担当精神不足；四是选人用人履行程序不严格，制度执行不到位，管校治校宽松软；五是“立德树人”抓而不实，思想政治工作有差距；六是党内政治生活不严肃，基层党组织建设弱化，党内政治生活不规范；七是全面从严治党不力，校纪委“三转”不到位，“两个责任”落实不到位，对一些违规违纪问题不敢举旗亮剑。

再看第二份清单，是广东省 2016 年巡视 9 所省属高校时指出的五个方面问题：一是落实党风廉政建设主体责任和监督责任方面还有薄弱环节；二是违反中央八项规定精神、四风方面和作风方面的问题不同程度存在；三是执行民主集中制和“三重一大”决策制度不严格，制度不健全，廉政风险突出；四是在干部选拔、人事管理方面程序不够规范，有失公平公正；五是在财务管理、招投标、招生、后勤管理等腐败敏感区域存在问题。具体问题一共 120 个。在这样大背景下，我们就要想一想。虽然现在学校的政治巡察还没有沟通意见，还没有反馈情况，还没有最后定性，但是有这样的一个高标准、严要求在前面，我们全面从严治党为什么要严，大家要心中有数。党的十八大以来，以习近平同志为核心的党中央把全面从严治党纳入“四个全面”战略布局，不断推动全面从严治党向纵深发展。全面从严治党如何在高校落实，我想从三个角度和大家交流一下我的一些思考和看法。第一个是在学校办学治校这个层面；第二个是在中层干部管理这个层面；第三个是在基层党建这个层面，全面从严治党要注意的事情。

（一）坚定理想信念，加强党的领导，坚持社会主义办学方向

在学校层面，对学校办学的要求，我们要从加强政治领导，坚定四个自信，坚持和完善党委领导下的校长负责制和学院党政联席会议制度三个方面着力。加强政治领导，用总书记的话说，就是要保证正确的办学方向，保证党的领导在高校工作中全面发挥作用。在这个问题上，今年全省高校领导干部读书班的会议精

神，也就是在昨天会议上学校传达学习的文件当中是反复强调的。坚定中国特色社会主义道路自信、理论自信、制度自信、文化自信，不断夺取中国特色社会主义新胜利，是当代共产党人最核心的使命。在这个问题上，尤其对高校来说，“四个自信”要从老师层面到学生层面，从领导干部层面到一般党员层面都要反复讲，并且要真信。暑假期间，学校党委组织全校基层党组织书记到井冈山青年干部培训学院开展专题培训，效果很好。为什么好？不忘初心，方得始终。我们共产党就是从井冈山这个地方走出来的，就是要为这个国家做事情的，就是要进行有中国特色社会主义革命和建设的。当年，正是在这个地方，新中国的第一代领导人毛泽东、朱德、彭德怀等，在那样艰苦的环境下，思考脚下这片土地和中国未来的发展方向。这次培训传承红色基因，坚定理想信念，大家接受了一次深刻的革命历史传统教育，也是我们学校党建工作按照全面从严治党要求，做好基层党建的一次新的尝试。坚持和完善党委领导下的校长负责制和学院党政联席会议制度，这也是我们坚持社会主义办学方向，加强党的领导，坚定理想信念要做的一件事情。围绕坚持和完善党委领导下的校长负责制，学校已经出台党委常委会议事决策规则、校长办公会议事决策规则，现在学院党政联席会议制度还要进一步完善。这个制度我们原来也有，但是没有及时修订，也没有从学校党委这个层面发文，这个工作接下来要及时做好。

（二）加强党性修养，严明党的纪律，做忠诚干净担当的党员干部

党的十八大以来，习近平总书记就加强党员党性修养作出一

系列重要论述，提出“信念坚定、为民服务、勤政务实、勇于担当、清正廉洁”的“二十字”好干部标准，以及“心中有党、心中有民、心中有责、心中有戒”的“四有”要求。我们来看好干部标准，“信念坚定”是总开关；“清正廉洁”是底线；“为民服务”是价值取向；“勤政务实”是工作风格；“勇于担当”是要有责任意识，要创新和负责。每一个层面组合起来构成一个有机整体，是党员干部需要遵循的标准。

作为党员干部要心中有党、心中有民、心中有责、心中有戒。要讲政治，带头提高政治站位。政治站位的核心就是“四个意识”，旗帜鲜明讲政治，核心就是要讲“四个意识”，尤其是核心意识。本次会议我们结合读书班这个主题，给大家发放总书记系列重要讲话精神读本，就是传达一个非常强烈的信息，我不希望这个书发下来之后，大家就把它放在桌上当成装饰，而要仔细琢磨，经常翻开看一看。全校党员干部要严守党的六项纪律，即政治纪律、组织纪律、廉洁纪律、群众纪律、工作纪律、生活纪律，守住纪律就守住了党的生命线，就守住了党员干部自己的生命线，对全体党员干部来说必须要心中有戒。要讲学习，带头提高专业本领。学校现在的中心任务是要进行高水平大学建设。在这次全省高校领导干部读书班上，与其他兄弟高校的领导交流，大家都有个体会，就是高水平大学建设和“双一流”大学建设，各高校的领导干部普遍存在着一种本领恐慌，那就是“双一流”该怎么做？怎样才能做好？至少现在看来，好像做得还是党不满意，人民不满意，学生不满意，老师也不太满意，那怎么样才能做得更好一点呢？那就需要我们不断进行学习和总结。最近，我到商务印书馆参加了商务建馆 120 周年的活动，看到商务印书馆涵芬楼书店的一副对联："世间数百年旧家无非积德，天下第一件好事还是读书"，这是商务印书馆的元老张元济先生书写的。旧家积德的事情放下不论，我们先来谈谈读书。广州大学这个干部群体，我建议大家工作再忙、事情再多，还得多多关心和多多跟进我们的大学建设，多多读书，多多了解我们专业发展当中的最前沿的问题和最前沿的变化，一定要把广州大学的发展放在高水平大学和"双一流"大学建设的大格局当中定位，并就此对我们自己的本领进行定位，自觉加强理论和业务学习，优化知识结构，增强思维能力，提升专业素养和驾驭复杂局面的能力，提高科学管理的水平，具备建设高水平大学相匹配的专业素质。要讲廉洁，带头加强廉洁自律。领导干部要把政治定力、纪律定力、道德定力、抵腐定力作为加强党性修养的关键，坚守道德高线，守住纪律底线，坚持把纪律挺在前面。继续推进"微腐败"治理和基层正风反腐，坚决整治"四风"问题，加大对党员干部的日常监督管理。在这一点上，我们的底线无论如何是不能破，也破不了的，所以加强廉洁自律特别重要。

（三）落实主体责任，严肃组织生活，大力加强基层党组织建设

党的建设重点在基层，难点也在基层。广州大学共有 360 个基层党支部，包括 220 个教职工支部和 140 个学生党支部。另外，还有 36 个离退休党支部和 68 个直属单位党支部。要把这些基层组织建好，"三会一课"如何落实到位，"两学一做"如何驰而不息地抓紧，是学校党委切实担负起管党治党政治责任，着力解决好干部队伍、基层组织和党风廉政建设存在突出问题，是把党建

设得更加坚强有力的抓手。目前，我们基层党建的薄弱环节大概有四个方面：一是基层党支部活力不足；二是有些校外直属单位的党建工作还存在薄弱环节；三是一些单位党组织书记履行党建第一责任不到位；四是机关党建弱化，党员教育管理存在“灯下黑”现象。这几类问题我在多个会议上都讲过，也并非只在广州大学存在，但既然我们学校有，我们就要正视解决这些问题。教育部近期专门发布《关于加强新形势下高校教师党支部建设的意见》，涵括了充分发挥党支部的主体作用，突出抓好党支部和教师的思想政治工作，着力做好党支部在青年教师中发展党员工作，切实加强对高校教师党支部建设工作的领导等内容，这是从上到下的要求，里面还提到要大力推进教师党支部书记“党建带头人、学术带头人”培育工程，力争通过3年左右的时间，基本实现“双带头人”支部书记选拔方式全覆盖。这些对我们来说都是新的工作，我们一定要把它做好。

二　高水平大学建设如何推进

（一）过去一年工作的主要成效

到今年的9月13号，明海校长和我到广州大学报到就满一年了。与全体同志一起我们到底做了哪些工作？效果怎样？我把它总结为十个方面：一是全面从严治党有了新起色；二是党风廉政建设有了新成效；三是高层次人才引进取得大突破；四是重大学科平台与大科研团队建设取得大进展；五是人事制度改革取得大成果；六是科研项目申报获得大进步；七是研究生工作与学位点申报奔向新目标；八是学生思想政治教育呈现新气象；九是校园环境建设步入新轨道；十是学校发展保障迎来新机遇。可以概括为“四大六新”，即大成果、大突破、大进展、大进步，新起色、新成效、新目标、新气象、新轨道、新机遇。这大概就是对我们过去一年工作的整体评价。

（二）进一步强化战略执行力

1. 学科建设要进一步提升战略执行力

学校现在进行的是高水平大学建设，在这里我也要聚焦学科建设进一步提升战略执行力的问题，提三点要求。第一，平台建设要再接再厉不松懈。学科平台建设已经初具规模，我觉得在新的学年，在接下来的时间里，要再接再厉不松懈。我们提出5个理工科平台和2个人文社科平台，大家都耳熟能详，架子搭起来了，有的已经开始运行了。这7个平台中，有6个靠引进人才组建，唯一的岭南文化艺术平台主要靠我们自己的力量组织建设，那我们接下来到底应该怎么做？这个可能在某种程度上还不是再接再厉的问题，而是要在原有基础上怎么样进一步加强培育的问题。第二，科研团队建设要稳扎稳打上台阶。现在谈的科研团队，从流变学科研团队、分子设计育种团队到材料电化学及分析科学技术团队，这些团队是我们新引进的，一定要抓好。这里还想请大家注意一下PPT页面上的这些省略号，想表达什么呢？就是我们原来各学院都有一些科研团队，不要以为现在学校要打造新的科研平台，引进新的科研团队，原来的科研团队就放松了，就放弃了，就不做了，那可不行！我们原来的科研团队有哪些呢？科研部门要进行梳理、整合，希望在新的一年中，科研团队要稳扎稳打上台阶。第三，标志性成果培育要更加拼命朝前冲。我觉得在这个方面我们是不能松劲的。目前来说，省内兄弟高校对广州大学的评价基本是既感到欣喜，也感到羡慕，但我们自己应该更感到的是压力大。兄弟高校对广州大学的评价中的欣喜和羡慕主要集中在广州市委、市政府对我们提供了多少支持，增加投入了多少钱，引进了多少人，等等。大家要注意到，他们的评价，只是一个投入上的评价。但对于结果产出这一块，目前在省内高校间还没有听到像羡慕中山大学、深圳大学那样，这就是我们的压力。为什么呢？因为我们的标志性成果培育拼命朝前冲还没有真正把力发出来。当然这需要一个阶段和过程，我想在这次会议之后，不管是我们的高水平大学三个重点学科的建设，还是一级学科博士点的申报，或是相应的学科建设进步，都是我们的追求。还有，昨天明海校长提出来的一些建设指标，我都认同。那就是到了2018年，广州大学要有不低于120项国家自科项目、50项国家社科+教育部人文社科项目指标；不低于1000篇SCI/SSCI/EI论文、100篇1A、1B类中文论文指标；不低于500项专利申请、300项专利授权的指标；等等。这就是标志性成果拼命朝前冲，是我们要做的事情。所以，我们要签订责任状、任务书，这个事我们一定要形成共识，把它做好。

2. 贯彻全国高校思想政治工作会议精神进一步提升战略执行力

去年全国高校思想政治工作会议不仅仅是我们一般理解的只是关于大学生思想政治教育的内容的会议，它还是对整个中国社会主义高校的办学方向、办学使命提出了更高、更明确定位的会议。我国高等教育发展方向要同我国发展的现实目标和未来方向紧密联系在一起，为人民服务，为中国共产党治国理政服务，为巩固和发展中国特色社会主义制度服务，为改革开放和社会主义现代化建设服务。这“四个服务”提出以后，它可能的逻辑结果是什么？我们相信它一定会成为国家深化教育改革的重要内容。近期我到教育部参加一个座谈会，听说教育部的同志也在讨论这个方面的问题。因为要开全国教育大会，对这句话如何理解？高等教育该如何做？我们应该如何落实？再来看另一句话：扎根中国、融通中外、立足时代、面向未来。扎根中国大地办高等教育同建设世界一流大学是统一的，只有扎根中国才能更好地走向世界。这是总书记的原话。建设一流大学，我们在盯紧世界一流大学各种办学指标的同时，还不要忘记是在中国大地上办的高等教育。举个例子，总书记在谈办有中国特色的哲学社会科学体系的时候，前面先谈到西方的哲学家、军事学家、经济学家等的情况和观点，接下来总书记就有了第二段话，讲的是中国在这些年来做了哪些事情，这一对比就看得很清楚，我们要建立中国自己的话语体系，形成世界格局中国话语权，高等教育在这一块可以说已经是箭在弦上。广州大学在这一方面同样不能掉队，有很多事情要做。今年7月，广东召开全省高校思想政治工作会议，省委主要领导同志做了重要讲话，接下来，我们要进行专门研讨学习。下面，我就学校如何抓好全国高校思想政治工作会议精神的贯彻落实强调三点。

一是抓好任务全面落实。在这里也跟大家报告一下学校对全国思想政治教育工作会议精神的贯彻落实情况。在全国思想政治教育工作会议召开后，中共中央国务院出台《关于加强和改进新形势下高校思想政治工作的意见》，高校需要落实的有92条，我校初步落实的有 85 条，没有落实的有 7 条。初步落实的 85 条并不能说明我们已经做得很好，或者已经完成，只是我们做了这方面的工作。还有 7 条是我们现在还没有做的。省里高校思想政治工作会议还有个更详细的清单，下来我们要做进一步地对比检查跟进。比如说，在政治学、社会学、法学、历史学、新闻学、文学等专业课程中，增加中华传统文化的内容；鼓励通过双学位等多种方式，培养马克思主义的复合型人才；院系党组织书记、院长、系主任每学期至少要为学生讲一次思想政治理论课。我们要围绕这个具体任务，一条一条做好。

二是抓牢使命全面推进。全国高校思想政治工作会议精神的核心，是围绕培养什么样的人，如何培养人和为谁培养人这个根本问题。围绕这个根本问题，我们也反复思考过，通过学校人才培养工作会议确定了我们自己的人才培养规格——德才兼备、家国情怀、视野开阔，爱体育、懂艺术，能力发展性强。我们的人才培养规格和党和国家的教育方针是高度契合的。目标已经提出来了，接下来在如何再细化的问题上，要做的事情还有很多。举个例子，现在大家都在提“德才兼备”，但“德”到底包含哪些层面？有哪些要素？能不能把它归纳一下，比较系统地讲清楚？我最近在看有关马克思主义经典作家关于道德论述的资料，觉得至少自己目前还没有能力把这个问题想清楚。在这里我要提出来，我们的学校、老师，在我们的思想政治教育层面，如果要做的话，就要先把自己弄明白，不能以其昏昏使人昭昭。再来说“家国情怀”，“家国情怀”要理解的话，其实也有好多东西，我们也可以把它梳理得更清楚一点。昨天兴蓬副校长在报告中就提出，广州大学要培养一流本科人才，要讲好广大故事。今天我专门把这个提法放到 PPT 上。当然，我们的研究生现在还谈不上一流，本科生要先做，争取先达到一流。一年 365 天讲好广大故事，在这一点上，接下来不仅是宣传部门，各个学院、各个职能部处都要好好谋划，在这方面我们要怎么样做好。

三是抓定要害不留死角。昨天会议传达全省高校领导干部读书班精神时，我读到省委常委、宣传部部长的一句话，今天把它也写出来，就是“对意识形态工作要做到信息灵、反应快、处置得当”。“信息灵”就是预判性比较强；“反应快”就是早已吃透精神，不要等到上面批示，该现场反应的就要现场反应；“处置得当”就是不要让事态恶化，能关起门来解决的就决不开门解决，能今天晚上解决的决不拖到明天，能够两人之间解决的就不要扩大到更广范围。在这一点上，拜托各位学院院长、书记，要绷紧这根弦，确保不出事。校外独立学院、附属中学，以及其他几个直属单位都要注意这方面的要求。还有一句话要强调一下，意识形态和政治安全是每一位党员干部和每一名教师都必须担负起的政治责任。在这个问题上，教育厅景李虎厅长强调，要做到万无一失，后面还有一句话是一失万无，意思是说如果在这个问题上出了事，其他事情都免谈。所以，意识形态工作一定要抓好，不容有失。

对于少数民族学生的思想政治教育工作，我们都深有体会。我们学校的少数民族学生大约 200 人，最多的时候将近 300 人，一旦发生问题，就会影响到学校整体社会形象。关于意识形态的六项责任（论坛讲座管理、教材管理、课堂教学管理、涉外资金和资助项目管理、校园网络安全管理和党团组织建设），我希望在座的各位中层干部都要烂熟于心。这里特别强调一下论坛讲座管理和教材管理。昨天明海校长谈到一个问题，就是学校统计今年各类学术会议的数据时发现，有的学院是零，我们也知道一些学院开过会，但是没有报，或者说只报了这个部门，没有报另外一个部门，所以统计出来就是零。那就证明大家的程序规矩意识还是不够强。还有就是教材管理，教育部现在把基教二司撤销了，专门成立了教材局，进行教材建设与管理，目的就是要加强这方面的工作。这次全省高校领导干部读书班上，有关领导还专门作了强调。这里说的教材，不仅是已经出版的教材，还包括老师们没有出版、自己使用的讲义与教材。我们校院两级也要打起精神，进一步加强管理，包括要加强对论坛、网络、课堂、教材、社团的管理；加强对外合作交流项目、图书馆、学生活动的管理；加强对校外二级学院意识形态工作的管理；加强对新入职教师的政治审查工作，等等。

（三）学校精细化、品质化、标准化管理进一步提升战略执行力

关于提升学校精细化、品质化、标准化管理，我想通过看事、看人和看校园“三个看”来论述。

首先，看事。重点讲一个内容，就是国家“放管服”改革学校应该怎么做。现在从全国到省、市已经把很多权力下放了。国家层面出台《教育部等五部门关于深化高等教育领域简政放权放管结合优化服务改革的若干意见》，省教育厅相应出台《关于我省深化高等教育领域放管服改革的实施意见》。我对学校提出的要求是，放管服改革要接得住、接得全、接得好。“接得住”就是要有能力承担、不办砸；“接得全”就是上面放下来的权力要

全面接、不漏项；“接得好”就是要体现效果。“放管服”改革事项涉及七大类，分别是专业设置、编制岗位、进人用人、职称评审、薪酬分配、经费管理、内部治理。这些权力下放后，省里要求高校制定承接的改革事项系列配套制度31项，目前学校已经制定完善19项，待完善的12项。这12项是学校这个学期开学后马上就要做的，具体包括专业设置的管理办法、机构设置的管理办法、教师离岗创业管理办法、广州大学学术委员会章程、资金项目遴选和项目库管理办法、科研体制改革实施办法、科研评价机制改革制度（办法）等。

其次，看人。我觉得看人就是说，精细化、品质化管理在人的管理上，还得搞清楚。为此，学校做了很多工作，包括各个学院也做了很多工作。我在这里画了一个图，请看PPT：这是一个天平，天平一边是绩效工资制度，另一边是人才引进制度。我们的要求是使绩效工资和人才引进工作拧成一股绳。一方面说明学校新引进的一批人才是一个群体，一方面是为广大做出巨大贡献的积极努力的教职员工也是一个群体，这两个群体就像在天平两端，要通过我们的工作把它做得更加完美、更加平衡，形成一股合力。记得去年明海校长在这里也谈到过这个观点，学校会处理好引进人才和原有人才的关系，不会“顾此失彼”。事实上，这一年来都是这样做的，并且效果还挺好。但人来了以后，在制度对接、文化融合、感情对接，以及工作细节的处理等方面可能还存在问题，出现这些问题属于正常现象，但不能有问题没反应，要想方设法把它解决。我们要通过工作，把新和旧、老和少、里和外各种关系和力量拧成一股绳，形成强大合力。目标是要做到凝聚有心、激励有力。现在的绩效工资改革，包括人才引进合同签订，都是从激励有力这个角度来做，因为只有这样，才能拧成一股绳，才能真正达到高水平大学建设的效果。

再次，看校园。我们的要求是校园管养水平要有大变化。PPT里放了四张照片，分别是商业中心广告牌、人行道路面、粤园门口和旁边的花丛，这些照片背后都有小故事。不久前，市委领导到学校调研，对商业中心和学校的管理做出重要的指示和要求。市领导的原话是“学校建设目前的管理水平是不行的，商业中心的管理及周边环境，包括建筑物立面，很没有水平，学校后勤管理要进一步加强。从今天情况看，学校的管理恐怕连外面的街道都不如，例如学校地面凹凸不平，花木没有人管理。学校建设初期很漂亮，但目前管理养护工作没有跟上。你们的校园起码要做到绿色、干净和安全，现在这里（指商业中心）嘈杂，学生进来根本静不下心来学习；环境不好，怎么引进人才，人家到校园看一下，就知道水平不高；建设高水平大学，先把校园环境搞好，把管理搞好。停车场这么乱不行”。最后在学校开了两个小时的座谈会，在会议上，市里提出要求，广州大学必须成为环境优美最好的大学！因此，我们接下来要从三个方面发力，一是要做到标准更加明确，二是要做到任务更加落实，三是要做到机制更加科学。标准更加明确，就是按照市领导的要求，把广州大学建成环境优美最好的大学，校园环境要做到干净、整洁、平安、有序。当然，这并不是说过去不努力，只是我们努力的标准和要求还没有达到高水平的要求。在任务更加落实这一点上，我们的相关部门，不仅是后勤服务处、基建处，还包括各学院、校团委、经营性资产管理办公室等，要专门进行研究，把这方面有关工作细化。机制更加科学方面，比如说，近期学生处要搞垃圾分类，那垃圾分类教育的机制怎样建立，怎样更加科学，这些都需要我们把工作做深做细。

三 大学文化如何涵养

关于大学文化如何涵养的问题，目前学校的讨论还不算多，但文化对于一所大学非常重要。一所学校要办好，有时候它的文化涵养是一种天长日久的事情，今天想用一个分析框架来说，大学文化也可以分三个层面：物质文化层面、制度文化层面和心理文化层面。这三个层面具体做什么？我们得有抓手，即在物质文化建设上要有广大格调，在制度文化建设上要有广大追求，在心理文化建设上要有广大精神。

（一）校园建设：在物质文化建设上要有广大格调

物质文化建设主要是校园建设，我们的校园建设要有广大格调。昨天周云副校长的报告在这方面花了比较大的功夫，有很多具体想法，有的还在不断改进中，我觉得很好。我再强调三项建设工程。第一项是校园提升计划。校园提升计划包括正在做的校园基础设施维修，大学城校区设施维修项目总投资约 1.14 亿元，对教室、实验室、办公室实施全面改造，对图书馆、演艺中心、体育运动场馆等公共设施实施全面升级改造，现有的已经完成施工招标。下一步全面的校园提升计划要按照具有广大特色的绿色智慧校园来打造，建设最美校园。第二项是新增基础设施建设。在广州市的支持下，学校将新增基础设施建设约 20 万平方米，包括抗震大楼、智慧型教学大楼、创新大楼和教师公寓等系列工程建设，将进一步缓解学校办学和人才引进资源不足问题。第三项是桂花岗校区修规。我们争取要对桂花岗校区重新定位，进一步提升科学研究功能，改善研究生培养功能，完善政府智库与服务教育发展功能。上述三项工作都是要在提高校园养护水平基础之上要做的事情。

（二）制度建设：在制度文化建设上要有广大追求

制度文化的核心是基于学校的发展而产生形成的协调个人与群体，群体与社会的一系列制度、范式，尤其是系统的价值观念。具体来说，就是广州大学到底要有什么样的制度系统，让学校里各个群体的精气神都能统一起来、提振起来，让广州大学既是一个学术共同体，也是一个命运共同体。如何让构成我们广州大学的三类主体，即学生、教师和管理人员，形成学术共同体和命运共同体，他们的风范如何呈现？他们的价值如何彰显？围绕这些方面，我们要把这三块的制度建立好，培养、引导、建设好校园当中的三类主体。只有这样，制度建设的广大追求才会有一个基本的价值体系。我们要健全有利于学生成长的规章制度，健全有利于教师发展的规章制度，健全有利于管理服务人员体现价值的规章制度，这三个方面的工作是我们要做的。首先，在健全有利于学生成长的规章制度方面，围绕“德才兼备，家国情怀，视野开阔，爱体育、懂艺术，能力发展性强”这一具有广大底色的人才培养规格，我们出台全面提高人才培养质量的本科生教育“1+13”文件、研究生教育“1+4”文件，我们的领导干部联系班级制度和专任教师值班制度要进一步完善落实，我们提出的培养具有广大底色创新创业人才在思想政治教育的一些举措要更加有效实施等，这些都是接下来要做好的事情。其次，在健全有利于教师发展的规章制度方面。我们提出要培育广州学者和广州良师的目标，基础就是习近平总书记提出的“四有”好教师标准，这是我们国家关于教师的一个最重要的标准，我也希望在我们学校能够产生像吉林大学黄大年同志这样的优秀教师和专家。所以，在广州学者和广州良师的培养上，我们要花大功夫。围绕学校的绩效管理改革，我们对老师发展的文件分成两大类，一类是激励性文件，另一类是约束性文件，目的就是帮助教师更好地成长和发展。激励性文件，包括综合绩效评价奖励实施办法、教师特聘岗位实施办法、青年拔尖人才培养方案、教学奖励办法等；约束性文件，包括全面推进内控机制建设实施方案、高水平大学建设专项资金管理办法、“三公”经费管理办法、“双创”资金管理办法，以及严重失信行为记录与惩戒暂行规定等。近日，省科技厅出台《广东省科技厅关于省级科技计划（专项、基金等）严重失信行为记录与惩戒暂行规定》，对科技计划项目承担人员和单位的严重失信行为作出明确界定，对相关责任主体采取的惩戒措施也作出明确规定，这些都是约束，目的是使我们老师既在教书育人上有良师风范，又在道德和纪律执行上有上佳表现。再次，在有利于管理服务人员提升价值的规范制度方面。学校对管理工作提出要有明确的目标、有清晰的清单、有科学的流程和有严格的考评四方面要求。接下来，我们要重点做好这三个方面的制度建设。第一个是干部考核评价体系。现在中层干部换届已经结束，一年之后我们要对中层管理干部任职情况进行考核，那评价体系、评价指标怎么做？如何体现对责任清单的落实和考评？这些方面的制度都需要我们进一步完善。第二个是职员晋级聘任管理。这个工作我们现在已经有了相对完善的方案，具体工作也正在做。第三个是我要特别强调的后勤（含外包项目）更加系统有效的制度（包括合同体系）。我们现在的很多服务外包，外包之后不等于不用管，这些后勤外包项目也是广州大学整个事业的一部分，我们要有更加系统有效的管理制度，要能体现广大风范，体现广大底色，这是接下来要进一步加强和做好的工作。

（三）大学精神：在心理文化建设上要有广大精神

这里有个图，它是以上升趋势来呈现的。我们不妨回顾一下，广州大学自 2000 年合并组建以来，2005 年整体搬迁进入大学城新校园，这是我们的第一跳；申博成功、本科教学水平评估优秀，这是第二跳；现在进行的高水平大学建设，这是第三跳，后面当然还有第 N 跳。广州大学的发展是一级一级往上跳，原因何在？因为我们有一种精神，这种精神是非常重要的。纵观广州大学办学发展历程，学校能够发展到今天非常不容易。广州大学创校校长陈炳权说过，“凡一事之成也，作始也简，将毕也巨”。一件事情要把它做好是需要花巨大力气的，我们还得与时俱进。广州大学的办学同样也是如此。“与时俱进”是我们的校训，是从 1982 年陈一百先生给当时毕业生的题词中摘取的，陈一百先生担任广州师范学院的院长可以称得上是一名教育家，他的原话是“创新局，自强不息，与时俱进；勤厥职，以身作则，教书育人；永不渝，许身孺子，赤胆丹心”。我们广大要提倡的“克难求进”精神也是与时俱进的。在学校办学发展过程中，在不同历史时期，都有我们需要思考的命题和面对的困难。在当前学校全面推进高水平大学建设的过程中，我们要克难求进，到底要进什么？要进到哪里？这是在座所有中层干部、全校所有党员同志都应该思考的。

这两天的会议，从明海校长开始，到各位校领导都做了报告，部署了工作。我想这是我们要“进”的具体内容。我总结归纳了一下，就是全面从严治党是否得到全面推进？党风廉政建设是否得到全面加强？一流学科建设是否脱颖而出？学科建设是否产生更多标志性成果？经费预算执行是否更加及时有效？最后一项我用黑体标识，我们学院的各项主体责任是否得到全面落实？这些就是我们在未来一段时间要“进”的内容。“进”到哪里去？2018 年我们 3 个学科建设达到广东省高水平大学重点学科建设项目验收标准；2020 年我们跻身省内地方高校“第一方阵”，全国排名前 100；2025 年学校建设建成具有学科、城市区域和国际化特色的高水平大学，进入全国高校排名前 50 名左右。通过我们共同努力，学校要办成什么样？就是以下三个表述，“要使广州大学成为环境优美的大学”，这句话是市主要领导说的；“要使广州大学成为与广州城市地位相匹配的一流大学”，这是市委最近给学校党委述职考核的回复件中说的；“要使广州大学成为在国内外有重要影响、整体实力进入全国地方高校前列的教学科研并重的地方综合性大学”，这是广州市建设高水平大学实施意见中说的。虽然表述各异，但目标实质却是一致的。

我刚才提到具体“进”的内容，就是为了“进到哪里”具体服务的。当我们把事情做好，我们当初的心愿就达到了。我这里用一副对联来总结一下。上联：干在实处走在前列；下联：攻城拔寨落地生根。结果（横批）开花结果！这就是我们对学校工作的要求，这样我们才是不忘初心，才能达到目标。最后一张 PPT 就是广大精神的基本姿态，不忘初心、继续前进。

以大学为核心构建中华优秀传统文化的传承体系*

近年来，党和国家领导人站在复兴中华民族优秀传统文化、实现中国梦的高度，提出要大力传承与发展中华优秀传统文化，教育部和中共中央办公厅、国务院办公厅还先后颁布了《完善中华优秀传统文化教育指导纲要》《关于实施中华优秀传统文化传承发展工程的意见》（以下简称《意见》）。在此背景下，我国各级各类高校都开始把传承中华优秀传统文化作为一项重要任务加以落实，并取得了一定的成效。但在具体的实践中也存在不少问题，诸如，中华优秀传统文化教育实践还缺乏体系性、有效性和可持续性；中华优秀传统文化教育的理论研究和实践探索彼此脱节，难以相辅相成；中华优秀传统文化教育的形式比较单调、实效性有限；等等。鉴于此，我们基于大学办学理念中必不可少的传承优秀传统文化的历史使命和服务社会的责任担当，尝试构建

---

* 本篇原载于《高教探索》（2017 年第 5 期），原载还有一个副标题“基于中华经典阅读实践的探索与思考”，与纪德君教授合作发表。

了以大学为核心的中华优秀传统文化传承体系，并从中华经典阅读活动的开展入手进行实践探索，较好地体现了大学传承文化的使命担当。

一 “五维一体”：构建中华优秀文化传承的阅读体系

目前，中华优秀传统文化教育的实施，虽然得到了国内各级各类高校的重视，但是对于中华优秀传统文化教育的理念、目标、内容、方式、路径与评价等，迫切需要进行全面、系统的探讨，以期构建一个比较科学的、行之有效的实践教育体系，以避免中华优秀传统文化传承的盲目性与随意性等。对此，我们认为应该以马克思主义“人的全面发展”学说作为理论依据，以党和国家力推的传承发展中华优秀传统文化的战略作为指导思想，以中华经典阅读活动的开展作为抓手，借鉴传播学的“5W”模式，按照“为何读”“谁来读”“读什么”“怎么读”与“读的效果如何”几个维度，从中华经典阅读的目标、主体、内容、方法和评价几个基本方面构建“五维一体”的中华优秀文化传承的阅读体系。

第一维：关于“为何读”，也即确立教育的目标与理念问题。教育目标、理念关系到整个中华优秀传统文化传承的导向，是教育内容选择、组织、实施和评价的重要依据。习近平总书记从文化自信角度就此多有论述，指出学习中国优秀传统文化“对树立正确的世界观、人生观、价值观很有益处”。中共中央办公厅、国务院办公厅印发的《意见》，明确提出实施中华优秀传统文化传承发展工程，要紧紧围绕实现中华民族伟大复兴的中国梦，坚持以社会主义核心价值观为引领，坚守中华文化立场，传承中华文化基因，不断增强中华优秀传统文化的生命力和影响力，等等。这便为我们如何传承发展中华优秀传统文化指明了方向，即要以社会主义核心价值观为引领，以实现中华民族伟大复兴的中国梦为远大目标，以培养学生正确的世界观、人生观、价值观为教育理念，通过中华经典阅读等切实加强大学生的人文涵养、塑造其健全人格、提升其人生境界。

第二维：关于“谁来读”，也即明晰阅读主体这一问题。《意见》指出，要把中华优秀传统文化传承发展贯穿国民教育始终，遵循学生认知规律和教育教学规律，按照一体化、分学段、有序推进的原则，实施中华经典诵读工程。这为我们构建中华经典阅读实践的主体提供了指导，使我们认识到中华经典阅读应从中小学抓起，贯穿学校教育的始终。高校作为国民教育的最重要的出口，在中华经典阅读实践中具有“最后一站”的把关校准的作用，既要为基础教育各学段的经典教育提供智力支撑，也要为在校大学生养德修身提供价值定型养分与平台，还要为把中华经典阅读拓展到社会各个层面，推动全民阅读而成为行动示范牵引者。从这个意义上说，我们认为高校的经典阅读和经典诵读在国家传承中华优秀传统文化、推广经典阅读与诵读中居于核心地位。为此，我们针对当前大中小学中华经典教育实践各自为阵、彼此脱节的弊端，在阅读主体上努力将大中小学生都纳入中华经典阅读体系之中，通过中华经典进中小学、进社区等活动，促进大中小学中华经典阅读的有效衔接与良性互动，并对所在地区和社会的阅读活动施加积极的影响。

第三维：关于“读什么”，也即开发教育内容这一问题。经典阅读在世界各国大学建设中都是一个绕不开的话题，从某种意义上讲，它是所在国家的大学传承其文明和文化必须肩负的功能和使命。“经典名著课程的教育价值在于它能培养心灵自由，气质高雅，具有推理能力的人才；它能帮助学生认识自我并加深他们对反复出现的社会问题和道德两难问题的思考；它还能激发学生对相关的人类精神活动或物质活动的兴趣。”开发中华经典阅读的内容，面临的是如何从浩瀚的古籍中选择适合大学生阅读且符合中华优秀传统文化教育目标理念的经典作品。为此，在选编经典作品时，我们要考虑的是，它们是否有助于培育社会主义核心价值观，是否体现了国家责任感和历史使命感，是否有现实的人文关怀，是否有启迪人生的价值，是否有较高的审美文化品位与独特的审美文化魅力，等等。我们认为在这个方面各级实施主体围绕明确的目标和标准是大有可为的。以广州大学为例，我们发动全校师生共同参与校园“经典百书”书目的遴选与推荐活动，并设计和开发了中华经典阅读网站，建立了中华经典百篇音视频学习资源库等。另外，从中华经典的历时性与现时性特点出发，我们也考虑了传统经典与红色经典的有机结合，在历史和现实的维度中建立一种文化脉络，通过中华经典教育既思考中国文化从哪里来的问题，又解决现实中如何思想的问题。

第四维：关于“怎么读”，也即探索经典阅读的方法问题。针对新媒体时代大中学生媒介接触与阅读方式的变化，我们应该创新中华经典阅读的实践方式，不仅实施“素读”法，通过对文本的反复诵读在学习中理解和记忆文本，还应以微学习理论为指导，遵循“微型化”“多样化”“交互性”“情境化”等原则，实施“微悦读”“泛在读”等。在这方面不管是中小学还是大学或者是社会与社区，可供利用的方式与路径当然非常多，而广州大学的实践表明，关注新媒体语境中的经典阅读方法并积极引导并不是可有可无的事情。

第五维：关于“读的效果如何”，牵涉的是经典阅读效果的评价问题。为了给中华经典阅读实践提供一个必要的保障，也不妨将经典阅读作为考试科目，使之制度化、常态化。笔者所在的广州大学就专门颁布了《广州大学本科生第二课堂学分实施办法》，将“中华经典诵读”作为本科生第二课堂的必修课，并利用网络平台开发相应的考试评价系统，诵读考试试题全部在《中华经典诵读选本》的 100 篇作品中抽取，实现了从考试报名、上机考试、机器阅卷、成绩发布等环节的信息化处理。目前这种评价方式已实施了六年多，每年的上机测试量基本是在校学生的四分之一，任何年级的学生都可以参加上机测试，合格者获得相应的学分，使学生在踏入社会之前的国民教育的“最后一站”能得到比较充实的中华经典的涵育与浸润。另外，实践表明开展各种形式的经典阅读比赛、评选活动，表彰经典阅读的先进集体、先进个人，定期整理、汇编、出版优秀读书征文、读书报告、读书心得等，都可以有效激发学生阅读经典的兴趣和热情。

二 “多样态”：创新中华传统文化经典的阅读方式

“五维一体”阅读体系中的“怎么读”值得重点探讨申说。在开展中华传统文化经典阅读实践的过程中，我们发现现在的大学生对于阅读中华传统经典普遍不太感兴趣，而这种现象产生的原因是很复杂的。我们曾对广州大学 200 多名大学生进行主题为

"大学生与经典阅读"的抽样调查，调查显示多数大学生对阅读中华经典的态度比较消极，只有三分之一的文科生会在每周花四五个小时去阅读中华经典，而阅读中华经典的理科生还不到十分之一。在原因调查中，大部分学生认为经典过时了，用处不大；经典往往不通俗，少趣味，不好读，或读不懂等；一些学校实施经典阅读的方式方法过于死板、单调，较少顾及大学生媒介接触习惯与阅读方式的变化。

有鉴于此，高校开展中华经典阅读教育，就不仅要在"为何读"的问题上引导学生充分认识经典阅读的重要意义，还需要在经典阅读的方式方法上进行创新，积极开发出为大学生乐于接受的"多样态"的经典阅读方式，以期改善经典阅读的实践效果。

首先，我们还是要大力提倡"素读"经典，也即排除各种辅助手段，纯粹地阅读（包括精读、朗读、默读等）纸质经典。因为只有潜心静气地品读经典，才能深入理解经典的内涵，汲取其精华，使经典浸润人生，转化为学习者的内在文化修养。

其次，考虑到新媒体时代大学生的媒介接触习惯已发生很大改变，我们还应推行一种基于微型内容和微型媒体的新型的经典阅读方式。根据中国互联网信息中心 CNNIC 第 39 次发布的《中国互联网络发展状况统计报告》可知，截至 2016 年 12 月，中国网民规模已达 7.31 亿，其中 95.1%用手机上网。而大学生是手机网民的主力军，微媒介（智能手机、掌上电脑、社会网络 SNS 以及博客、微博、微信、游戏、wiki 等媒体）及媒体内容最受大学生的青睐。在这种情况下，我们可以将那些由单篇的诗、词、赋、曲、文等组成的中华经典作品制作成学生喜闻乐见的多媒体、碎片化的数字资源，使大学生可以轻松地、随时随地地选择、获取和利用微小的学习内容模块，在可移动的、情境化的环境中获得一种轻快的甚至带有一定娱乐性的学习体验，这就是我们所说的“微悦读”“移动读”“泛在读”。另外，也可以开发阅读活动专题网站，鼓励学生社团建立经典阅读公众微信号或 QQ 群等，引导学生线下阅读、线上讨论，使大学生能够借助微媒介，轻松地发布自己的阅读内容、心得和体会，并相互进行点评，从经典阅读群体中获得充足的学习动力。

再次，竞赛性阅读（竞读）应该成为青少年经典阅读的一种重要方式，以激发大学生的学习动力。例如，从 2011 年开始，为了配合“世界读书日”“书香羊城节”等，由广州市教育局主办、广州大学承办，广州市属高校大学生每年都要举行一次规模盛大的“中华经典诵读大赛”，已吸引了数以万计的大学生踊跃参加；2016 年 10 月开始，广州大学还承办了由省委宣传部、教育厅共同策划的以传承中华优秀传统文化为宗旨的首届南粤大学生语言艺术节，有来自全省 51 所高校、数以千计的大学生积极参与。至于结合传统节日与民俗活动，开展形形色色的主题阅读活动，同样也可以激发大学生阅读经典的浓厚兴趣。

通过实施多样态的中华经典阅读方式，可以有效地解决目前存在的高校中华经典阅读教育方式过于死板、单调、学生普遍不感兴趣的问题。

三　“三走进一走出”：扩大中华优秀传统文化的辐射力

如何以大学为核心构建中华优秀传统文化传承发展的体系在

实践层面和理论层面都还有很多事情要做，本文难以详加列论，我们的一个基本观点是应该有更多的高校要具有这方面的文化自觉，只有这样，大学才能真正承担起传承文化的办学使命。大学开展中华经典阅读与教育活动，不仅要立足于课堂、校园，还应考虑采用什么样的体系将中华优秀传统文化的传承发展推广到城市社会生活，使之更好地服务于城市的文化建设，甚至还应考虑如何让中华经典走出国门，传播到国外。如果从一所大学已有的实践探索来看，“三走进一走出”不失为一种值得提倡推广的行动模式。

所谓“三走进”，就是采取得体有效的方式让中华经典走进大学，走进中小学，走进城市社区。比如广州大学就颁布了《广州大学“经典百书”阅读推广活动实施方案》，根据“经典百书”阅读推广活动的需要，开发了系列经典导读类通识核心课程，立项建设了一批经典导读类通识教育在线开放课程（慕课），通过共享和购置等方式引入了高质量的经典导读在线课程，鼓励教师在通识课程教学和专业教学中有意识地宣传推介“经典百书”，实现“经典百书”阅读与通识教育和专业教育有机融合。目前，我们为大学生开设的经典导读类通识核心课程与慕课就有“中华文化经典导读”“唐诗经典导读”“宋词经典导读”“中国古代小说经典导读”“中国现代文学经典导读”等，并编制了《中华经典诵读选本》《唐诗十二讲》《唐宋词十八讲》等系列教材，举办了“经典传承与文学教育”系列讲座，构建了面向全体学生的课内与课外、线下与线上有机融合的阅读推广机制。

为了使中华优秀传统文化的传承发展从小学、中学到大学一以贯之，我们以大学为核心开展中华经典阅读活动，有意识地将广州市的中小学生囊括在内，并通过构建“三联动”的实践教育体系，将大中小学的中华经典阅读活动有效地衔接起来。从2013年开始，广州大学即制定了“中华经典进中小学活动方案”，每年设专项资金，选派大学教师与大学生到中小学开展中华经典讲座，指导中小学学生开展各种经典阅读活动，如广州市中小学生诵读中华经典美文表演活动、广州市“书香校园”及“阅读之星”选拔活动、广州市书香校园“十本好书”推荐活动等，与大学形成了一种良性互动，活动的价值取向与活动的品质都得到了有力的保障。

让经典阅读走进社区，则是指大学通过在社区传播推广中华经典，促进中华优秀传统文化与市民文化生活的有机融合，更好地发挥大学文化在城市文化建设中的引领与辐射作用。在这方面，比较可行的做法是，借助于各种传统节日，配合丰富多彩的节日民俗活动，开展相关的经典诵读、展演活动。例如，2011年广州大学就在海珠区主办了“我们的节日·端午”经典诵读展演活动，深受市民的欢迎与好评。五年来，广州大学在广州市的多个社区开展了“我们的节日”系列经典美文诵读与展演，吸引了众多普通市民的参与，在相当程度上发挥了大学传承发展优秀传统文化、服务地方城市文化建设的职能，从而为学习型城市的建设注入了最生动的力量与元素。

所谓“一走出”，是指让中华经典走出国门，配合国家正在实施的“一带一路”战略，对外传播中华优秀传统文化，讲好中国故事。那么如何有效地实施呢？当下利用孔子学院作为传播平台，应该可以收到事半功倍的效果。近年来广州大学就积极利用与意大利帕多瓦大学共建的孔子学院，每年举办一些传播中华优秀文化的主题活动。如2010年9月27日至10月1日，为了配合意大利“中国文化年”举办了“中国宣传周”活动，利用图片、讲座、视频、经典诵读、电影等多种形式宣传中华优秀文化，在帕多瓦产生了广泛的社会影响。其他每年举办的“东方雅韵”主题活动，在端午节、中秋节、春节等节日举办的中华文化展演活动，也起到了在国外传播中华优秀文化的积极作用。

总之，以大学为核心，建构传承中华优秀传统文化的经典阅读体系，实施多样态的中华经典阅读方式，开拓“三走进一走出”的中华优秀传统文化的推广路径等，应该可以在一定程度上解决高校目前实施中华经典阅读教育普遍存在的一些问题，为高校如何更有效地传承发展中华优秀传统文化，完成大学使命提供一些可借鉴的做法与思考。如何使当下我国的高等教育能够更好地坚持正确的办学方向，习近平总书记在全国高校思想政治工作会议上强调了我们要坚定不移走自己的路，“扎根中国、融通中外，立足时代、面向未来”。中华优秀传统文化就是我们的“根”，这是无论如何都必须坚守的，只有在扎根中国的基础上才可能更好地融通中外、立足时代和面向未来。

打造有品质的大学教育*

围绕这次会议的主题，我作小结的题目是《打造有品质的大学教育》。主要讲三个方面的内容，一是简要回顾学校过去一学年工作取得的主要成效，二是传达全国和全省教育工作会议精神，三是讲一讲我对打造有品质的大学教育的一些想法与各位分享交流。

一　学校过去一学年工作取得的主要成效

过去一个学年，在省委、省政府，市委、市政府的正确领导和大力支持下，在全体师生员工的共同努力下，学校在高水平大学建设方面取得一系列成绩。一是全面从严治党不断推进。学校不断完善基层党建工作责任体系，制定实施学校党的建设总体规划，分别针对学校党委、基层党委（党总支）和党支部制定《中

---

* 本篇是在校党委二届十五次全体会议暨 2018 年领导干部大会（2018 年 3 月 1 日）上的总结讲话，根据录音整理。

共广州大学委员会关于建立健全党建工作目标责任制的实施意见》以及《中共广州大学委员会基层党委（党总支）主要权责清单》等党委、基层党委、党支部三级责任清单等10类清单以及基层党组织书记责任清单，进一步压实党建工作责任，一级抓一级，层层抓落实；认真落实党委意识形态工作责任制，牢牢掌握意识形态主动权；针对基层党建薄弱环节，切实加强基层党组织，尤其是教工党支部、机关党支部建设；深入开展“两学一做”学习教育，打造党建工作品牌。二是党风廉政建设不断加强。坚持把党风廉政建设纳入学校十三五发展规划和高水平大学建设规划，以及学年工作计划，与教学科研管理工作一起全面部署，统筹谋划，协调推进；不断推进基层正风反腐和惩治校园“微腐败”，试点开展学院院务监督委员会建设；积极实践“四种形态”，对苗头性倾向性问题和轻微违纪问题，抓早抓小，及时运用函询、谈话提醒、诫勉谈话等方式进行处理；积极推进市委巡察反馈意见整改落实，目前，整改工作已经取得阶段性成效，166项整改措施在集中整改期内已经完成162项。三是人才培养模式不断创新。制定实施本科生“1+13”和研究生“1+4”系列改革措施，新增9个拔尖创新实验班。组建创新创业投资基金，三创营众创空间成功获批2017年度国家级众创空间。广大学生在全国全省“挑战杯”等学科竞赛中取得不菲成绩。四是学位点建设取得新突破。新增网络空间安全、天文学、教育学、工商管理4个一级学科博士授权点和教育博士专业学位授权点；新增应用经济学等5个一级学科硕士学位授权点，以及金融等4个专业学位硕士授权点。五是人才工作取得新成效。引进高层次人才和招聘优秀博士425人，其中院士4人、长江学者4人、国家杰青8

人、千人计划5人、青年千人2人、国家优青2人，面向全球招聘院长7人。大力实施青年拔尖人才培养计划、校内科技创新基金培育计划，9人入选国家级省级人才项目，其中国家“万人计划”领军人才2人，国家杰青、外专千人、青年长江、国家优青、国家百千万人才工程、珠江学者特聘教授、讲座教授各1人。学校人才工作得到市委、市政府的充分肯定。六是科研项目取得新成果。各级各类科研立项数比2016年有了较大增加，其中，国家社科基金项目获得立项27项，首次进入全国排名前50位，全省排名第三；教育部人文社科项目获得立项27项，首次进入全国前10位；国家自科基金项目获得立项75项，全国高校排名128名；省哲学社会科学“十三五”规划获得立项19项，在全省蝉联第一。连续6年获国家级重大重点科研项目立项，获批国家重点研发计划项目1项、国家社科基金重大重点项目6项。新获得国家科技进步一等奖、二等奖3项，省部级奖58项。对接广州国家重要中心城市建设，大力推进“5+2”研究平台建设，与中国机械工业集团、军事科学院开展战略合作，与安天科技、合天智汇、腾讯等公司共建联合实验室，网络空间先进技术、智能制造工程、精准基因编辑工程等团队建设取得较大进展。

二　传达全国和全省教育工作会议精神

1月23~24日，2018年全国教育工作会议在京召开，会议明确2018年实施教育“奋进之笔”的七大任务：一是聚焦根本保证，坚持和加强党对教育工作的领导。要把党的政治建设摆在首位，狠抓大抓基层党组织建设，持之以恒正风肃纪，抓好意识形态工作。把2018年作为教育系统党建质量年，不断提高党的建设质量，为加快教育改革发展稳定提供坚强政治、思想和组织保证。二是聚焦根本任务，系统推进立德树人。要把德育摆在更加重要的位置，坚定青少年理想信念，改进和加强思想政治工作，大力发展素质教育，加强语言文字工作。三是聚焦人民群众关切，不断完善公共教育服务体系。要促进学前教育普惠健康发展，加快城乡义务教育一体化发展步伐，加大普及高中阶段教育攻坚力度，加大对困难地区扶持力度，切实加强校园安全。四是聚焦提升贡献力，大力促进教育内涵发展。要以质量为本，持续推进职业教育质量提升，健全高等教育内涵发展政策机制，办好继续教育。五是聚焦激发活力，纵深推进教育改革。要深化“放管服”改革，实施考招改革“拓展深化”攻坚行动，支持和规范社会力量兴办教育，坚定不移以开放促改革。六是聚焦高素质专业化，全面加强教师队伍建设。实施教师队伍“建设改革”攻坚行动，健全师德师风建设长效机制，完善教师管理制度，提升教师获得感、幸福感和荣誉感。七是聚焦保障机制，夯实教育事业基础。要落实教育投入责任，加快教育信息化步伐，全力推进依法治教。

2月9日，广东省教育工作会议在广州召开。2018年广东的教育以“争先进、当标兵、建高地”为总抓手，落实立德树人根本任务，突出抓重点、补短板、强弱项，着力解决我省教育发展不平衡不充分问题，提高教育质量，促进教育公平，办好人民满意的教育，部署了11个方面重点工作。其中，围绕深入推进高等教育内涵式发展，部署启动广东省高等教育“冲一流、补短板、强特色”计划，制定实施方案和资金管理办法，遴选一批重点建设学科，引导全省高校深化分类发展，推进理工类高校和行业高校特色发展；加强人才队伍建设，支持面向全球引进创新领军人才和学术团队，完善有利于人才脱颖而出的分配激励机制；加强学科建设，引导和支持高校主动对接省内重大创新平台、高新区、专业镇等创新载体，推动新兴产业群发展；狠抓体制机制创新，推动高校进一步深化人事制度改革和科研体制改革；持续推进“新工科”建设，优化理工类学科专业结构，扩大理工类招生规模；推进大学生就业创业教育深化发展。

三　打造有品质的大学教育

广州大学打造有品质的大学教育，要着力在打造有品质的专业学习、有品质的校园生活、有品质的实践和创新创业创造三个方面下功夫。

（一）有品质的专业学习

党的十九大对高等教育提出明确要求，指出要优先发展教育事业，建设教育强国，办好人民满意的教育；要全面贯彻党的教育方针，落实立德树人根本任务，发展素质教育，推进教育公平，培养德智体美劳全面发展的社会主义建设者和接班人；加快一流大学和一流学科建设，实现高等教育内涵式发展。在具体的人才培养工作中，我们要努力做到“五个有机衔接”，即学校与社会有机衔接，第二课堂与第一课堂有机衔接，本科与硕士、博士之间有机衔接，学院与学院之间有机衔接，教师与学生之间有机衔接。打造有品质的专业学习，需要在有品质的课程开设、有品质的立项获奖、有品质的学业表现三个方面来体现，也就是学校怎么做，我们的老师、教授怎么做，学生怎么做以及做得怎么样。

在有品质的课程开设方面，这里列出三组数据，分别是教授给本科生上课情况统计表、精品开放课程统计表和高校开课情况统计表。从统计数据来看，学校教授给本科生上课 2016 年是 51.77%，2017 年是 51.62%，略有下降；2017 年新增省级、校级精品课程 21 门；与几所兄弟高校相比，我们开出的生均课程比低于复旦大学和上海大学，高于苏州大学，但与国际标准门次相比，差距还是比较大。

在有品质的立项获奖方面，这里列出了中山大学、深圳大学、广州大学 2015～2017 年省级质量工程及教改项目数进行比较，我们的质量工程和教改立项数都低于中山大学，与深圳大学基本持平。

在有品质的学业表现方面，这里列出了比较有代表性的大学生学科专业竞赛获奖与省内几所兄弟高校的对比情况。“互联网+”大学生创新创业大赛我校至今还没有获奖，深圳大学的情况跟我们相似，而中大、华工、广工、华农等高校则取得了不错的成绩；首届“互联网+”微视频大赛广东赛区全国总决赛，全省只有四所学校获奖，高校只有我们和嘉应学院获奖；第三个表是学校各学院在 2017 年“挑战杯”获奖情况，按照获奖数量排列，排在前面的化学化工学院、经济与统计学院、公共管理学院、工商管理学院、生命科学学院等值得表扬；第四个表是各学院 2017 年学生学科竞赛获奖总数统计表，总获奖数排在前面的数学与信息科学学院、机械与电气工程学院、经济与统计学院、计算机科学与教育软件学院、美术与设计学院、化学化工学院等都要表扬；⑤是2017年全国大学生数学建模竞赛获奖比较，我校获奖率为88.09%，超全省50%的获奖率，获奖数在广东省高校中排名第一；第六个表是2017年广东省高等学校大学生计算机设计大赛获奖的比较，我校在参加该项赛事以来第一次获得金牌，此项竞赛，广东省只有四所高校拿到金牌（广州大学、中山大学、华南理工大学、广东工业大学），拿到金牌的项目师生值得表扬。总体来说，学校教授给本科生授课要进一步加强，质量工程和教改项目等教师立项方面不能松劲，对学生学科竞赛要更加重视，务求取得更好成绩和新的突破。

我们要打造有品质的专业学习，需要围绕有品质的资源配置、有品质的师资队伍、有品质的教学管理以及有品质的学风建设四个方面着力。首先，要努力建设一批优质课程和优质学科，大力实施开放办学策略，积极拓展校外资源，不断加强校园硬件设施建设。其次，要努力建设一支师德好、教风正、素质强、水平高、热心教学、关爱学生的师资队伍，让优秀的教师培养更加优秀的学生成为一种良性循环。我们要重点留意近期中共中央和国务院出台的《关于全面深化新时代教师队伍建设改革的意见》《关于分类推进人才评价机制改革的指导意见》。前者是十九大以后国家层面首个关于教师队伍建设的文件；后者明确了教育人才的评价标准以坚持立德树人，把教书育人作为教育人才评价的核心内容，把落实教授为本专科生授课制度，加强教学质量和课堂教学纪律考核作为评价考核的重要内容。接下来，我们要抓好文件精神的落地工作。再次，要加强教学管理和考核，实施“一制三化”（导师制、国际化、小班化、个性化），全面提高教学质量。最后，要建设良好的学风，规范课堂行为，加强学生思想政治教育，建设标志性成果，营造人心向学的文化氛围，引导学生积极进取。

（二）有品质的校园生活

这部分的价值取向是“视野开阔，爱体育、懂艺术”。这些学校人才培养目标的种种落实，包括校园维护与管理、宿舍文化建设、校园活动和网络生活等方面，核心是在学生中大力培育和践行社会主义核心价值观。麦可思对学校 2017 年人才培养质量评价报告显示，有 52%的学生认为学校的生活服务最需要改进的是“宿舍服务不够好”。学校在资源严重不足的情况下，完成宿舍四改六工程，但要兼顾好宿舍管理与宿舍文化建设，维护好教室、宿舍、校园及网络四大空间。切实做好校园维护与管理、宿舍文化建设、校园活动和网络生活等有关工作。

在有品质的校园维护与管理方面，我们先看 PPT 中的“校园一角”。图中反映出我们的校园无论在局部景观，还是在细节上都有不少不尽如人意的地方。我们要按照精细化、品质化、标准化要求加强校园维护与管理，大力实施“改善和提升校园生活空间品质基建工程”，完善和规范生活区的公共服务设施、垃圾集运设施、体育运动设施、学生宿舍庭院等，让校园更加宜学、宜业和宜居。

在有品质的宿舍文化建设方面，我们要讲究品质，让学生住出品质，着力在社区、庭院、内务、五室一站建设上下功夫，要进一步发挥好“五室一站”的创新育人作用，不断加强宿舍区的庭院建设，着力改善和提升校园生活空间品质，让宿舍庭院成为学生校园文化生活和学校育人的重要场所。

在有品质的校园活动方面，麦可思调查报告显示学校公益类社团活动的满意度最高（87%），学术科技类社团活动的满意度最低（71%）。我们也把北京大学、清华大学的学生社团情况作了对比，可以发现学校精品社团相对偏少，精品活动、偏科研类社团偏少，因此要进一步加强这方面的工作，着力为学生提供更多精品活动，更有质量的学生社团活动，让第一课堂、第二课堂有机衔接起来，让学生课内、课外的活动丰富起来，校园生活丰富起来，让我们的学生可以通过社团活动，做到眼观五色、耳听八方、体验万象。要继续坚持以中华经典诵读为载体，大力推进校园经典阅读活动，切实推进“五个一百”工程，大力推动中华优秀传统文化学习，帮助学生坚定文化自信，让学生自觉参与传承发展中华优秀传统文化，使学生拓宽视野、愉悦身心，提升文化修养。同时，要充分利用学校公共艺术教育中心、学生体育活动中心等资源平台，在学生爱体育、懂艺术方面进一步做好教育教学与活动开展，努力取得新突破。

在有品质的校园网络生活方面，要以易班平台建设为载体，以大学生网络文化节、绿色网络文明进校园、网络名篇名作阅读、网络育人优秀作品推选等活动为抓手，加强校园网络文化生活建设。

（三）有品质的实践与创新创业创造

这部分的价值指向主要是“能力发展性强”这个人才培养目标。实践育人作为高校人才培养工作的重要环节，是课堂教育的延伸和升华，也是促进学生全面发展的根本途径。美国教育家杜威“学校即社会”的观点也是强调实践育人。大学是国民成系统连续教育的最后一个环节，是学生踏入社会前的最后一个平台，大学当中的种种生活都是让学生在踏入社会前，社会化过程中的最后一个平台，我们一定要把这个平台经营好。

习近平总书记在全国高校思想政治工作会议上指出“要重视实践育人，坚持教育同生产劳动和社会实践相结合，广泛开展各类社会实践”。去年底，作为贯彻落实全国高校思想政治工作会议精神的举措，教育部出台了《高校思想政治工作质量提升工程实施纲要》，对进一步加强高校实践育人工作作出专门部署，强调要“深入推进实践教学改革，分类制订实践教学标准，适度增加实践教学比重，原则上哲学社会科学类专业实践教学不少于总学分（学时）的15%，理工农医类专业不少于25%”。加强创新创业教育，开发专门课程，健全课程体系，实施“大学生创新创业训练计划”，支持学生成立创新创业类社团。完善支持机制，推动专业课实践教学、社会实践活动、创新创业教育、志愿服务、军事训练等载体有机融合，构建“党委统筹部署、政府扎实推动、社会广泛参与、高校着力实施”的实践育人协同体系。培育建设一批实践育人与创新创业示范基地。

麦可思对学校2017年人才培养质量评价报告显示，2016届毕业生的教学满意度为79%，低于全国非“211”本科、全国“211”本科（均为87%）。64%的毕业生认为学校的教学“实习和实践环节不够”。毕业生认为创新创业教育最需要改进的地方是“创新创业教育课程缺乏”（60%）；其次是“创新创业实践类活动不足”（56%）。毕业生对跨学科学习经历、理论与实际相结合的教学模式方面的满意度（均为62%）相对较低。以问题为导向，对学校要打造有品质的实践与创新创业创造教育教学，我提两点意见，第一是有品质的专业导向：任务驱动；第二是有品质的价值导向：创新驱动。要强化第一课堂与第二课堂、理论与实践的深度融合，努力推进实践育人机制创新、内容创新和方法创新，形成实践育人统筹推进的工作格局。在创新创业创造方面，既要发挥创新创业教育领导小组的领导和协调作用，打通和推进学校各部门、各种创新创业教育资源的融合，形成更大合力，又要努力建设一支高素质、多元化、专兼结合的创新创业教育教师队伍和工作团队，同时做好创新创业项目孵化工作，着力打造好创业精英班、拔尖人才创新实验班、创客空间、创业孵化基地等创新创业教育及活动品牌。

“千年古岛，十校入迁；一流气派，江山岭南；激扬形胜，光华流遍；妙思宏构，天下敢先；城以广名，学以城奠；大学之城，树蕙滋兰；大学之道，明德至善；广大之至，铭石以传。”这是一篇广州大学城建设纪念碑铭稿结尾的几句，让我们共同努力、锐意进取、敢为人先、埋头苦干、艰苦创业，朝着把广州大学建设成为与广州城市地位相匹配的高水平大学的目标，以更加优异的成绩迎接学校第三次党代会胜利召开！

营造好学校的教学质量文化*

今天，我们召开本科教学工作审核评估推进大会，对迎接本科审核评估工作进行再动员、再部署、再推进，目的是最大范围动员和部署全校师生进一步做好本次评估工作。刚才，明海校长回顾了一年多来学校迎接评估所做的准备，从国家和学校两个大局强调了评估的重要意义，同时指出目前迎评工作还存在的主要问题，这为我们接下来不到一个月的“临考”冲刺明确了方向和着力点，兴蓬副校长就下一步要重点推进的工作作了具体部署，两位同志讲的我都同意，请大家抓好落实。下面，我就进一步做好迎接本科教学审核评估工作，营造好学校的教学质量文化强调三个方面意见。

---

* 本篇是在本科教学工作审核评估推进大会（2018 年 4 月 24 日）上的讲话，根据录音整理。

一　进一步统一思想，切实把迎接本科教学审核评估工作摆在当前学校工作的最突出位置，当成一次大考，一定要考好

大考一定要考好，原因有三。

第一，是学校回应时代发展的需要。12 年前，2006 年 12 月，广州大学合并组建 6 周年，国家教育部对广州大学展开本科教学工作水平评估，后来教育部给出优秀结论，全校师生欢欣鼓舞，因为这是我们共同努力拼搏的结果，标志着学校合并组建后的新一轮跨越式发展，并为广州大学事业发展到今天奠定了坚实基础。在那次评估中，学校的办学思想、办学特色、办学总体水平得到了充分肯定，克难求进的广大精神在评估工作中得到了充分展示。时隔 12 年，广州大学将再次迎来评估“大考”，5 月 20~25 日本科教学工作审核评估专家进校考察，这是我们在高水平大学建设进入关键时期的一次大考，是我们在中国特色社会主义进入新时代的一次大考，也是我们在宣传贯彻落实习近平总书记系列重要讲话精神，尤其是今年两会期间在广东代表团重要讲话精神的一次大考，是学校回应时代确立新的历史坐标和发展起点的一次大考。我们一定要考好。

第二，是学校践行办学使命的需要。党的十九大报告提出“加快一流大学和一流学科建设，实现高等教育内涵式发展”。学校就此提出办好有品质的大学教育，这种品质体现得最为充分、最为紧要的地方就应该是本科教学。这次本科审核评估工作和正在推进的有品质的大学教育在性质、任务上完全一致，都是为了广大学生最根本的利益，是大学办学使命和办学功能最重要、最

显著的体现。按照教育部要求，凡是通过本科教学工作水平评估的高校均应参加本科教学工作审核评估，目的是要切实推进高等教育质量保障体系建设，全面提高本科教学水平和人才培养质量。本次审核评估不同于2006年的教学水平评估。水平评估属于选优模式评估，主要看被评估对象处于什么水平，重点是选“优”，是“向上看、好不好、重在选优”；审核评估主要考察被评估对象是否达到了自身设定的目标，审核结论不分等级，评估结果形成写实性报告，是“向内看、到没到、重在内省”。在相当意义上讲，这次评估更重在内涵、更重在实际，更重在对我们是否符合社会主义高校办学方向，是否坚守立足中国大地办大学的办学使命，是否有与办学目标相匹配的办学实践，是否有与办学目标相一致的办学业绩的一次全面大考，我们一定要考好。

第三，是进一步激发学校办学内生动力的需要。应该看到，学校有着重视本科教学的优良传统，特别是近一年多来，围绕人才培养这一核心任务，把“立德树人”“提高质量”贯穿于推动高水平大学建设始终，针对本科教学，改革的力度空前，投入建设的力度空前。举四组数字：2015~2017年，学校教学改革支出从125.86万元增加到2190.88万元，专业建设经费从160.25万元增加到776.16万元，实验经费从403.68万元增加到2588.65万元，实习经费从517万元增加到839.13万元。在深化教育教学改革、创新人才培养模式、优化学科专业布局、完善课程体系建设、强化实践育人环节、健全质量保障机制等方面取得可喜成绩。但是我们也要清楚地看到，学校还存在深化教育教学改革动力不够强，人才培养工作和水平不够高，学院之间、学科之间、教师之间教育教学不平衡、不充分的问题还比较突出等方面问题；评建工作虽然已经开展一年多，但目前仍有不少薄弱环节，离目标要求还有较大差距。在剩下不到一个月的时间里，我们一定要努力补短板、强弱项。审核评估虽然评的是本科教学工作，但实质上检查的是学校整体工作，也是一项具有全局性、系统性的工作，功在当下、利在长远，办教育就要有办教育的眼光。从这个意义上说，评估工作就是学校天大的事，怎么强调都不过分。这就要求我们要统一思想，提高站位，切实增强做好本次评估工作的责任感和紧迫感，集全校智慧，兴全校之师，举全校之力迎接考评。我们一定要考好。

二　进一步压实责任，全力以赴投入迎评促建工作，落实到人人处处

我们要清醒地看到，每个人都是学校评估工作的承担者、推动者和受益者。在迎评工作中，每个部门、每个人都有自己的一份责任，都有自己的一份义务。这里强调三个落实。

第一，一把手责任落实。要对照评估各方面各环节的要求，层层压实任务、层层落实责任、层层传导压力，确保评估各项工作干在实处、落在实处、见到实效。这里特别强调，要严格执行“一把手”负责制。各学院院长、书记，各职能部门主要负责人是评估的第一责任人，要在评建工作中起到发动机作用，不能只挂帅不出征，不能当“二传手”，按照学校的整体部署和安排，切实把涉及本部门的各项工作任务做实做实再做实。校领导要发挥带头作用，到分管工作联系点亲自实地检查，发现问题，督促整改，形成一级抓一级、逐级抓落实的工作机制，使全校师生、干部以饱满的精神状态投入评估工作中。

第二，一盘棋协调落实。各部门、各学院、每位师生员工都要树立全局意识，服从学校统一部署，讲大局、讲奉献，既要把评估工作作为当前学校中心任务重点推进，又要兼顾日常教学、管理工作有条不紊地正常开展。各部门各单位要加强联系沟通，团结协作、密切配合。学校职能部门要进一步发挥管理、协调、服务作用；教务部门进一步做好顶层设计、任务分解、督促检查工作，有条不紊地推进评估工作；学院要进一步发挥办学主体作用，以“横向到边、纵向到底”的务实精神，抽调专人与学校做好任务对接，对每一个方面、每一个环节和每一个问题都要做到落实落实再落实。

第三，一校人个个落实。广州大学是一个命运共同体。迎评主体是全校师生，评估是全校共同的大事，全员参与、人人担责。全校上下，会场内外，没有与评估无关的部门，没有与评估无关的人。教师和学生都是评估工作最重要的主体，教师是否全身心投入本科教学工作，学生是否能在我们的培养体系中健康成长成才，都是审核评估的重要内容。因此，迎评工作要做到人人关心，人人知晓，人人参与，人人担责，人人做贡献，事事有人做，人人有事做。要充分调动全校师生参与学校建设、改革和发展的积极性，只有得到大家的支持，才能形成合力，才能把广州大学命运共同体建设得更加有力。

三　要确保各项任务高质量完成，达到评估目标，做明白人，讲明白话，做明白事

迎评工作准备一年多来，大家都做了很多工作，成绩很大，

也很辛苦，现在到了冲刺阶段，我们要跑赢这最后一公里，工作必须要做深、做精、做细，当明白人、讲明白话、做明白事，营造好学校的教学质量文化。

第一，当明白人。在学习内容上，就国家教育方针政策而言，要学习习近平新时代中国特色社会主义思想，特别是总书记关于高等教育的重要论述，包括“我们要认真吸收世界上先进的办学治学经验，更要遵循教育规律，扎根中国大地办大学”（2014年总书记与北师大师生座谈时的讲话）；针对高等教育办学方针提出的“四个服务”：为人民服务，为中国共产党治国理政服务，为巩固和发展中国特色社会主义制度服务，为改革开放和社会主义现代化建设服务（2016年12月8日全国高校思政工作会议上提出）；针对教师提出的“四个统一”：教书与育人相统一，言传与身教相统一，潜心问道与社会责任相统一，学术自由与学术规范相统一（2016年12月8日全国高校思政工作会议上提出）；针对学生提出的“四个正确认识”：正确认识世界与中国发展的大势，正确认识中国特色与国际比较，正确认识时代责任与历史使命，正确认识远大抱负与脚踏实地。

就学校层面而言，要熟悉学校的高水平大学建设思路、路径，这里面包括24字人才培养目标，包括本科人才培养“1+13”系列文件，包括《自评报告》中关于学校办学定位与目标、师资队伍、教学资源、培养过程、学生发展、质量保障、特色项目等内容。针对本次评估的精神和具体要求，还要熟悉《本科教学工作审核评估知识手册》，手册分为教师、学生、行政人员三个版本。目前，学校的《自评报告》《知识手册》已经印发给各单位、各位老师和同学，大家要了然于心。在座的各位一定要带头学习掌握审核范围，特别是“6+1”审核项目、24个审核要素、64个审核要点的要求和标准，因为我们的准备工作是要围绕它们来开展的。

第二，讲明白话。我在这里拜托诸位，回去以后应该抓紧召开本单位本部门的评估工作推进大会，把今天的会议精神及时、明白、清晰地传递给全校三千多名教职员工（含合同制工人与临时工）及三万多名同学，让全校每一位师生员工尽快了解会议精神，能够把自己应该知晓、应该讲的话能讲明白。在传达布置的时候，要尽可能讲得具体一些，要讲到点子上，要讲清楚标准，讲清楚要求，讲清楚办学实践。各学院组织开展分层次、多渠道、多样化的学习宣传，组织好本单位师生认真学习相关评估文件，把审核评估的要点读懂、读深、读透，深刻理解审核评估的精神内涵。学校宣传、教务部门也要进一步加大宣传培训力度，充分利用校园网、校报、官方微信公众号、展板、海报、电子显示屏等宣传阵地，加大对评估工作、评估知识的宣传学习，做到全覆盖、效果好，努力营造浓厚的迎接评估校园氛围。

第三，做明白事。刚才，明海校长部署的工作，兴蓬副校长谈到的问题都是本次评估要重点检查的内容和重要环节，包括课堂教学、文卷审阅、考察走访、个别访谈等方面的准备工作。专家进校评估，看到的是具体人、具体事、具体的校园，要看的是人才培养的各环节，看出的是学校全局和整体工作。专家组进校前将通过数据系统和质量年报全面了解学校基本情况，确定考察重点，是“有备而来”，以“四个度”为主线审查我们学校是如何说的，如何做的，做的效果怎样，还有什么地方需要进一步改进，各单位及领导干部一定要抓住重点，把握要点，攻克难点。

具体讲，对每一个指标、每一个观察点都要盯着做，都要按照标准做，特别是按照审核评估重点考察的几个维度，细致地做好各项工作，把每一件事都要做到精益求精，都要达到要求，达到标准。

去年年底，学校组织开展了本科专业校内评估，针对在评估中发现的一些问题，如师资队伍和教风问题、课程设置问题、学风问题、实验室建设问题等，我们召开了一次整改工作与专业建设布置会，在会上我提出七个方面的整改要求。到今天，这些整改工作做得怎么样？是不是已经都完成了？有没有还没完成的？整改完旧问题，还有没有其他新问题出现？上述这些都需要我们精准对标，发力解决。

各部门各单位一方面要依据学校分解的目标任务，对照审核评估指标，逐项对照，查缺补漏。在扎扎实实建设和认认真真整改的基础上，认真收集、整理、归纳和分析各种参评材料，缺什么补什么，不要出现木桶理论所描述的情况。要做到精选素材、不断提炼、精益求精。另一方面，要聚焦本科教学工作，凝练办学特色，特别是各学院一定要集中精力，制定详尽的整改措施，深入挖掘教学亮点，紧紧围绕 6 个项目和自选特色项目，全面梳理部门办学成效及存在的问题，做优强项、做强弱项、填补缺项，坚决消灭不及格项。

做好任务清单督查也是做明白事的一个内容。评估工作办公室及各工作组要依据工作方案和工作计划，对各部门、各单位的各项准备工作完成情况进一步加强检查，实行每周通报，建立问题清单、任务清单、责任清单和工作台账，实行倒排工期、销号管理，以钉钉子精神，一个一个解决，一项一项落实。

学校也将按照标准，严格考核，加大督查力度，确保评估工作进行到哪里，督查问效就跟进到哪里。要坚持奖惩分明，对责任到位、工作得力、成绩突出的单位和个人给予通报表扬；对推诿扯皮、敷衍塞责、贻误工作、造成不良影响的部门和个人，发现一起，问责一起，给予通报批评。我希望在当好明白人、说好明白话、做好明白事的基础上，能够催生出属于我们学校的质量文化。

最后我引用一位外国大学校长的一段话印证我们做好校院教学评估的重要性，“对于任何一所大学来说，如果最终目标是要尽可能地实现最优的教学质量，就需要持续进行各个层次的教学评估，从课程到项目、到院系、再到整个学校，这不是说要对每个课程和项目作持续的评估，但是确实要创建一种崇尚评估和探索的文化。教师应该定期进行教学评估来发现问题。在有根据的前提下，在教学中不断试错，最终解决这些问题。按照这种精神，评估不是上级要求的成套测验，或者奖惩的依据，也就不会激起大家的抵制。相反，评估要求政教合作，制定有效的学习方法，让教师能发现教学中的不足，并评估改进的效果。最终的目标是：培养研究中常见的探索和发现精神，将这种精神不断应用于教学过程中，从而发掘出更有成效的教学方法。”在德里克·博克看来，评估是一种实现最优教学质量的途径，这与我们评估以评促建、以评促改、重在建设的目标是一致的。德里克·博克当过多年美国哈佛大学的校长，他更强调要把这种途径上升为一种探索和发现的自觉行为，上升为一种质量文化，才能更加有效地提升课程，实现最优的教学质量，这对做好我们学校当前和今后的本科教学工作应该具有相当的启发意义。

本次评估“大考”，最终考的是师生的精神和作风，考的是领导干部抓落实的力度和深度。以评促建、以评促改，我们一直在路上。希望大家坚持、坚持、再坚持，咬定青山不放松，把本科教学工作审核评估作为我校提升本科教学质量的新台阶和高水平大学建设的新起点，真正达到“实现高等教育内涵式发展”的目的，办好有品质的广大教育。

我们要为广大教师树碑立传*

一个大学要办好需要有很多条件，大到国家时代背景，小到校园一草一木，但不管从哪个角度看，大学中的老师和学生一定是大学里最重要的两个群体，只有这两个群体足够努力、足够优秀，一所大学才有可能向好的目标迈进。

广州大学出版《我们的大学》开始于十年前，这十年来，学校每年都为广州大学的学生结集出版一本《我们的大学》，力图把在这一年中广州大学的学生们从元月一号到十二月三十一号的大学故事记下来。我们相信只要坚持下去，《我们的大学》学生版一定会成为一份非常珍贵的学生成长日志。不管我们的学生今后步入社会如何服务社会、建设国家，历经千般考验、阅尽人生百态，当他们回望学校的时候，学校里应该有他们校园成长的各

---

* 本篇是《我们的大学——广州大学教师人才培养、科学研究、服务社会、传承文明录 2017》《我们的大学——广州大学教师人才培养、科学研究、服务社会、传承文明录 2018》（暨南大学出版社，2019 年版）的序言。因两年的记录整理是同时出版的，每篇序言只在最后一段具体数据有所不同，本次合成一篇。

种“小传”，他们也会就此记起来自学校的温情。

现在我们推出《我们的大学》教师版，则是要为广州大学的老师们每一年的大学故事“立传”，因为只有这样，我们的大学才是一个完整的大学。百年大计，教育为本，而教师是立教之本、兴教之源，没有教师就没有教育，所以我们要把广州大学的老师们一年三百六十五天的行迹记录下来，让大家也能知道我们的老师们在办好社会主义大学的诸多方面是如何“撸起袖子加油干”的。

习近平总书记多次从不同角度对我们的教师应该是什么样的教师提出明确的要求。2014 年 9 月 9 日，总书记在同北京师范大学师生代表座谈时强调，“广大教师要做有理想信念、有道德情操、有扎实知识、有仁爱之心的好老师”；2016 年 12 月 7 日，总书记在全国高校思想政治工作会议中强调，“教师不能只做传授书本知识的教书匠，而要成为塑造学生品格、品行、品味的‘大先生’”，“坚持教书和育人相统一，坚持言传和身教相统一，坚持潜心问道和关注社会相统一，坚持学术自由和学术规范相统一”；2018 年 9 月 10 日，总书记在全国教育大会上再次强调，“教师是人类灵魂的工程师，是人类文明的传承者，承载着传播知识、传播思想、传播真理，塑造灵魂、塑造生命、塑造新人的时代重任”。我们结集编辑出版《我们的大学》教师版，就是想要告诉大家：广州大学的老师们正在努力做“四有”好老师，正在努力做塑造学生品格、品行、品味的“大先生”，正在努力做“四个相统一”的践行者。

广州大学正在进行高水平大学建设，在这个建设过程中，广大教师的表现无疑是高水平大学建设目标能否实现的关键。没有高水平的教师队伍就没有高水平的大学建设。从某种意义上讲，看一所大学的未来，我们更多要着力于我们的学生，但如果要看一所大学的当下，我们更多是要着眼于我们的老师。只有我们的老师在当下足够出新出彩，我们的大学在当下才可能出新出彩。所以我们很希望在《我们的大学》教师版中看到越来越多的老师在人才培养、科学研究、服务社会和传承文明等各个方面的精彩表现。作为编辑者，我们愿意为每一位出新出彩的老师留下记录的空间。

习近平总书记说："各级党委和政府要满腔热情关心教师，让广大教师安心从教、热心从教、舒心从教、静心从教，让广大教师在岗位上有幸福感、事业上有成就感、社会上有荣誉感，让教师成为让人羡慕的职业。"如何能够让广大教师拥有"幸福感""成就感""荣誉感"，作为学校也应该在上级党委、政府的领导下做更多的工作。2018 年中共中央、国务院印发了《关于全面深化新时代教师队伍建设改革的意见》，2019 年广州大学根据国家及省市相关政策要求和学校实际出台了《广州大学教师教书育人行动方案》也可以算是这方面的一个努力。这个行动方案就学校教师发展的幸福体系、成就体系和荣誉体系应该如何建设提出了相关行动设想，编辑出版《我们的大学》教师版就是行动方案"荣誉体系"的一个组成部分。我们或者可以把《我们的大学》教师版看成是广大教师出新出彩的一份"荣誉手册"，希望有更多广州大学的好老师能够进入这个属于我们自己的"荣誉手册"。习近平总书记说"一个学校拥有好老师是学校的光荣"，那么，广州大学拥有更多的好老师则是广州大学的光荣。

2017 年的《我们的大学》共辑录学校老师的大学故事 208

则，事列其中的教师数以百计，其中故事贡献排在前五位的学院有人文学院、公共管理学院、音乐舞蹈学院、法学院、新闻与传播学院。如果按照人才培养、科学研究、服务社会和传承文明这个角度来分，全书大致是人才培养 72 篇、科学研究 57 篇、服务社会 47 篇和传承文明 32 篇，当然具体的排列归纳可能因为角度的不同，彼此之间会有一些出入，但从中大致可以看出广州大学在扎根中国大地、认真办好大学上的种种努力。

2018 年的《我们的大学》共辑录学校老师的大学故事 272 则，事列其中的教师数以百计，其中故事贡献排在前五位的学院有公共管理学院、工商管理学院、土木工程学院、环境科学与工程学院、机械与电气工程学院。如果按照人才培养、科学研究、服务社会和传承文明这个角度来分，全书大致是人才培养 124 篇、科学研究 82 篇、服务社会 45 篇和传承文明 21 篇，当然具体的排列归纳可能因为角度的不同，彼此之间会有一些出入，但从中大致可以看出广州大学在扎根中国大地、认真办好大学上的种种努力。

当代大学为什么要进行经典诵读*

这部《中华经典诵读选本》，是广州大学经典诵读工程中给大学生们提供的一个选本。早在十年前，广州大学已广泛开展了中华经典诵读活动。在过去的这些年间，经典教育逐渐得到各级教育机构更加充分的重视，广州大学也不例外，相关工作也取得了一定成绩。2018 年，广州大学的传承中华优秀传统文化的教育教学实践成果，还获得了国家高等教育教学成果二等奖。进入新时代后，面对新的任务和挑战，我们觉得有必要对原有的选本进行增删修改，使阅读经典尤其是诵读经典能够更符合我们的人才培养目标。具体说来，有以下三个方面的原因。

第一，基于大学的责任。

我们都知道，在当下教育体系中，在中小学的分科教学和大学的分专业培养框架下，我们的学生接受培养后的"定制性"特征比较鲜明，从某种意义上讲这种基于专业分科的定制，对于我

---

* 本篇是《中华经典诵读选本》（屈哨兵主编，高等教育出版社，2019）的序言。

们社会发展所需要的专门人才是必不可少的，我们的教育方针的落脚点是培养社会主义建设者和接班人，就必须要有这方面的培育准备。但光有这个还不行，因为在我们的教育方针中还要求把我们的学生培养成德智体美劳全面发展的人，这就需要我们在专业分科的基础上必须有更多的教育投入，能使我们的学生成为全面发展的人。人的全面发展是人的自由发展的必然要求，这也是马克思主义关于人的解放的一个基本观点。这个全面发展离不开经典教育，它能够使我们不忘本来。

大学的基本功能中的一条就是传承文明，环观世界，对国家社会发展有使命自觉的大学，在这一点上概莫能外。作为国民完整地接受教育的最后一站，大学应该担负起的一个责任，就是必须有一些办法使我们的学生在他们踏上社会前的最后一刻能够具备更多的一些不忘本来的素养。我们认为，获得这种素养的一种最基本路径就是阅读经典，尤其是进行经典诵读。当然，我们也知道经典浩如烟海，让我们的学生做皓首穷经的阅读者不太可能，但在这最后一站能够让同学们对过去十几年来经典诗文的学习进行一点“归拢”，然后再有那么一点“加码”，完全是有这个可能的。这就是我们之所以要进行经典诵读的原因。经典诵读不只是“读”，还要“诵”，这里的“诵”有两个含义，一个是指朗诵，还一个是指记诵。我们希望我们的学生在离开这个学校的时候，至少有百篇左右的诗书在腹。如此这般，于大学而言，是尽到了应有的责任；于学生而言，是多获得了一些全面自由发展所应具有的文化素养。

第二，基于时代的要求。

党的十八大以来，习近平总书记在多个场合多次强调对中华优秀传统文化的创造性转化和创新性发展。十九大报告中，创造性转化和创新性发展作为我党我国的重大文化方针得到了进一步确立。这是我们在中国特色社会主义建设进入新时代如何坚定文化自信的一种必然要求。中共中央办公厅和国务院办公厅印发《关于实施中华优秀传统文化传承发展工程的意见》后，教育部、国家语委对中华优秀文化传承发展也进一步加大了相关工作力度，这些在社会各界引起了强烈反响。这可以从教育部部长陈宝生在全国两会期间答记者问中看出来，也可以从中央电视台的汉字听写大会和中华诗词大会的火爆中看出来，更可以从重新编辑出版的国家中小学课本中大幅度增加古典诗文的学习要求中看出来。

2014 年，习近平总书记在巴黎联合国教科文组织总部发表演讲时说，要让收藏在博物馆里的文物、陈列在广阔大地上的遗产、书写在古籍里的文字都活起来。我们进行中华经典诵读所做的就是要让“书写在古籍里的文字活起来”的事情。如何才能让这些承载着中华优秀传统文化的智慧和精神活起来？诵读经典、体认经典，用经典滋养我们的心灵，用经典守护我们的灵魂就显得特别重要。在这个活化过程中，我们特别强调体认，强调诵读经典的过程与我们的学习过程同步，与我们的生活过程同步，与我们的成长过程同步。我们可以利用碎片化时间在手机网络终端上泛读，也可以在教室和学习空间里自读，还可以在课堂上讲授经典作品中跟读，更可以在班团校园文化活动中互读。我们希望在这样的诵读过程中，中国特色社会主义核心价值观的经典文化因子能春风化雨、悄然入心，中国特色社会主义事业接班人的文化自信能够多一份坚定。

第三，基于未来的挑战。

以色列人尤瓦尔·赫拉利在《未来简史》和《今日简史》中有一个被他经常强调的概念叫做“神人”，他认为我们现在所处的阶段应该叫做智人阶段，但随着当今科技文明的发展，人类社会的发展极有可能会进入一个“神人”阶段。所谓“神人”，不是指宗教意义上的神，而是指一批掌握了信息技术“算法”的人，这些人或者可以超越生命极限，成为主宰世界的人。尤瓦尔·赫拉利还打了一个比方，说今后只有能够主宰自己同时也能主宰别人的人才有可能挤上人类列车第一节车厢，其他的人作为“无用的人”将会在其他车厢。

尤瓦尔的预言是否准确，我们无法置评，有可能这样的观点是十分偏激的。但是，他提出了一个问题，面对飞速发展的当代社会，恐怕确实是进入了“未来已来”的时代。不管是作为一个国家还是作为国家中的一个个体，如果我们不跟上这个时代，或者说我们没有登上尤瓦尔引用的那个人类列车比喻中的“第一节车厢”，我们倒真有可能成为“无用的人”。如果我们要成为有用的人，那我们就得有所准备。十九大报告中提出全面建成小康社会一个都不能少，推而广之，我想在我国建设社会主义现代化强国征程上，以人民为中心是我们不变的初心，一个都不能少肯定是题中应有之义。我们每一个人都是学校培育出来的，如果我们要使他们未来在社会发展过程中不至于掉队，那我们就应该给他们足够的能力和素养，使他们能够成为有用之才。或者我们可以这样发问，作为学校，尤其是大学，我们所给予学生的，能够支撑他们走多远呢？或许他们获得的知识，能够支持他们走十年？他们获得的能力，能支持他们走二十年？那二十年之后呢，什么东西能够支持我们的学生在未来之路上走得更远、更久一些？我认为就是素质与素养。素质与素养多种多样，我认为极其重要的一种就是能给他们带来文化自信的经典素养，这就是我们为什么建议大学生们进行经典诵读的原因。广州大学的人才培养目标总共有六句话，即“德才兼备，家国情怀，视野开阔，爱体育、懂艺术，能力发展性强”。如果要加以对应的话，经典阅读与诵读应该和其中好几个培养目标的达成都有着这样那样的关联，我们有充分的理由相信这种目标的达成能够在今后的实践行动中得到验证。

荣誉手册　也是教师信史[*]

算起来，今年的这本《我们的大学》是教师版的第三本，记录的是广州大学的老师们2019年在人才培养、科学研究、服务社会、国际交流及传承文明等方面的种种行迹，以一种尽可能巨细不捐的方式把我们这所大学的老师们的大学故事及时地记录下来，让我们的大学在与时俱进的过程中变得更加可感可念。在收集整理编辑这本教师版广大故事的时候，正值新冠肺炎疫情肆虐大地，同学们不能按时返校，但我们的老师全部都在家里按照大家一起约定的时间开启了居家线上教学的模式，我们的服务管理人员则是返校岗位值守和居家上班双管齐下，确保了一所大学的诸般功能能够得以正常运转。无数的事实表明，广州大学的教师是何等的可亲可敬可爱！

翻看这本过去一年广大教师的故事记录，我有一个强烈的感受，那就是在这一年里，我们这所学校的三千多名教职员工真的

---

* 本篇是《我们的大学——广州大学教师人才培养、科学研究、服务社会、传承文明录2019》（暨南大学出版社2020年出版）的序言。

是蛮拼的，都在努力出新出彩。我们现在所缺的是不能把每一件事情都记录下来，让所有的老师都能在这里找到在这一年大学天空里飞过的痕迹，但我们可以相信，这里记录下来的248则故事，大约提及了630名教职员工，也应该足够构成广州大学在2019年完成一所大学时代使命的教师群像，值得我们向这个群像的所有成员致敬。去年教师节《我们的大学》前两本和大家见面的时候，我和魏明海校长向每一位在这个大学故事集成中出现过的老师都签名送上一本，我想这也是学校向各位老师致敬的一种方式。今年我们同样也会如此，也想通过这样的方式向大家表示一种感谢，感谢大家为学校的建设发展所做出的种种努力。

这本《我们的大学》中的每一则故事我大体上都看过，先睹为快。在看的过程中，我常常会问自己一句话，这位老师我认识吗？还好，好些老师我都认识，但也还有好些老师我不认识，这说明我和大家的交道打得还不多，是我工作上的一个短板。在今年的这本集子中我和其他同志商量还专门增加了两则去年的集子中没有的内容：一个就是一定要把在2019年中荣进广大的所有老师的名录记下来，从今往后，这些老师就都是广大人了，学校热烈欢迎各位并对各位新同事充满期待；另一个就是一定要把因年龄关系2019年在学校荣休的老师名录记下来，这些老师基本上都在广州大学工作了十数年或者数十年，可以说是把人生最好的工作年华都奉献给了这所学校，学校会永远记得并深深祝福我们这些老同事们的。

教师版的《我们的大学》应该成为广州大学教师们出新出彩的一份“荣誉手册”，在去年的序言中我们说过这么一句话，就是希望有更多广州大学的好老师能够进入这个属于我们自己的

"荣誉手册"里，我们的老师们在人才培养、科学研究、服务社会、国际交流及传承文明各方面的每一点成就都应该成为我们这所大学的荣誉，成为我们每一位老师的荣誉。同时，我还希望我们的这份"荣誉手册"今后还能成为我们这所学校的同事们的"教师信史"，我们可以从中看到大家如何以自己的术业专长与忠诚担当奉献于人民幸福与民族复兴的，扎根中国大地办大学，我们所做的每一方面的奉献与努力都在践行着我们的初心使命。每一年的及时记录都最为真切最具温度，因为我们都在现场，都是亲历者。

最后，我特别愿意再次重温习近平总书记的一段话与各位同事共勉："一个人遇到好老师是人生的幸运，一个学校拥有好老师是学校的光荣，一个民族源源不断涌现出一批又一批好老师则是民族的希望"。因为广大教师的出色奋斗，我们的大学就应该成为这样一所学生有幸、学校有荣、民族有望的大学。

阅读经典　开阔视野*

广州大学的学生培养措施中关于经典学习有一个比较完整的设计，除开相关专业老师开设的专业课与通识课外，还有两个旨在引导全体同学都要参与的学习平台，一个是行之有年的百篇经典诵读，另外一个就是经典百书阅读。关于百篇经典诵读，主要是精选出我国历代100篇（首）诗词曲赋文让同学们诵读，在学分体系中根据同学们的诵读投入情况给予相应的学分认定，这个平台通过我们自己开发的小程序基本上可以覆盖到全体学生了，目前看来效果正在逐步显现。关于经典百书阅读，主要是学校根据同学们的推荐和相关学者专家的遴选，几上几下形成了100本古今中外经典名著推荐书目供同学们阅读。这100本书属于中华经典的有54种，属于世界文化经典的有46种。在人类文明浩如烟海的经典之中，区区100部经典当然只是沧海一粟，但即使是这沧海一粟，对于我们的同学而言，要对这100部经典有一个大

---

* 本篇是《广州大学经典百书书目》的序言，最初是一个与各学院书记交流工作意见的Word文档，文档还有一个副标题“关于进一步加强经典百书阅读工作的几点思考”。

致的体认和了解，似乎还需要我们下更大力气进行规划、引导和推动。

广州大学的人才培养目标当中有一个板块叫“视野开阔”。这里的“视野开阔”，粗略来说包含两个维度，一个是基于我国悠久文化历史视野的维度，另一个是基于国际视野的维度。我们认为，只有在这一纵一横两个维度中建立起相应的认知空间，同学们对视野开阔的追求才能够真正立得起来。目前看来，我们的工作离视野开阔的目标达成还有不小的差距，而阅读，应该是促使我们的同学能够开阔视野的一种十分有效的途径。我们当然知道开阔视野有种种不同的路径，比如说可以像两千多年前的孔夫子那样，由老师带着学生满世界地游历以增长见识，现在老师们带着学生见习实习和这个有几分相似；也可以像我们正在努力进行的学生出国交换项目或第二校园访学那样，让同学们走进国内外不同的校园以了解这个世界；还可以通过各种主题鲜明的社会实践让同学们体认这个时代和社会。但毋庸置疑，不论哪一种形式，似乎都不能覆盖到全体同学。那么，在我们继续努力做好上述工作的同时，是不是还有其他的方式使“视野开阔”的目标能够更好地达成呢？当然有，这就是经典阅读。因为阅读是投入成本最小而实际收益最广的一件事情，它可以使我们的同学在这个说长也长说短也短的大学岁月里基本形成他们的一种文化积淀和世界知识谱系。这是我们为什么要倡导经典百书阅读的一个重要原因。

前两天我在参加的一个学生午餐会上和一些学生代表交流，疫情防控期间学校所做的大量工作得到了同学们的充分肯定，老师们的教书育人在同学们中间也得到很高的评价，但在交流中反映出一些问题也需要引起我们的注意。其中，经典百书阅读活动“最后一公里”如何打通就是其中之一。我问一位班长同学是否知道经典百书，是否在班上开展过经典百书的阅读活动，得到的回答与我的设想还有较大的差距。

当然我们也知道，很多学院，包括学校的经典阅读推广中心在过去的工作中就百部经典阅读做了很多工作，开展过很多活动，并且已经具有了一定的规模，有的工作还很有创意、很有效果，但从学校整体情况来看，我们在这方面的工作还有不少上升的空间。大致想来，至少在以下三个方面还需要得到进一步的加强。

一是各个学院对这项工作的重视程度和谋划力度要进一步加强。立德树人是我们办学的使命，如何树人肯定不是空洞的，要落实到具体的行动上，引导帮助我们的同学在大学期间能够开阔视野就应该是题中应有之义。这两天我分别请来了一些学院的书记，和大家交换意见，后来我听几位院长给我说，学院书记们回去之后马上就召集班子成员商量在学院里如何进行经典百书阅读活动的部署，这就很好，就应当这样来重视。接下来，学校还想找个时间请各个学院交流一下如何结合各学院制订计划进行推展的情况。

二是学校有关部门关于经典百书的阅读指导和具体要求要进一步加强。我知道学校图书馆在图书资源储备、相关著作介绍解析等方面做了很多工作，但是如何着眼于各个年级、各个班级学生的全覆盖，应该有哪些工作抓手和工作机制需要我们进一步做好统筹，经典阅读推广中心或者可以会同教学主管部门出台一个进一步加强经典百书阅读推广的通知或者方案，就相关推进原则、基本目标与任务、实现的路径、查验考核方式等提出意见和建议。要充分发挥各个学院工作的主动性和创造性，把这件事情办好。

三是学生层面上把经典百书的阅读落实到每个班级每个同学要进一步加强。我前两天在和各位书记交流时说，可以以班级为单位进行经典分享、图书漂流等多种方式，这只是一个活动的底线，大学四年读一百本书不应该成为我们阅读的上限。我相信在同学们这个层面只要动起来，一定会有各种各样的方式来参与阅读。我现在特别希望的是理工类学院和体育艺术类学院的同学能够在学校和学院的引导下大面积行动起来。当然，经典读物未必都是有趣的读物，有的读起来可能要费较多的思量，我们不能因为比较费思量就放弃了阅读。如何使经典阅读更有吸引力、更有效果，如何使学生的阅读体验更好，是我们要特别加以关注的问题。我们的目的不外乎是让阅读成为广大学生的一种生活方式，既让其与“爱体育、懂艺术”的大学生活有机融合，也让其成为“能力发展性强”的一个有力支撑，同时也构成“德才兼备、家国情怀”的底色背景。

广州大学的资源有限，我们不可能像有的世界知名大学那样，将经典教育作为通识教育的重镇做到极致，但是我们也不能妄自菲薄，我们要用我们自己的办法使经典教育成为有品质的大学教育不可缺少的组成部分。我们不指望同学们对每一本经典都能烂熟于心，因为这里面的很多经典在研究家那里都是穷其一生都未必能完全参透的。我们对学生的期望是，当同学们离开广州大学之后，能够对这100本经典有一个基本的印象，对关于世界的知识谱系能有一个大致的框架，或者对经典当中某些自己特别感兴趣的话题说出个一二三来，能够借助经典的力量校正我们的人生坐标，指导我们的人生实践。

年轻人正处于读书的好时节，习近平总书记当年上完初中一年级后就离开城市去到陕北梁家河插队，开始了长达七年之久的知青岁月，条件那么艰苦，可他仍抓紧一切机会找书来看借书来读。我们看看总书记当年的读书目录，有时真觉得我们与知青时代的习近平有着极大的差距。他当年看的书，像《中世纪史》《中国通史简编》《共产党宣言》《法兰西内战》《哥达纲领批判》《反杜林论》《国家与革命》《毛泽东选集》《资本论》《国富论》《战争论》，很多书我们现在都没有读过。总书记自己在一次演讲中说：“我不到16岁就从北京来到了中国陕北的一个小村子当农民，在那里度过了7年青春时光。那个年代，我想方设法寻找莎士比亚的作品，读了《仲夏夜之梦》《威尼斯商人》《第十二夜》《罗密欧与朱丽叶》《哈姆雷特》《奥赛罗》《李尔王》《麦克白》等剧本。莎士比亚笔下跌宕起伏的情节、栩栩如生的人物、如泣如诉的情感，都深深吸引着我。年轻的我，在当年陕北贫瘠的黄土地上，不断思考着‘生存还是毁灭’的问题，最后我立下为祖国、为人民奉献自己的信念。”这给我们树立了光辉的榜样。我们图书馆里有一个习近平当年知青岁月读过的书的专柜，也希望大家找点时间到这个专柜去看看，向总书记学习，阅读经典以开阔视野，成就自己以服务人民。

二十年后更辉煌*

今天是广州大学大喜的日子。我们欢聚在美丽的广州大学城，共同庆祝广州大学合并组建二十周年。非常感谢来自省市的各级各部门领导，非常感谢来自社会各界的知心朋友，非常感谢在过去的奋进岁月中为合并前后的广州大学作出重要贡献的离退休老同志，非常感谢来自全国各地的校友代表，正是因为你们的到来，才使得合并组建二十周年的广州大学在重新出发的新征程的起点上显得特别有底气、特别有精神，衷心欢迎你们，衷心感谢你们！

2000 年 7 月新世纪甫始，原广州师范学院、华南建设学院（西院）、广州大学、广州教育学院、广州高等师范专科，在省委、省政府，市委、市政府的关心支持下合并组建成了今天的广州大学，带着新世纪的使命，广州大学一路砥砺同心、奋力前行，一路走到了今天新的历史交汇点上。

---

* 本篇是在广州大学合并组建二十周年大会上的致辞（2020 年 11 月 22 日），原来的标题是《扎根中国大地，聚焦大学使命，为奋力创建一流创新型大学而奋斗》。

——20 年来，广州大学始终坚持党对学校工作的全面领导，牢牢把握社会主义办学方向，始终没有忘记自己是以广州这座英雄城市命名的大学，整体实力迈入国内高校百强行列，克难求进成为广州大学这二十年最鲜明的特征。

——20 年来，广州大学始终坚持以立德树人为根本，形成了从本科、硕士到博士授权培养完整的学位培养体系，践行社会主义核心价值观，用中华优秀传统文化涵养大学精神，17 门国家级精品课程和一流本科课程，18 个国家一流本科专业建设点，在校研究生增长近 100 倍，为社会输送了 30 万合格的建设者和接班人，内涵发展成为广州大学这二十年最鲜明的特征。

——20 年来，广州大学始终坚持以师资队伍建设为关键，引育良师，两院院士、发达国家院士、长江学者、国家杰青、国家百千万人才、国家特支计划系列人才、国务院特贴专家、中宣部“四个一批”人才、教育部新世纪优秀人才、省市特支计划杰青与高层次人才超过 370 人，专任教师博士比从 11% 提高到 71.26%，高级职称占比从 54.38% 提高到 66.55%，有理想信念、有道德情操、有扎实学识、有仁爱之心的师资队伍成为广州大学这二十年最鲜明的特征。

——20 年来，广州大学始终坚持科研创新为动力，学科建设实现跨越式发展，3 个学科先后进入 ESI 全球前 1%，4 个学科成为省“冲一流”重点学科，服务粤港澳大湾区建设的能力更加彰显，大团队、大平台、大项目、大成果、大贡献的势头越来越猛，服务社会成为广州大学这二十年最鲜明的特征。

——20 年来，广州大学始终坚持以开放办学为要务，与 33 个国家和地区的近 200 所大学、科研院所建立了合作关系，发起成立广州国际友城大学联盟，在欧洲、美洲、亚洲合作建立多所孔子学院，与香港科技大学合作筹建香港科技大学（广州），开放合作追求成为广州大学这二十年最鲜明的特征。

回首往昔，广州大学合并组建的20年，是翻天覆地变化的20年。20年的办学实践，让我们也深刻体会到：没有中国共产党的坚强领导，没有省委、省政府，市委、市政府的坚强领导，没有市人大、市政协亲切关怀，没有社会各界的鼎力支持，没有全校师生员工的开拓进取，就没有广州大学的今天。这一切，广州大学将永远铭记在心。

凡是过往，皆为序章。现在我们既站在合并组建二十周年再出发的历史交汇点上，更站在党和国家“两个一百年”的历史交汇点上，面对百年未有之大变局，广州大学如何在分类建设一流大学和一流学科，提高高等教育质量，投身国家创新驱动发展战略中担起大学的时代责任，在这里我们愿意向在座的各位宣示广州大学的追求，请各位继续见证并继续支持广州大学的建设发展。

第一，聚焦大学使命，冲击更高人才培养水平。更加坚定全面贯彻党的教育方针，坚持立德树人，坚持以习近平新时代中国特色社会主义思想铸魂育人，使“德才兼备，家国情怀，视野开阔，爱体育、懂艺术，能力发展性强”的人才培养目标更加全面实现，为大湾区建设发展和广州的“四个出新出彩”培养更多“广大人才”。

第二，聚焦大学使命，冲击更高学科建设水平。以战略性新兴产业发展和社会民生重大需求为导向，更加坚定地持续加强学科专业布局优化调整和内涵建设，进一步夯实理科基础，强化新工科、新师范、新文科建设，积极探索新医科发展，突出一流、交叉融合、特色鲜明、竞争力强的学科专业体系更加完善，为大湾区建设发展和广州的“四个出新出彩”贡献更多“广大品牌”。

第三，聚焦大学使命，冲击更高服务社会水平。坚持科研创新“四个面向”，大力推进学校“信息+智慧”“重大基础设施安全+智能”两个创新枢纽和新型智库建设，锚定广州高质量发展需求，促进更多科技成果转化，深度融入城市与区域发展，为大湾区建设发展和广州的“四个出新出彩”提供更多“广大方案”。

第四，聚焦大学使命，冲击更高文化传承创新水平。强化学校文化价值引领，更好地培育大学文化，推进科学精神与人文艺术融合，全面提升学校在岭南文化和大湾区多元文化背景下文化传承创新能力和水平，为大湾区建设发展和广州的“四个出新出彩”增添更多“广大色彩”。

第五，聚焦大学使命，冲击更高对外交流合作水平。坚持服务国家扩大开放战略，更积极主动投身“一带一路”倡议，深化与港澳台地区高校合作，国际科研合作和教育交流质量规模迈上新台阶，为大湾区建设发展和广州的“四个出新出彩”发出更多“广大声音”。

各位领导、各位来宾、各位校友，老师们、同学们，二十年芳华正青春。展望未来，我们信心满怀朝着建设与国家和粤港澳大湾区深度融合，与广州城市地位相匹配的一流创新型大学坚定前行。我们将更加紧密地团结在以习近平同志为核心的党中央周围，增强“四个意识”，坚定“四个自信”，做到“两个维护”，不忘初心，牢记使命，全面贯彻落实习近平总书记出席深圳经济特区建立四十周年庆祝大会和视察广东重要讲话、重要指示精神及党的十九届五中全会精神，坚持社会主义办学方向，扎根中国大地办大学，永葆“闯”的精神，“创”的劲头，“干”的作风，五年为期，十年为盼，十五年更强，二十年后更辉煌。

附录

学年礼的实施与评价

广州大学学生学年礼工作实施意见

一　指导思想

为深入学习贯彻落实党的十九大精神、习近平总书记在全国高校思想政治工作会议和全国教育大会上重要讲话精神，紧紧围绕学校第三次党代会提出的奋斗目标，进一步完善学校大思政工作体系，促进学生思想政治工作四年不间断，覆盖到全体学生，培养“德才兼备，家国情怀，视野开阔，爱体育、懂艺术，能力发展性强”具有广大底色的高素质创新型人才，学校从 2018～2019 学年开始举办广州大学学生学年礼，作为学校落实立德树人根本任务，做好学生引路人、同行者的一个重要抓手，作为学生思想政治教育的重要品牌、重要机制、重要举措。

二　工作原则

学年礼以学年为背景，以年级为单位，以学院为主体，以学生为目标来进行。具体遵循四个原则：第一条原则，以前引后，排在前面的学年礼对后面接续出现的学年学生培养在主题上进行牵引；第二条原则，以后统前，排在后面的学年礼对前面已经完成的学年学生进行总结展示；第三条原则，以面促点，通过对学院面上的评价促进学校学生个体的培养实践；第四条原则，以一带三，不同级段学年礼现场侧重于不同主题，实际通报总结则根据不同主题覆盖到其他三个年级。

三　主题内涵

学年礼在二、三、四年级学生中开展。二年级学生学年礼主题是“德才兼备，家国情怀+爱体育、懂艺术”，三年级学生学年礼主题是“德才兼备，家国情怀+视野开阔”，四年级学生学年礼主题是“德才兼备，家国情怀+能力发展性强”。二、三、四年级的三场学年礼每年在9月学生返校后三周内完成。

“德才兼备，家国情怀”核心强调学生价值观和人生观上的表现。制定德才兼备、家国情怀四年一贯制的评价考核体系，应围绕育新人十大育人体系来进行设计。

“视野开阔”核心强调中华文化自信的中国视野和面向世界的国际视野，反映的是学生对世界知识谱系、中华优秀传统文化及当代中国的掌握了解状况。核心观察点包括学生在经典阅读、课外学术活动、社会实践和国内外交流访学等。

“爱体育”核心强调学生要有一到两项的体育技能，能欣赏相关体育比赛，养成健康的生活方式。核心观察点包括学生对相关的课程参与、日常体育运动表现、体育竞赛获奖、社团活跃度及其他普及性学生活动等。

“懂艺术”从艺术修养的角度来说，核心强调学生要具备一定的艺术兴趣，保持相关的艺术爱好，具备一定的艺术特长。核心观察点包括学生在音乐、美术、舞蹈、雕塑、书法、戏剧等艺术门类的课程选修、艺术欣赏水平、社团活动、竞赛获奖情况等。

“能力发展性强”包括专业能力、表达能力、团队合作能力、创新创业能力。核心观察点包括学生的课业成绩、语言文字表现、团队合作表现、创新创业实践等。

四　工作要求

（1）高度重视，精心组织。全校各有关部门和各学院要充分认识学年礼工作的重要意义，高度重视，明确任务，压实责任。要结合实际，精心组织，确保学年礼各项工作顺利推进。

（2）加强联动，形成合力。全校各有关部门和各学院既要各司其职、各负其责，又要密切配合、通力合作，确保学年礼工作各项工作协调推进，切实取得育人实效。

（3）完善制度，形成机制。各有关部门和各学院要大胆探索、勇于实践，加强学年礼与其他评价指标有机衔接，全面拓展我校人才培养的平台和载体，成为各学院人才培养工作的重要支撑。学校要把学年礼工作纳入学院的绩效考核。

（4）深入宣传，营造氛围。要充分运用校园网、宣传栏和新媒体平台，深入宣传我校学年礼在推动人才培养工作目标的落实过程中，涌现出的先进集体和典型人物事迹，营造良好育人氛围。

广州大学学生“德才兼备　家国情怀”培养发展评价方案

为了全面贯彻党的教育方针，落实立德树人根本任务，贯彻习近平总书记在全国教育大会上强调的“培养德智体美劳全面发展的社会主义建设者和接班人”的精神，全面达成学校“德才兼备，家国情怀，视野开阔，爱体育、懂艺术，能力发展性强”的人才培养目标要求，特制定学生“德才兼备，家国情怀”培养发展评价方案。

一　基本原则

“德才兼备，家国情怀”是学校人才培养目标的核心内容，贯穿于四年人才培养方案的始终。评价方案紧紧围绕全面达成学校24字人才培养总目标要求，根据“德才兼备，家国情怀”这一核心指标的特性，在把握学生思想特点和发展需求的基础上，根据各单位内在的育人元素和育人逻辑，构建“十大育人”体系的“三全育人”格局，促成学校人才培养总目标的达成为目标。

二　评价内容

方案对学生“德才兼备，家国情怀”素养进行评价。“德才兼备”是指通过大学生思想政治教育，学生具有较高的思想水平、政治觉悟、道德修养、法纪意识和才能才干，能积极践行社会主义核心价值观。“家国情怀”是指以家国情怀为导向，通过爱国主义教育、文化认同教育、社会责任教育、校情校史教育，学生具有爱国爱校的荣誉感和社会责任感。

三　评价小组

成立校领导、相关职能部门主要负责人、学院代表组成考评工作小组。

四　评价方式

鉴于对学生“德才兼备，家国情怀”的考核难以量化，因此将综合表现和突出事迹作为最重要的评价指标，通过定性评价方式，在全校评选表彰宣传“德才兼备，家国情怀”先进集体和个人（先进集体包含班级、学生党团支部、学生社团、团队等）。主要评选六项：

（1）“坚定理想信念”先进集体和个人；

（2）“厚植爱国主义情怀”先进集体和个人；

（3）“加强品德修养”先进集体和个人；

（4）“增长知识见识”先进集体和个人；

（5）“培养奋斗精神”先进集体和个人；

（6）“增强综合素质”先进集体和个人。

五 评选程序

（1）学院党委根据指标体系和评价方式，综合考量本学院学生情况，推荐具有突出表现和先进事迹的集体和个人参与评选。宣传部、学生处、教务处、校团委可以对相关项目进行单独推荐。

（2）考评工作小组根据推荐情况，对所有人进行资格审核，确定候选人名单。资格审核主要考察政治表现、遵纪守法、学习成绩情况。

（3）召开评选工作会，考评工作小组对通过资格审核的候选人进行打分评议，选出先进集体和个人。

（4）在全校公示名单。

（5）公示无异议的名单上报学校审议。

（6）对“德才兼备，家国情怀”先进集体和个人进行表彰。

广州大学学生“德才兼备　家国情怀”培养工作评价方案

为了全面贯彻党的教育方针，落实立德树人根本任务，贯彻习近平总书记在全国教育大会上强调的“培养德智体美劳全面发展的社会主义建设者和接班人”的精神，全面达成学校“德才兼备，家国情怀，视野开阔，爱体育、懂艺术，能力发展性强”的人才培养总目标要求，特制定学生“德才兼备，家国情怀”培养工作评价方案。

一　基本原则

“德才兼备，家国情怀”是学校人才培养目标的核心内容，贯穿于四年人才培养方案的始终。评价方案紧紧围绕全面达成学校 24 字人才培养总目标要求，根据“德才兼备，家国情怀”这一核心指标的特性，在把握学生思想特点和发展需求的基础上，根据各单位内在的育人元素和育人逻辑，构建“十大育人”体系的“三全育人”格局，促成学校人才培养总目标的达成为目标。

二　评价内容

方案对各学院和职能部门开展“德才兼备，家国情怀”培养工作的评价。各单位根据工作内在的育人元素和育人逻辑，把握学生思想特点和发展需求，优化内容供给、改进工作方法、创新工作载体，以“十大育人”体系为基础，充分发挥课程、科研、实践、文化、网络、心理、管理、服务、资助、组织等方面工作的育人功能，构建“三全育人”一体化工作体系，全面达成学校“德才兼备，家国情怀，视野开阔，爱体育、懂艺术，能力发展性强”人才培养目标的工作成效。

三　评价小组

成立校领导、相关职能部门主要负责人、学院代表组成考评工作小组。

四　评价方式

学院评价方式：以《广州大学“德才兼备　家国情怀”培养工作评价指标体系（试行）》《广州大学“十大育人”学院建设标准（试行）》为标准，综合考量各学院在发挥课程、科研、实践、文化、网络、心理、管理、服务、资助、组织等方面工作实际和突出成效，进行综合考量打分，评选表彰先进单位。

职能部门评价方式：以《广州大学“十大育人”职能部门建

设标准（试行）》为标准，考察各职能部门在发挥课程、科研、实践、文化、网络、心理、管理、服务、资助、组织等方面工作实际和突出成效，进行综合考量打分，评选表彰先进单位。

主要评选内容：

1. “德才兼备　家国情怀”工作先进单位

2. “十大育人”先进单位

（1）课程育人先进单位；

（2）科研育人先进单位；

（3）实践育人先进单位；

（4）文化育人先进单位；

（5）网络育人先进单位；

（6）心理育人先进单位；

（7）管理育人先进单位；

（8）服务育人先进单位；

（9）资助育人先进单位；

（10）组织育人先进单位。

“十大育人”先进单位共评选不超过 10 个。若不符合条件，可以空缺不评；若有突出工作成绩，也可以根据实际情况适当增加名额。

五　评选程序

（1）各单位进行申报，并提交申报材料。每个单位至少申报一项。

（2）召开评选工作会，考评小组综合考核各单位的实际工作成效，以《广州大学“德才兼备　家国情怀”培养工作评价指标体系（试行）》《广州大学“十大育人”学院建设标准（试行）》《广州大学“十大育人”职能部门建设标准（试行）》为依据，进行综合打分，评选出“德才兼备　家国情怀”工作先进单位、“十大育人”先进单位。

（3）获奖单位名单在全校进行公示。

（4）公示无异议名单上报学校审议。

（5）对获奖单位进行表彰。

广州大学“德才兼备　家国情怀”培养工作评价指标体系

一级指标	二级指标		观测点	分值
德才兼备	基本分（100分）	政治觉悟 思想水平 道德品质 法纪素养	推动习近平新时代中国特色社会主义思想“三进”情况	7分
			马克思主义理论的学习宣讲情况	6分
			学生马克思主义经典原著的借阅情况	4分
			党员团员、入党入团积极分子、递交入党入团申请书学生的情况	5分
			学生党建工作情况（优秀党支部、优秀党员、书记项目、千千工程）	6分
			青马工程学员培养情况	5分
			院长、书记上思想政治理论课情况	6分
			思想政治理论课成绩平均绩点	6分
			党课、团课的开展情况	5分
			党费团费收缴情况	2分
			学生参加校级以上（含校级）社会主义核心价值观主题教育活动情况	5分
			官方微信公众号建设情况（含原创优秀网络作品、优秀推文建设情况）	5分

续表

一级指标	二级指标		观测点	分值
德才兼备	基本分（100分）	政治觉悟 思想水平 道德品质 法纪素养	开展劳动教育、实践情况	4分
			开展诚信教育、实践情况	4分
			开展环保教育、实践情况	4分
			开展尊师重教教育、实践情况	4分
			开展助人为乐教育、实践情况	4分
			开展法制宣传教育情况	5分
			开展纪律宣传教育情况	4分
			开展校规校纪宣传教育情况	4分
			开展其他培养学生“德才兼备”素养教育活动情况	5分
	加分项		学院在培养学生“德才兼备”素养上取得突出成绩、获得省市级以上表彰	10~30分
	扣分项		发生涉意识形态事件（根据具体情况进行扣分）	10~100分
			发生学生违纪违法行为（根据具体情况进行扣分）	5~30分
			学生发生突发事件（根据具体情况进行扣分）	5~30分
			学生发生不诚信行为（考试作弊、学术不端、拖欠贷款等）	5分
			师生关系紧张，发生冲突事件（根据有效处置情况扣分）	1~5分
家国情怀	基本分（100分）	国家认同 文化认同 社会责任 爱校爱家	利用重要节庆日、重大事件，开展爱国主义教育、民族团结进步教育和时代精神教育的情况	7分
			举办形势与政策讲座的情况	6分
			校园文化精品项目培育情况	6分
			开展优秀文化（中华优秀传统文化、革命文化、社会主义先进文化）教育活动情况	7分
			学生发表中华优秀传统文化、革命文化、社会主义先进文化相关文章或创作原创作品的情况	6分
			学生参加校级（含）以上中华优秀传统文化、革命文化、社会主义先进文化主题教育活动情况	7分
			学生借阅中华经典书目、革命文化或党史党建类书目的情况	6分

续表

<table>
<tr><th>一级指标</th><th colspan="2">二级指标</th><th>观测点</th><th>分值</th></tr>
<tr><td rowspan="13">家国情怀</td><td rowspan="12">基本分（100分）</td><td rowspan="12">国家认同
文化认同
社会责任
爱校爱家</td><td>学生选修中华传统文化相关课程的情况</td><td>5分</td></tr>
<tr><td>在“中华经典诵读”知识竞赛的获奖情况</td><td>5分</td></tr>
<tr><td>组织开展支教、参军、“西部计划”“三支一扶”的工作情况</td><td>5分</td></tr>
<tr><td>学生参加支教、参军、“西部计划”“三支一扶”的工作情况</td><td>5分</td></tr>
<tr><td>组织开展社会实践、社会调查、志愿服务情况</td><td>5分</td></tr>
<tr><td>学生参加社会实践、社会调查、志愿服务情况</td><td>5分</td></tr>
<tr><td>学院参与“校歌合唱比赛”情况</td><td>4分</td></tr>
<tr><td>学院开展宿舍文化建设情况</td><td>4分</td></tr>
<tr><td>学生参加“好家风”活动的情况</td><td>4分</td></tr>
<tr><td>学生为学校、家乡作贡献，获得良好效果和社会声誉</td><td>4分</td></tr>
<tr><td>学生孝敬长辈、感恩亲人等先进事迹</td><td>4分</td></tr>
<tr><td>开展其他培养学生“家国情怀”素养的教育活动情况</td><td>5分</td></tr>
<tr><td colspan="2">加分项</td><td>学院在培养学生“家国情怀”素养上取得突出成绩、获得省市级以上表彰</td><td>10～30分</td></tr>
</table>

说明：关于“德才兼备”中“才”的评价指标，已经体现在《广大底色学生素质发展评价体系（试行）》中，这里不再重复，学年评价考核时一体进行。

广州大学“十大育人”学院建设标准

一级指标	二级指标	三级指标	分值（100分+10分）	备注
1. 组织领导（10分）	1.1 健全“三全育人”统筹推进常态机制	（1）“三全育人”纳入学院事业发展规划和人才培养方案。	3分	
		（2）推进“三全育人”思路明晰、举措具体、成效明显。	2分	
	1.2 健全完善党政联席会议制度	（1）院党委（党总支）会议和党政联席会议制度规范，议事决策规则完善。	2分	
		（2）涉及办学方向、教师队伍建设、师生员工切身利益等重大事项，由党委（党总支）先研究再提交党政联席会议决定。	3分	
2. 课程育人（13分）	2.1 建立教案评价制度	（1）坚守政治底线，系统认真梳理课程的教材选用是否合格、课程的教学设计是否合格、课程的主讲教师的教学课件与教学行为是否合格、课程的课堂教学方法是否合格，确保各教学环节、教学要素及教学活动在政治原则、政治立场和政治方向的问题上与党中央的要求保持高度一致。	2分	
		（2）指导和要求教师及时修订教案，把课程育人理念贯穿教案修订全过程。	2分	

续表

一级指标	二级指标	三级指标	分值（100分+10分）	备注
2. 课程育人（13分）	2.1 建立教案评价制度	（3）对教师教案严格把关，对未包含课程育人内容的“一票否决”。	2分	
	2.2 建立专业教师课程育人主体作用发挥有效机制	（1）把思想政治教育元素纳入课堂教学，作为课堂讲授的重要内容。	2分	
		（2）建设“课程思政”金课。	3分	
		（3）把课程育人作为教学督导和教师绩效考核的重要方面。	2分	
3. 科研育人（10分）	3.1 建立科研育人导向机制	（1）把正确的政治方向、价值取向、学术导向体现到科学研究全过程各环节。	2分	
		（2）建立科教协同育人机制，在培养师生至诚报国的理想追求、敢为人先的科学精神、开拓创新的进取意识和严谨求实的科研作风上成效明显。	2分	
		（3）推进教师科研成果课程化，吸纳学生进入实验室、参与教师课题组工作取得明显成效。	3分	
	3.2 健全科研团队评价制度	（1）把思想政治表现作为组建科研团队的底线要求，把育人成效作为科研团队表彰的重要参考。	1分	
	3.3 构建学术诚信体系	（1）项目负责人或科研团队负责人注重对师生开展诚信教育。	1分	
		（2）每年至少开设1次学术规范与学术道德专题讲座。	1分	
4. 实践育人（10分）	4.1 建立社会实践长效机制	（1）建立相对稳定的实践育人基地。	3分	
		（2）拥有1~2个社会实践精品项目。	2分	
	4.2 推进实践教学改革	（1）将实践育人工作纳入学校教学计划，落实规定的学时学分。	3分	
	4.3 推进创新创业教育	（1）创新创业教育成效明显，拥有至少1个大学生（学院学生牵头或以本学院学生为主体）创新创业项目。	2分	

续表

一级指标	二级指标	三级指标	分值（100分+10分）	备注
5. 文化育人（10分）	5.1 建立中华优秀传统文化传承和革命文化教育长效机制	（1）把中华优秀传统文化教育纳入思想政治教育工作计划并认真实施。	2分	
		（2）结合传统节庆日、重大事件和开学典礼、毕业典礼等开展主题教育活动。	1分	
	5.2 建立社会主义先进文化教育长效机制	（1）定期开展师生社会主义核心价值观主题教育活动。	2分	
		（2）拥有社会主义核心价值观教育典型案例，选树宣传一批践行社会主义核心价值观先进典型。	2分	
	5.3 建立校园文化育人功能发挥长效机制	（1）充分挖掘学院和学科专业文化育人要素。	1分	
		（2）学院文化建设成效显著，拥有至少1个校园文化品牌。	2分	
6. 网络育人（10分）	6.1 网络平台建设与管理	（1）网络平台管理规范，所管理的师生网络平台没有出现敏感事件。	3分	
		（2）加强网络平台建设，所管理的网络平台具有较强的传播力、影响力。	2分	
	6.2 建立网络素养教育长效机制	（1）引导师生增强网络安全意识，遵守网络行为规范。	3分	
		（2）开展网络文化建设活动。	2分	
7. 心理育人（5分）	7.1 建立心理健康教育长效机制	（1）把心理健康教育纳入人才培养方案。	1分	
		（2）定期开展心理健康教育主题活动。	2分	
	7.2 健全预警防控体系	（1）建立院系、班级、宿舍“三级”预警防控体系，有心理危机干预预案。	2分	
8. 管理育人（10分）	8.1 明确岗位育人职责	（1）有体现育人元素的岗位说明书。	2分	
	8.2 加强教师队伍管理	（1）把思想政治素质考核作为考核教师的重要依据。	3分	
		（2）未发生师德失范和学术不端行为。	3分	
	8.3 建立考核评价激励机制	（1）把发挥育人功能纳入管理岗位考核评价范围，作为评奖评优条件。	2分	

续表

一级指标	二级指标	三级指标	分值（100分+10分）	备注
9. 服务育人（5分）	9.1 建立服务协同机制	建立与后勤、图书、医疗、保卫等多部门联动机制，配合服务部门落实育人要求。	5分	
10. 资助育人（5分）	10.1 构建资助育人长效机制	（1）建立物质帮助、道德浸润、能力拓展、精神激励有效融合的资助育人长效机制。	2分	
		（2）有资助育人优秀案例和先进人物。	1分	
	10.2 资助精准到位	资助对象、资助标准、资金分配、资金发放精准到位。	2分	
11. 组织育人（12分）	11.1 坚持评议考核制度	建立党支部书记抓基层党建述职评议考核制度，把“三全育人”作为考核内容。	3分	
	11.2 选优配强党支部书记	深入实施教师党支部书记“双带头人”培育工程。	3分	
	11.3 坚持党建带团建	党建带团建工作模式良好、成效显著，“千千工程”成效显著。	3分	
	11.4 形成育人组织合力	（1）工会、共青团、学生会等群团组织组织动员、引领教育学生有载体、成效好。	3分	
12. 突出成绩（最高30分）	12.1 育人成绩	学院在育人方面有突出成绩，可获得额外加分。	10~30分	根据实际情况加分

广州大学“十大育人”职能部门建设标准

一级指标	二级指标	三级指标	分值	备注
1. 课程育人	1.1 思政课程建设（50 分）	（1）深入推动习近平新时代中国特色社会主义思想进教材、进课堂、进头脑。把习近平新时代中国特色社会主义思想作为讲授重点。推进思路攻坚、师资攻坚、教材攻坚、教法攻坚、机制攻坚。	10 分	
		（2）按照“政治要强、情怀要深、思维要新、视野要广、自律要严、人格要正”的要求，加强思想政治理论课教师队伍建设。继续将思想政治课教师打造为“最受欢迎教师团队”。	10 分	
		（3）按照习近平总书记“坚持政治性和学理性相统一、价值性和知识性相统一、建设性和批判性相统一、理论性和实践性相统一、统一性和多样性相统一、主导性和主体性相统一、灌输性和启发性相统一、显性教育和隐性教育相统一”的要求，加强思想政治理论课改革创新。制订并落实以“课程思政”为目标的课堂教学改革方案，进一步实施高校思想政治理论课建设体系创新计划，构建“在校不间断”的思政课程体系。思想政治理论课教学改革有方案、教育方式有创新，师生对课堂获得感强、满意度高。	10 分	

续表

一级指标	二级指标	三级指标	分值	备注
1. 课程育人	1.1 思政课程建设（50分）	(4) 按照中央确定的课程方案开设课程，落实课程和学分及对应的课堂教学学时。使用马克思主义理论研究和建设工程重点教材、高校思想政治理论课最新版本统编教材，并纳入培养方案和教学过程。	10分	
		(5) 制定并落实形势与政策课集体备课制度。按照相关文件要求，督促指导落实各学院院党委书记、院长上新学期第一堂思政课。	10分	
	1.2 课程思政建设（50分）	(1) 大力推动以“课程思政”为目标的课堂教学改革，挖掘、梳理专业课程所蕴含的德育元素及所承载的思想政治教育功能，充分发挥各门课程的育人功能，实现思想政治教育与知识体系教育的有机统一。	10分	
		(2) 制订学校课程育人工作方案，实施学校课程体系和教育教学创新计划方案，优化课程设置，完善课程设置管理制度。建设面向全体学生开设提高思想品德、人文素养、认知能力的哲学社会科学课程体系，守牢校园各类思想文化阵地。	10分	
		(3) 推进课程思政金课建设，在各专业建设3~5门课程思政的样板课程。	10分	
		(4) 梳理各门专业课程所蕴含的思想政治教育元素和所承载的思想政治教育功能，纳入专业课教材讲义内容和教学大纲，作为必要章节、课堂讲授重要内容和学生考核关键知识。	7分	
		(5) 建立课程标准审核和教案评价制度。制定加强课堂教学管理、提高教学质量的实施办法，明确课堂教学纪律要求。落实校领导和教学督导听课制度。	7分	

续表

<table>
<tr><th>一级指标</th><th>二级指标</th><th>三级指标</th><th>分值</th><th>备注</th></tr>
<tr><td rowspan="2">1. 课程育人</td><td>1.2 课程思政建设（50分）</td><td>（6）发挥专业教师课程育人的主体作用，健全课程育人管理、运行体制，将课程育人作为教师思想政治工作的重要环节，作为教学督导和教师绩效考核、晋职晋级的重要评价内容。</td><td>6分</td><td></td></tr>
<tr><td>1.3 突出成绩（最高50分）</td><td>在课程育人上获得国家、省市奖励或取得其他突出成绩。</td><td>10~50分</td><td>根据实际情况加分</td></tr>
<tr><td rowspan="8">2. 科研育人</td><td rowspan="5">2.1 科研管理制度设计（40分）</td><td>（1）优化学校科研管理制度，明确科研育人功能，改进科研环节和程序，把思想价值引领贯穿选题设计、科研立项、项目研究、成果运用全过程，把思想政治表现作为组建科研团队的底线要求。</td><td>8分</td><td></td></tr>
<tr><td>（2）建立教研一体、学研相济的科教协同育人机制，制订产学研合作协同育人计划。坚持学术研究无禁区，课堂讲授有纪律。统筹安排教学资源与科研资源，配套设计教学大纲与科研计划。</td><td>8分</td><td></td></tr>
<tr><td>（3）建立科研育人激励机制，完善科研评价标准，改进学术评价方法，健全具有中国特色的学术评价标准和科研成果评价办法。</td><td>8分</td><td></td></tr>
<tr><td>（4）健全优秀成果评选推广机制，服务国家和区域经济发展，促进全社会思想文化建设。</td><td>8分</td><td></td></tr>
<tr><td>（5）制定推进吸纳学生参与教师课题组的办法和机制。</td><td>8分</td><td></td></tr>
<tr><td rowspan="3">2.2 学术诚信体系建设（30分）</td><td>（1）制定科技工作道德行为规范和学术诚信教育管理办法。</td><td>10分</td><td></td></tr>
<tr><td>（2）构建集教育、预防、监督、惩治于一体的学术诚信体系，治理遏制各种学术不端和科研失信行为。</td><td>10分</td><td></td></tr>
<tr><td>（3）组织编写师生学术规范与学术道德读本，在本科生中开设相关专题讲座，在研究生中开设相应公选课程。</td><td>10分</td><td></td></tr>
</table>

续表

一级指标	二级指标	三级指标	分值	备注
2. 科研育人	2.3 创新平台与团队建设（30分）	（1）加强科技创新平台建设，搭建师生科研交流互动舞台，培养师生科学精神和创新意识。	10分	
		（2）推动实施科研创新团队培育支持计划，制订科研创新团队培育工作方案，引导师生积极参与科技创新团队和科研训练，及时掌握科技前沿动态，培养集体攻关、联合攻坚的团队精神和协作意识。	10分	
		（3）加大学术名家、优秀学术团队先进事迹的宣传教育力度。大力培育全国高校黄大年式教师团队，培养选树一批科研育人示范项目、示范团队。	10分	
	2.4 突出成绩（最高50分）	在科研育人上获得国家、省市奖励或取得其他突出成绩。	10~50分	根据实际情况加分
3. 实践育人	3.1 社会实践长效机制（40分）	（1）构建实践育人协同体系，推动专业课实践教学、社会实践活动、创新创业教育、志愿服务、军事训练等载体有机融合，形成实践育人统筹推进工作格局。	10分	
		（2）深入推进实践教学改革，依托“第二课堂成绩单”，推动第二课堂活动的课程。	10分	
		（3）丰富实践内容，创新实践形式，广泛开展社会调查、生产劳动、社会公益、志愿服务、科技发明、勤工助学等社会实践活动。	10分	
		（4）整合实践资源，拓展实践平台，依托高新技术开发区、大学科技园、城市社区、农村乡镇、工矿企业、爱国主义教育场所等，建立多种形式的社会实践、创业实习基地。	10分	

续表

一级指标	二级指标	三级指标	分值	备注
3. 实践育人	3.2 创新创业教育（30分）	（1）加强创新创业教育，开发专门课程，健全课程体系。	15分	
		（2）推进实施“大学生创新创业训练计划”，支持学生成立创新创业类社团，制定相关管理制度，完善支持机制。	15分	
	3.3 精品项目建设（30分）	（1）建立社会实践精品项目支持制度，探索开展师生志愿服务评价认证，发挥实践育人示范作用。	15分	
		（2）深入开展好大学生暑期“三下乡”“志愿服务西部计划”“波密暑期社会实践”等精品项目。	15分	
	3.4 突出成绩（最高50分）	在实践育人上获得国家、省市奖励或取得其他突出成绩。	10~50分	根据实际情况加分
4. 文化育人	4.1 社会主义核心价值观教育（30分）	（1）加强培育和践行社会主义核心价值观长效机制建设，把社会主义核心价值观体现到育人全过程，工作有方案、有成效。	10分	
		（2）开展师生社会主义核心价值观主题教育活动，引导师生坚定道路自信、理论自信、制度自信、文化自信。	10分	
		（3）培育、选树和宣传一批学习励志、实践奉献、参军报国、诚信友善、创新创业、志愿服务等方面践行社会主义核心价值观的先进典型，营造积极向上的校风学风。	10分	
	4.2 中华传统文化社会主义先进文化教育（50分）	（1）推进中华优秀传统文化教育，组织实施“中华经典诵读”工程、“五个一百”工程，“经典百书”开展，“礼敬中华优秀传统文化”“戏曲进校园”“好家风”等文化建设活动。	10分	
		（2）推进文化国际交流，推动中华优秀传统文化走出去，讲好中国故事。	10分	

续表

一级指标	二级指标	三级指标	分值	备注
4. 文化育人	4.2 中华传统文化社会主义先进文化教育（50分）	（3）培育具有学校特色的文化成果，推进“校园文化精品培育计划”，开展“新年音乐会”“同唱一首歌”校歌传唱，以及“高雅艺术进校园”等品牌活动，引导高雅艺术、非物质文化、民族民间优秀文化走近师生。	10分	
		（4）挖掘革命文化的育人内涵，有效利用重大纪念日契机和重点文化基础设施开展革命文化教育。	10分	
		（5）组织师生创作舞蹈、音乐、影视等文艺精品，通过传播推广扩大影响力和辐射力。	10分	
	4.3 校园文化建设（20分）	（1）打造有品质的校园环境建设，打造有品质的校园生活。	10分	
		（2）建设美丽校园，改进宿舍区、教学楼以及各活动空间的景观设施，实现校园山、水、园、林、路、馆建设达到使用、审美、教育功能的和谐统一。	10分	
	4.4 突出成绩（最高50分）	在文化育人上获得国家、省市奖励或取得其他突出成绩。	10~50分	根据实际情况加分
5. 网络育人	5.1 网络教育机制（40分）	（1）统筹谋划网络建设、网络管理、网络舆情、网络研究等方面的建设工作，强化网络意识形态工作，提高建网用网管网能力。	10分	
		（2）打造信息发布、工作交流和数据分析平台。	10分	
		（3）加强师生网络素养教育，引导师生增强网络安全意识，遵守网络行为规范，养成文明网络生活方式。	10分	
		（4）培养网络力量，动员引导广大教师，特别是学术大师、教学名师、优秀导师、辅导员、班主任参与网络育人，建设一支政治强、业务精、作风硬的网络工作队伍。	10分	

续表

一级指标	二级指标	三级指标	分值	备注
5. 网络育人	5.2 网络平台建设与管理（50分）	（1）加强校园官方微信公众号建设，打造有深度的新媒体平台。	10分	
		（2）加强校园各层级新媒体平台与师生自媒体管理与引导工作，建立网络平台台账。	10分	
		（3）加强网络舆情的监测与引导，建立完善突发事件网络舆情的应急处置机制。	10分	
		（4）加强对各单位二级网站运维的指导与管理。	10分	
		（5）落实师生上网实名制管理。	10分	
	5.3 网络文化建设（10分）	将思想政治素质、人文素质、科学素质和艺术素质的培育融入网络文化产品的制作中，丰富网络内容，打造原创网络优秀作品、优秀网络学生社团、新媒体展示节等网络文化建设活动。	10分	
	5.4 突出成绩（50分）	在网络育人上获得国家、省市奖励或取得其他突出成绩。	10~50分	根据实际情况加分
6. 心理育人	6.1 心理健康教育（50分）	（1）加强知识教育，把心理健康教育课程纳入学校整体教学计划，组织编写大学生心理健康教育示范教材，开发建设《大学生心理健康》等在线课程，实现心理健康知识教育全覆盖。	20分	
		（2）开展宣传活动，举办“5·25”大学生心理健康节等品牌活动，充分利用网络、广播、微信公众号、APP等媒体，营造心理健康教育良好氛围，提高师生心理保健能力。	15分	
		（3）强化咨询服务，提高心理健康教育咨询与服务中心建设水平。	15分	

续表

一级指标	二级指标	三级指标	分值	备注
6. 心理育人	6.2 预防干预体系建设（50分）	（1）加强预防干预，开展大学生心理健康教育工作及新生心理健康普查，建立在校学生心理健康档案，提高心理健康素质测评的覆盖面和科学性。	20分	
		（2）建立学校、院系、班级、宿舍“四级”预警防控体系，完善心理危机干预工作预案。建立转介诊疗机制，提升工作前瞻性、针对性。	15分	
		（3）完善工作保障，研制师生心理健康教育工作实施方案。	15分	
	6.3 突出成绩（最高50分）	在心理育人上获得国家、省市奖励或取得其他突出成绩。	10~50分	根据实际情况加分
7. 管理育人	7.1 教育法律法规体系（40分）	（1）健全依法治校、管理育人制度体系，制（修）订完善学校教育规章制度，保障师生员工合法权益。	15分	
		（2）梳理各管理岗位的育人元素，编制岗位说明书，明确管理育人的内容和路径，把育人功能发挥纳入管理岗位考核评价范围，作为评奖评优条件。	15分	
		（3）建立和完善党委统一领导、党政齐抓共管、院系具体落实、教师自我约束的师德师风建设领导体制和工作机制，努力培养锻造坚持“四个相统一”的师资队伍。	10分	
	7.2 管理考核评价体系（60分）	（1）按照好干部标准，选好配强各级领导干部和领导班子。建立干部考核评价、激励监督机制，重视考核结果运用。坚持从严管理干部，个人事项报告、离任经济责任审计、兼职管理、出国（境）审批管理等工作有制度，管理到位。	15分	

续表

一级指标	二级指标	三级指标	分值	备注
7. 管理育人	7.2 管理考核评价体系（60分）	（2）严把教师聘用、人才引进政治考核关，严格教师资格和准入制度，建立健全师德考核制度，贯彻落实到位。新教师入职培训开设师德教育专题，在优秀教师团队培养以及骨干教师、学科带头人和学科领军人物培育过程中，有师德教育方面的专题内容。	15分	
		（3）落实好第一班主任、领导干部联系班级、“千千工程”等制度执行，真正发挥好育人作用。	15分	
		（4）深化管理体制改革，包括学生管理、教学管理、学习过程管理等，实现资源优化配置。	15分	
	7.3 突出成绩（最高50分）	在管理育人上获得国家、省市奖励或取得其他突出成绩。	10~50分	根据实际情况加分
8. 服务育人	8.1 服务目标责任（60分）	（1）研究梳理各类服务岗位所承载的育人功能，强化育人要求，明确育人职能，在聘用、培训、考核等各环节制定育人工作职责要求。	20分	
		（2）加强监督考核，落实服务目标责任制，选树服务育人先进典型模范，把服务质量和育人效果作为评价服务岗位效能的依据和标准。	20分	
		（3）增强供给能力，充分满足师生学习、生活、工作中的合理需求，师生在所有地方都能感受到一种来自学校服务支持的善意与温情。	20分	
	8.2 专题教育活动（40分）	（1）实施后勤员工素质提升计划，切实提高后勤保障水平和服务育人能力。	10分	
		（2）开展阅读推广活动，优化阅读体验，培育师生阅读素养，提高馆藏利用率。	10分	

续表

一级指标	二级指标	三级指标	分值	备注
8. 服务育人	8.2 专题教育活动（40分）	（3）制订健康教育教学计划，开展传染病预防、安全应急与急救等专题健康教育活动，培养师生公共卫生意识和卫生行为习惯。	10分	
		（4）加强人防物防技防建设，全面开展安全教育，培养师生安全意识和法制观念。	10分	
	8.3 突出成绩（最高50分）	在服务育人上获得国家、省市奖励或取得其他突出成绩。	10~50分	根据实际情况加分
9. 资助育人	9.1 资助工作体系（60分）	（1）建立物质帮助、道德浸润、能力拓展、精神激励有效融合的长效机制。	20分	
		（2）加强资助工作顶层设计，建立资助管理规范，完善勤工助学管理办法，构建资助对象、资助标准、资金分配、资金发放协调联动的精准资助工作体系。	20分	
		（3）精准认定家庭经济困难学生，健全四级资助认定工作机制，采用家访、大数据分析和谈心谈话等方式，合理确定认定标准，建立家庭经济困难学生档案，实施动态管理。	20分	
	9.2 资助教育活动（40分）	（1）坚持资助育人导向，在奖学金评选发放环节，全面考察学生的学习成绩、创新发展、社会实践及道德品质等方面的综合表现，培养学生奋斗精神和感恩意识。	15分	
		（2）在国家助学金申请发放环节，深入开展励志教育和感恩教育，培养学生爱党爱国爱社会主义意识；在国家助学贷款办理过程中，深入开展诚信教育和金融常识教育，培养学生法律意识、风险防范意识和契约精神；在勤工助学活动开展环节，着力培养学生自强不息、创新创业的进取精神；在基层就业、应征入伍学费补偿贷款代偿等工作环节中，培育学生树立正确的成才观和就业观。	15分	

续表

一级指标	二级指标	三级指标	分值	备注
9. 资助育人	9.2 资助教育活动（40分）	（3）创新资助育人形式，实施主题教育活动。积极推选展示资助育人优秀案例和先进人物。	10分	
	9.3 突出成绩（最高50分）	在资助育人上获得国家、省市奖励或取得其他突出成绩。	10~50分	根据实际情况加分
10. 组织育人	10.1 党组织建设（50分）	（1）发挥党组织的育人保障功能，推动学校各级党组织自觉担负起管党治党、办学治校、育人育才的主体责任。	20分	
		（2）组织开展党建工作自我评估，全面推开校、院党组织书记抓基层党建述职评议。	10分	
		（3）实施教师党支部书记“双带头人”培育工程，开展“不忘初心、牢记使命”主题教育，培育建设一批先进基层党组织，培养选树一批优秀共产党员、优秀党务工作者，创建网上党建园地，推选展示党的建设优秀工作案例。	10分	
		（4）推进教师党支部建设，教师党支部在“加强思想政治引领，筑牢学生理想信念根基，落实立德树人根本任务”方面成效显著。	10分	
	10.2 群团组织建设（50分）	（1）深化群团改革，把握群团工作的政治标准、根本要求、基本特征，在改革组织设置、管理模式、工作方式和干部管理等方面采取有效措施。发挥各类群团组织的育人纽带功能，推动工会、共青团、学生会等群团组织创新组织动员、引领教育的载体与形式，更好地代表师生、团结师生、服务师生。	10分	
		（2）制定师生社团管理办法。支持各类师生社团开展主题鲜明、健康有益、丰富多彩的活动。	10分	

续表

一级指标	二级指标	三级指标	分值	备注
10. 组织育人	10.2 群团组织建设（50分）	（3）充分发挥教研室、学术梯队、班级、宿舍在学生成长中的凝聚、引导、服务作用，培育建设一批文明社团、文明班级、文明宿舍。	10分	
		（4）推进各个学院的班级建设、党团组织建设以及社团建设相得益彰、同向发力。	10分	
		（5）充分发挥校友的力量，参与学校育人工作。	10分	
	10.3 突出成绩（最高50分）	（1）在组织育人上获得国家、省市奖励或取得其他突出成绩。	10~50分	根据实际情况加分

广大底色学生素质发展评价体系

为了全面贯彻党的教育方针，落实立德树人的根本任务，践行习近平总书记在全国教育大会上强调的“培养德智体美劳全面发展的社会主义建设者和接班人，加快推进教育现代化、建设教育强国、办好人民满意的教育”的精神，以期更好地达成学校“德才兼备，家国情怀，视野开阔，爱体育、懂艺术，能力发展性强”的高素质创新人才的总目标要求，也为学生发展和教书育人工作提供引领，特制定广大底色学生素质发展评价（指标）体系。

一　评价的基本原则

（1）成长导向性：评价指标就是发展目标，让学生明了目标体系，应能够引导学生追求卓越。

（2）发展激励性：评价指标可以进行学院之间、学生之间的比较，有利于表彰先进，激励学院更好地把人才培养目标变成工作目标。

（3）评价科学性：评价指标能够真正反映指标内涵，具有良好的效度，符合人才素质评价的科学要求。

（4）操作可行性：评价指标由各职能部门和相关单位进行数据收集和统计，其计分点可以成为各部门和单位的重要工作抓手。

二　评价的主要内容

1. 视野开阔

它是指通过引导学生广泛阅读、博览群书、赏析经典，开展境内外学习交流和游学活动，组织丰富的课外学术活动和社会实践活动，帮助学生在专业之外拓宽文化视野，提升文化修养，增长社会见识，增强“四个自信”，培养学生的社会主义核心价值观和健全人格，使学生成为德才兼备的高素质人才。这里的视野包括了两个维度：一是国际视野，二是国内视野，包括文化自信的视野。学生素质“视野开阔”指标主要通过文化素养、学术视野、社会视野 3 个二级指标和 8 个三级指标进行考察，其中关键指标为文化素养。3 个二级指标所占权重分别为 60%、20%、20%。

2. 爱体育

它是指通过四年一贯的体育教学、开展课外体育活动和自我锻炼，使学生树立端正的体育观，了解体育运动的基本知识、规则等，掌握一到两项适合本人的运动技能，并学会欣赏相关的体育比赛，形成良好的体育素养，发展积极的人格品质，养成终身运动习惯和健康的生活方式。学生素质“体育发展”指标主要通过组织宣传、运动态度与习惯、素质与技能、运动特长 4 个二级指标和 9 个三级指标进行考察，其中运动态度与习惯、素质与技能为关键指标，4个二级指标所占权重分别是30%、30%、30%、10%。

3. 懂艺术

它是指学生通过修读艺术类课程、参加校内外丰富多彩的艺术实践活动、感受体验优美的校园艺术文化环境等途径，积累丰富的艺术经验，并对音乐舞蹈、美术设计、书画摄影、艺术理论等不同的艺术门类有一定的认知，以及具有较高的艺术修养和审美水平。同时，能够掌握一定的艺术实践技能，在艺术实践中感受艺术的魅力。通过艺术理论与实践层面的学习，能够树立正确的文化价值观与艺术道德观念，成为传承与传播优秀艺术的中坚力量。学生素质“艺术发展”的评价主要通过组织宣传、兴趣爱好、艺术修养、艺术表现与创新4个二级指标和10个三级指标进行考察，其中兴趣爱好、艺术修养为关键指标。4个二级指标所占权重分别为10%、30%、40%、20%。

4. 能力发展性强

它是指通过有目的、有计划、课内外系统的教育教学活动，尤其是要通过专业学习活动，培养学生的关键能力，提升劳动意识和创新创业精神，使学生能够很好地胜任未来的专业工作、适应社会环境变化、勇于创新创业，具有良好的终身发展潜能。能力发展性强既是党的教育方针中“智”的要求，也是“劳”的体现，是培养“德智体美劳全面发展的社会主义建设者和接班人”的核心指标。学生素质“能力发展”的评价主要通过专业能力、表达能力、团队合作能力、劳动实践与创新能力4个二级指标和13个三级指标进行考察，其中专业能力、劳动实践与创新能力为关键指标。4个二级指标所占权重分别为40%、15%、15%、30%。

三　评价的范围及主要观察点

广大底色学生素质发展的评价指标及观测点

一级指标	二级指标（权重）	三级指标	数据来源及评价方式（计分观测点）	分值	牵头单位
视野开阔	文化素养（60%）	经典阅读（80）	学院举办经典阅读组织情况	40	人文学院
			中华经典诵读通过率	0	团委
			图书馆举办经典阅读参与情况	20	图书馆
			学院人均借阅经典百书册次	20	
			经典百书电子阅读统计	0	
		阅读态度（20）	学院人均进馆次数	6	图书馆
			学院人均借书册数	6	
			新生入馆教育参与率	4	
			新生借阅证激活率	4	
	学术视野（20%）	国际交流（40）	公派留学	40	国际交流处、国际教育学院
			交换生（交流生）		
			中外联合培养		
			国外访学		
			国外实习、实践		
			国外表演、展览等		
		国内交流（30）	第二校园访学	30	学生处
			国内高校交换学习或接收其他高校交换生		
			校际交流活动		
		学术活动（30）	各学院召开国际国内学术会议、组织专家讲座数量	10	科研处
			各学院学生参与各类讲座的人数、比率	10	
			组织学生开展的读书沙龙活动次数	10	
	社会视野（20%）	志愿活动（40）	人均志愿者服务时长	40	团委
		社会调查（30）	学院组织社会实践总体情况排名	30	
		社团活动（30）	学院参与社团人数比例	30	

续表

一级指标	二级指标（权重）	三级指标	数据来源及评价方式（计分观测点）	分值	牵头单位
爱体育	组织宣传（30%）	管理服务（20）	学生参与体育社团任职岗位及数量	20	学生体育活动中心
		活动组织（40）	学生参与体育竞赛、活动的组织管理情况	40	
		体育宣传（40）	新闻发布数量（各种校内外媒体）	40	
	运动态度与习惯（30%）	习惯培养（40）	跑步平均里程排行榜	20	
			跑步人均次数排行榜	20	
		体育兴趣（15）	学院学生参加各类体育社团的人数比例	15	
		体育活动（45）	举办各类体育活动的数量	10	
			学生参加院级体育活动人均次数比	20	
			学生参加校级体育活动人均次数比	15	
	素质与技能（30%）	体质测试（50）	学生体质测试及格率	10	
			学生体质测试良好率	25	
			学生体质测试优秀率	15	
		体育课程（50）	大学体育课成绩及格率	10	
			大学体育课成绩良好率	25	
			大学体育课成绩优秀率	15	
	运动特长（10%）	体育竞赛（100）	校级比赛成绩	50	
			校级以上比赛成绩	50	
爱体育	学生个人评价	评选运动达人	男女个人跑步排名	（前50）	学生体育活动中心
			学生参加运动赛事获得优异成绩评为“运动达人”	（5~8项）	

续表

一级指标	二级指标（权重）	三级指标	数据来源及评价方式（计分观测点）	分值	牵头单位
懂艺术	组织宣传（10%）	活动组织（40）	学院级别以上的艺术活动次数，各学院每学年至少承办或组织2次艺术活动	40	公共艺术教育中心、各学院
		管理服务（20）	学生参与艺术社团任职岗位及数量	20	团委
		艺术宣传（40）	新闻发布数量（各种媒体）	40	公共艺术教育中心、各学院
	兴趣爱好（30%）	社团熏陶（30）	各学院学生参加各类艺术社团的人数比例	30	校团委
		艺术活动（70）	各学院学生参与校歌合唱比赛、十佳歌手大赛、舞蹈大赛、迎新晚会、新年音乐会、校学生艺术团成果展、高雅艺术进校园等校园艺术活动参与率占学院总人数的比例	70	校团委
	艺术修养（40%）	艺术学分（60）	学院学生选修艺术类课程人均获2至4学分以上［30~50］	60	教务处、公共艺术中心
		艺术成绩（40）	学院学生选修艺术类课程加权平均成绩排名	40	
	艺术表现与创新（20%）	艺术竞赛（40）	国家级、省级、市级、校级竞赛中获奖取最高级别奖励分别计35、30、20、10分，学院举办艺术类竞赛活动5分。	40	校团委
		艺术实践（40）	参与国家级、省级、市级、校级艺术活动演出（校级：校歌合唱比赛、十佳歌手大赛、舞蹈大赛、迎新晚会、新年音乐会、校学生艺术团成果展、高雅艺术进校园等），按参与最高级别分别计35、30、20、10分，学院举办艺术类活动计5分。	40	校团委
		文学创作（20）	各学院学生按参与人数分档计分（10）	20	人文学院
			拿到奖项（10）		

续表

一级指标	二级指标（权重）	三级指标	数据来源及评价方式（计分观测点）	分值	牵头单位
能力发展性强100+10	专业能力（40±10）%	基础能力（60）	（1）学生加权平均成绩（理工类、人文社科类、艺体类）	40	教务处
			（2）信息技术能力（计算机与信息技术基础课成绩）（人文社科类、艺体类）	20	
			（3）大学数学、大学物理（理科类）		
		提升能力（20）	学生考研率、出境（外）深造率	20	招生就业处
		综合能力（20）	毕业论文（设计）创新奖	20	教务处
		复合能力（+10）	辅修第二专业人数及比率	+10	教务处
	表达能力（15%）	外语表达能力（40）	英语四、六级成绩，英语应用能力A级	40	教务处
		口头表达能力（30）	辩论赛的比赛成绩（新生杯辩论赛和校园辩论赛）	30	团委人文学院
		书面表达能力（30）	各类征文比赛、非学术文章发表情况及全校命题作文成绩	30	学生处、人文学院
	团队合作能力（15%）	团队精神（60）	优良学风班、文明宿舍	60	学生处
		团队竞争力（30）	红旗学生会、红旗团委、星级社团评选、优秀青年志愿者协会及红十字会评选情况团队互助、组团参与竞技类活动情况	30	团委
		社团建设力（10）	学生社团、学生组织管理统计	10	团委
	劳动实践与创新能力（30%）	实践能力（40）	（1）专业技能竞赛获奖率（学生学科竞赛、“互联网+创新创业大赛”）	20	教务处
			（2）大创项目情况	10	教务处
			（3）校企协同育人班	10	教务处

续表

<table>
<tr><th>一级指标</th><th>二级指标（权重）</th><th>三级指标</th><th>数据来源及评价方式（计分观测点）</th><th>分值</th><th>牵头单位</th></tr>
<tr><td rowspan="5">能力发展性强100+10</td><td rowspan="5">劳动实践与创新能力（30%）</td><td rowspan="2">创新能力（30）</td><td>（1）科研能力：学生参与科研活动、发表科研论文、获得专利（艺术作品）</td><td>15</td><td>科研处</td></tr>
<tr><td>（2）竞赛能力：“挑战杯”“创青春”立项及获奖情况</td><td>15</td><td>团委、教务处、创新创业学院</td></tr>
<tr><td rowspan="3">创业能力（30）</td><td>（1）职业规划能力，求职规划能力</td><td>10</td><td>招生就业处</td></tr>
<tr><td>（2）职业胜任能力：毕业生就业率、成才率</td><td>10</td><td>招生就业处</td></tr>
<tr><td>（3）创业潜能：创业课程选修情况、学生创业项目、创新创业团队情况，在校开办的公司情况、校友五年开办公司情况</td><td>10</td><td>创新创业学院</td></tr>
</table>

广州大学教师立德树人业绩考核指标体系与计分标准

为落实立德树人的教育根本任务，实现学校人才培养目标，推动有品质的大学教育和促进高水平大学建设全面上水平，使教师分类聘任、考核的业绩指标体系更能全方位体现教师教书育人天职和主要工作，使教育评价导向更加科学，学校将教师业绩考核指标体系主要设立为立德树人、教学、科研三大板块，并制定了教师立德树人业绩考核指标体系与计分标准（详见下表）。

（1）聘期内教学科研型、教学为主型、科研为主型教师每年立德树人业绩积分的最低要求分别为 80 分、100 分、60 分，不得与教学、科研教研业绩置换。

（2）师德师风、教育教学、三全育人这三个一级指标下设的同一个二级指标积分可累计，单项二级指标积分累计上限为 24 分。

（3）教师获得立德树人相关荣誉称号的，其对应积分可与师德师风、教育教学、三全育人这三个一级指标的分值累计。

（4）经学校批准的访学、进修、培训、组织派遣、产假等期间，立德树人业绩积分不作要求。

立德树人考核指标体系与计分标准

一级指标	二级指标	分值/单位
师德师风	★举办/参加思想政治专题讲座	8分/次
	★年度师德考核合格及以上	8分/年
	参与“思政课程与课程思政”培训与交流发言	8分/次
	参与修订“课程思政”“专业思政”教学大纲	8分/门
	★讲义与授课实践中能体现课程思政价值取向	8分/门
	★党员教师开展“千名教工党员联系千个团支部”活动	8分/次
	指导学生开展“青马工程”系列活动/入党培训及上党课等	8分/次
	带领或指导学生参加革命教育活动/社会实践活动	8分/次
	撰写师德师风文章	8分/篇
	其他师德师风行为实践	8分/次
教育教学	★完成学校和学院规定的课堂教学工作	10分/年
	当年课堂教学质量评价在学院教师排名前10%	20分/年
	当年课堂教学质量评价在学院教师排名前30%	10分/年
	当年课堂教学质量评价在学院教师排名前40%	8分/年
	完成年度继续教育验证工作	8分/年
	参加教学技能大赛	20分/次
	★取得教师资格证，教学能力合格	8分/证
	完成金课提升/编写或参与金教材	20分/次
	★举办或参加学术讲座/教学沙龙（含教学午餐会等）	8分/次
	参与名师示范授课活动/观摩教学及名师点评活动	8分/次
	★同行听课	8分/次
	开展学生第二课堂/教学实践活动（含调研、实习等）	8分/次
	带学生（数量1个及以上）进实验室/课题组/科研团队	8分/届
	★担任学生（数量5~10个）导师，对学生进行专业指导、学生管理、思想引导等	20分/届
	指导学生参加学科或实验技能或师范技能竞赛立项/结题	8~10分/次
	★专任教师值班	8分/次
	其他教育教学实践	8分/次

续表

一级指标	二级指标	分值/单位
三全育人	★担任班主任/社团指导老师，并且考核合格	20分/班或社团
	★参加学生主题班会/团日/党支部活动/联系班级活动	8分/次
	作为班主任创建优良学风班	10分/个
	★走访学生宿舍、家庭/开展学生“谈心谈话”活动/与学生结对子，作学生成长成才引路人	8分/次
	★参与学生/文体活动/社团建设/经典阅读活动	8分/次
	作为宿舍联系人，创建文明宿舍	8分/次
	参与招生宣传/成功指导推荐学生就业创业/资助困难学生	8分/次
	参加和指导“五室一站”工作	8分/次
	其他三全育人实践	8分/项
立德树人荣誉	获学校“优秀班主任”称号	20分
	获学校“优秀社团指导老师”/“课外学术科技优秀指导老师”称号	20分
	指导学生参加学科/文体竞赛获奖	20分
	获学校“中青年骨干教师”称号	30分
	获学校“最受欢迎老师”称号	30分
	获学校“师德标兵”称号	40分
	入选学校“黄大年式教学团队”成员	40分
	获学校“师德师风典型人物”称号	40分
	获学校“金牌教师”/“教学名师”称号	40分
	获省部级及以上立德树人相关荣誉称号	60分
	其他立德树人荣誉	10~60分

后 记

这本《大学立德树人以文化人探究录》是我在广州大学从事学校相关管理工作中关于学生培养和学校文化建设方面一些探究记录。2007年，由于工作需要，蒙组织信任，我担任广州大学副校长，分管学生思想政治教育工作和招生就业工作，后来还有一小段时间分管过教学工作，直到2011年10月调任广州市教育局局长，后来又兼任教育局党委书记。2016年，同样是因为工作需要，组织上又把我从政府部门调回广州大学，担任学校党委书记。这两段在学校领导岗位上的工作经历成为我教育生涯中的重要组成部分，我的专业是现代汉语研究，目前在从事管理工作之余也仍然还在做一些力所能及的学术研究工作，但我从心里倒是比较清醒地认识到学校管理工作才是我的主业，也是我的主责所在，因此在工作过程中我就要对一些问题进行思考探究，这是这本探究录形成的主要背景。

坚持社会主义办学方向，扎根中国大地办大学，培养中国特色社会主义的建设者和接班人，这是我们每一所中国大学办学实践最基本的要求。作为当代大学建设管理队伍中的一员，我和我的同事们也都会有很多的问题去探究，很多的任务去完成，就我自身而言，我也愿意把自己的一些意见拿出来向大家讨教，与大家分享，争取能对实际工作的开展有所帮助。习近平总书记在全国教育大会上强调要按社会主义政治家、教育家的标准选好配强高校领导班子，特别是党委书记和校长。这给我们提出了综合要求和努力方向。很显然，离总书记这样的要求，我们实在是差得太远了，唯一能够做的，就是不断地学习，不断地思考，不断地在实际工作中坚守初心使命，尽最大努力为党育人为国育才。《探究录》大抵上可以算是我在广州大学这所地方高校前后两段近十年工作的一个学习、思考、实践的反映。

《探究录》总共有44篇，分成上编和下编，上编为“大学里的立德树人”，下编为“大学里的以文化人”。大学建设与大学研究是门大学问，这本《探究录》主要是我在学校管理实践过程中两个方面思考探究的集成，以学校建设发展过程中的问题为导向，完全谈不上学理上的系统完整。“立德树人”和“以文化人”是习近平总书记关于我国教育重要指示论述中的两个重要方面，我们努力在这些方面能为培养时代新人贡献一个教育工作者的一点智慧和力量也感到十分的光荣。就编排分野而言，这也和我承担的两个课题有关，上编偏重立德树人方面的探究，主要和我承担的广州市委宣传部的培养担当民族复兴时代新人的任务有关；下编偏重以文化人，主要和我承担的国家语委的中华优秀传统文化的传承实践验证有关。这里面文字有长有短，有的甚至还有前后重复的文字，这次出版也没有做专门的修齐，基本都保持了原样，每个部分的篇目都按照时间先后顺序来编排，其中的大部分文字都是根据我在各种场合讲话录音整理的。有的讲话学校职能部门的同志也给我提供了相关的底稿与基本材料，在此我要谢谢他们。还有几篇文字是和相关同事合作发表或者在写作过程中得到相关同志的支持，在文章的题注中我也作了说明，这里也要衷心感谢他们。

《探究录》后边还有一个附录，主要是想介绍一下广州大学在进行立德树人、以文化人的教育实践中一个工作抓手，这个工作抓手就是“学年礼”。我们通过“学年礼”这个平台对学校学生教育培养如何做到“三全育人”进行了比较有效的探索，里面包括学年礼相关的实施意见、建设标准、评价方案系统等，基本上面向全体学生和学生的全面发展，在各个年级段做到了全覆盖，形成了从意见设计到过程实施再到评价问效的闭环轮回。三个年级的学年礼加上开学典礼和毕业典礼合起来并称为“广大五礼”，这是我和我的同事们共同努力的成果。把它录进这里，也是想借此就教于各位从事我国高等教育管理工作的同行们，请大家批评指正。

屈哨兵

2021 年 1 月 2 日于广州

图书在版编目（CIP）数据

大学立德树人以文化人探究录 / 屈哨兵著. -- 北京：社会科学文献出版社，2021.7

ISBN 978-7-5201-8677-3

Ⅰ.①大… Ⅱ.①屈… Ⅲ.①高等学校-思想政治教育-研究-中国 Ⅳ.①G641

中国版本图书馆 CIP 数据核字（2021）第 138134 号

大学立德树人以文化人探究录

著 者 / 屈哨兵

出 版 人 / 王利民
组稿编辑 / 宋月华
责任编辑 / 李建廷
文稿编辑 / 周志宽

出 版 / 社会科学文献出版社 · 人文分社（010）59367215
地址：北京市北三环中路甲 29 号院华龙大厦 邮编：100029
网址：www. ssap. com. cn
发 行 / 市场营销中心（010）59367081 59367083
印 装 / 三河市龙林印务有限公司

规 格 / 开 本：787mm × 1092mm 1/16
印 张：25.5 字 数：291 千字
版 次 / 2021 年 7 月第 1 版 2021 年 7 月第 1 次印刷
书 号 / ISBN 978-7-5201-8677-3
定 价 / 158.00 元

本书如有印装质量问题，请与读者服务中心（010-59367028）联系